GERHARD F. HASEL

DIE BIBLISCHE ZUNGENREDE

UND DIE HEUTIGE GLOSSOLALIE

ADVENT-VERLAG

Titel der amerikanischen Originalausgabe: „Speaking in Tongues – Biblical Speaking in Tongues and Contemporary Glossolalia"
herausgegeben von: Adventist Theological Society (ATS), 1991
Deutsche Ausgabe mit Erlaubnis von ATS.
Übersetzung: Heinrich Frese, Helga Schulenburg
Redaktionelle Bearbeitung: Elí Diez
Theologische Fachberatung: Bruno Ulrich
Satz: EDP
Einbandgestaltung: Studio A Design GmbH, Hamburg
Titelfoto: The Image Bank

Das Buch auf Diskette:
Info beim Advent-Verlag anfordern.

Gesamtherstellung: Grindeldruck GmbH, D-20144 Hamburg

ISBN 3-8150-1262-7

Inhalt

Der Autor

Dr. Gerhard Franz Hasel wurde am 27. Juli 1935 in Wien geboren und starb an den Folgen eines Autounfalls am 11. August 1994 in Ogden, Utah, USA.

Nach Abschluß seiner beruflichen Ausbildung in Frankfurt/Main wurde er in seinem Beruf als Elektriker Landessieger in Hessen. Er verzichtete dann aber auf ein Stipendium an der Technischen Hochschule in Darmstadt, weil er seine Lebensaufgabe darin erkannte, mit seinen Gaben und Fähigkeiten Gott vollzeitlich zu dienen.

Seine weiteren Lebensstationen waren:

1954-1958: Theologische Ausbildung am Seminar Marienhöhe, Darmstadt. 1959: B. A. in Theologie und Deutsch, Atlantic Union College, USA. 1960: M. A. in Systematischer Theologie, Andrews-Universität, Berrien Springs, Michigan, USA. 1961: B. D. in Neuem Testament, Andrews-Universität. 11.6.1961: Eheschließung mit Hilde Schäfer. Gott schenkte dieser Ehe drei inzwischen verheiratete Kinder: Michael, Marlena und Melissa. 1962-1963: Pastor in Boston. 1963-1967: Stellvertretender Professor für Religion am Southern College, Tennessee, USA. 1966: Ordination zum Predigtamt.

1967: Beginn einer 27 Jahre dauernden Lehrtätigkeit am Theologischen Seminar der Andrews-Universität. 1970: Doktor der Philosophie (Ph. D.) in Biblischen Studien, Vanderbilt-Universität, Nashville, Tennessee, USA. Seine Studienfächer waren Neues und Altes Testament, der Titel seiner Dissertation: „The Origin and Early History of the Remnant Motiv in Ancient Israel“ (Ursprung und Frühgeschichte des Themas „Die Übrigen“ im alten Israel). 1976-1982: Leiter der Alttestamentlichen Abteilung. 1976-1994: Direktor des Philosophie- und Theologie-Doktorandenprogramms. 1981-1988: Dekan des Theologischen Seminars.

Ab Juli 1994 erster „John Nevin Andrews"-Professor für Altes Testament und Biblische Theologie.

Dr. Hasel war aktives Mitglied in sieben Theologischen Gesellschaften: Adventist Theological Society, American Academy of Religion, American Schools of Oriental Research, Chicago Society of Religious Studies, International Organisation for the Study of the Old Testament, Near East Archaeological Society und Society of Biblical Literature.

Zahlreiche Veröffentlichungen und seine Mitarbeit bei angesehenen internationalen Verlagen und an Bibelkommentaren geben Zeugnis von einem fruchtbaren und einflußreichen Wirken. Er schrieb 14 Bücher, wovon einige in mehrere Sprachen übersetzt wurden und an einer Reihe von Colleges und Universitäten als Lehrbücher benutzt werden. Seine 339 Artikel und Buchbesprechungen wurden in 27 internationalen theologischen Fachzeitschriften veröffentlicht. Er war stellvertretender Schriftleiter der „Andrews University Seminary Studies" und von „The New International Dictionary of Old Testament Theology".

Dr. Hasel referierte in 90 Ländern auf Fortbildungskursen der Andrews-Universität, auf Bibelkonferenzen, Bibel- und Pastorentagungen, und war Gastprofessor an einer Reihe von Colleges und Universitäten in verschiedenen Teilen der Welt. 50 Fachartikel wurden von ihm selbst auf theologischen Fachtagungen vorgetragen.

Das Lebenswerk von Dr. Hasel wird in seinem Bekenntnis zusammengefaßt: „Ich will dem lebendigen Gott dienen. Gott schenke mir die Weisheit, in seinem Wort die göttliche Wahrheit zu finden. Gott helfe mir, die Wahrheit ohne Abstriche und Zusätze, überzeugend und wahrheitsgetreu zu verkünden. Gott schenke durch meinen Dienst die Gnade, daß das Vertrauen in die unabänderlichen Aussagen der Bibel gestärkt wird, damit Menschen Gott besser kennen und lieben lernen. Meine Bitte zu Gott ist es, daß Menschen auf dieser Grundlage den Wunsch haben, für die göttliche Wahrheit einzutreten, damit die Gemeinde Gottes gebaut wird. Gott schenke Gnade, daß wir uns alle auf die baldige Wiederkunft Jesu vorbereiten."

Kurt Hasel

Einleitung

Das „Zungenreden“, in der theologischen Sprache „Glossolalie“ genannt, ist in den vergangenen Jahren in fast jeder christlichen Gemeinschaft aufgetreten. Einige Kirchen sind geteilter Meinung darüber, wie sie mit dieser Erscheinung umgehen sollen. Es gibt Kirchen, die die Glossolalie vollständig ablehnen, in anderen wird sie – wenn auch mit Besorgnis – toleriert oder stillschweigend unterstützt. Manche Kirchen empfinden das Zungenreden als eine wunderbare Bereicherung, bei anderen dagegen hat es zu einer Spaltung geführt. Obwohl sich die Glossolalie ständig ausbreitet und populärer wird, bleibt es ein umstrittenes Thema.

Das „Zungenreden“ ist ohne Frage das am schnellsten wachsende Phänomen in der christlichen Welt – nicht nur unter den traditionellen und den neueren Pfingstgemeinden, sondern auch unter verschiedenen anderen charismatischen Gruppierungen und Erneuerungsbewegungen. Man schätzt die Anzahl derer, die die Glossolalie praktizieren, auf weltweit 140 bis 370 Millionen Christen. Dies bedeutet, daß sich 7,7 bis 20,5 Prozent aller Christen damit befassen, wenn wir von insgesamt 1,8 Milliarden Christen auf der ganzen Welt ausgehen.

In bezug auf die Glossolalie taucht heute eine Menge neuer Fragen auf: Kommt die christliche Glossolalie von Gott oder von Satan bzw. von der Verbindung mit dämonischen Kräften? Ist sie ein übernatürliches Phänomen oder das Ergebnis eines ekstatischen Zustands? Ist sie die Folge der Reizung eines bestimmten Bereichs der linken Gehirnhälfte oder ein anderer Bewußtseinszustand? Soll man die Glossolalie als eine Form von Hypnose oder Hysterie einstufen, oder handelt es sich dabei um einen angelernten Vorgang?

Die entscheidende Frage, die den Kern der gegenwärtigen Diskussion trifft, lautet jedoch: Ist das moderne Auftreten der Glossolalie mit der Gabe des Heiligen Geistes gleichzusetzen, die sich nach Apostelgeschichte 2 in der Urgemeinde zu Pfingsten offenbart hat?

Die meisten modernen Charismatiker sagen, die heute praktizierte Glossolalie sei keinesfalls identisch mit dem, was bei der Ausgießung des Heiligen Geistes zu Pfingsten geschah. Statt dessen entspreche sie der Beschreibung der geistlichen Gaben in den Kapiteln 12 bis 14 des 1. Korintherbriefes.

Unterscheidet sich die heute unter Christen praktizierte Glossolalie von der Gabe, die im 2. Kapitel der Apostelgeschichte beschrieben wird? Gibt es zweierlei Arten von „Zungenrede" im Neuen Testament, eine nach Apostelgeschichte 2 und die andere nach 1. Korinther 12 bis 14? Warum wird heute in der Regel behauptet, mit der Glossolalie sei die „Sprache der Engel" gemeint, während es früher hieß, es handele sich um existierende Fremdsprachen? Ist es wahr, daß es bei der Glossolalie unserer Zeit um eine geistliche und nicht um eine vernunftgemäße Sprache geht? Weil diese Fragen u. a. heute viele Christen bewegen, wollen wir offen darauf eingehen.

Charismatiker betrachten das „Zungenreden" gewöhnlich als die Erfüllung des Spätregens, der in Joel 2,28-29 verheißen wird. Sie halten die Glossolalie für eine letzte und gewaltige Offenbarung des Heiligen Geistes in der Endzeit, bevor Christus wiederkommt. Es ist für sie ein bedeutendes Zeichen – für einige *das* Zeichen – des Endes.

Nun fragen sich nachdenkliche nichtcharismatische Christen überall auf der Welt, die weder zu den Pfingstlern gehören noch in Verbindung zu den Neu-Pfingstlern (ab 1960) oder zu den charismatischen Erneuerungsbewegungen (der 1970er und 1980er Jahre) stehen, wie sie diese einzigartigen modernen Entwicklungen verstehen sollen. Einfache Gemeindeglieder, Kirchenführer auf allen Ebenen, Theologiestudenten und Pastoren der traditionelleren christlichen Kirchen fragen sich, wie sie das „Neu-Pfingstlertum" und die modernen „charismatische Erneuerungsbewegungen" einordnen sollen, in denen die Glossolalie, das „Zungenreden", ein wesentliches, wenn nicht sogar das Schlüssel-Element darstellt.

Überall haben Menschen Anfragen an die Glossolalie. Sie fragen nach ihrem Ursprung, nach ihrer Bedeutung im persönlichen Leben, nach dem Zweck für die Gemeinde und auch nach ihrer explosionsartigen Ausbreitung in beinahe jeder Kirche und Gemeinschaft. Dient die Glossolalie etwa als Fundament einer Ökumene, die Christen und Nichtchristen gleichermaßen umfaßt?

Viele der Fernseh-Evangelisten, Radio-Prediger, Glaubensheiler und andere, die Pfingstler oder Charismatiker sind, praktizieren von Zeit zu Zeit während der von Massenmedien übertragenen Verkündigung die Glossolalie. Sie tragen dadurch in nicht geringem Maße zu deren Ausbreitung bei und fördern das Interesse an dieser Erscheinung.

Mehr als je zuvor weckt das „Zungenreden“ das Interesse der großen Massen. Die größte Kirche der Welt ist die „Yoido Full Gospel Church“ in Seoul, Korea. 1984 hatte sie 400 000 Glieder, 1994 zählte sie bereits ca. 700 000 Mitglieder. Sie wird von Pastor Paul Yonggi Cho und einem Mitarbeiterteam von 320 Personen geleitet. Ein Schlüssel-Element in dieser Kirche ist die Betonung des Gemeindewachstums in Verbindung mit der Glossolalie, Glaubensheilungen und anderen Wundern. Auch in anderen großen Kirchengemeinden wird die Glossolalie praktiziert. Die Bewegung ist inzwischen so verzweigt, daß Fachleute die „Society for Pentecostal Studies“ (Gesellschaft für pfingstlerische Forschung) gegründet haben.

Auf dem Buchmarkt erscheinen so viele Bücher aus den verschiedensten Richtungen, daß nicht nur Gemeindeglieder, sondern auch Theologen völlig überfordert sind. Allein eine 1985 erschienene Auflistung aller Bücher zum Thema Glossolalie[1] enthält nicht weniger als 1.150 Titel. Hinzu kommen Hunderte von Veröffentlichungen, die in den letzten zehn Jahren erschienen sind. Die Pfingstkirchen und charismatischen Erneuerungsbewegungen sind so umfangreich, daß ein bedeutender amerikanischer Verlag 1988 ein Wörterbuch zu diesem Themenkomplex herausgab.[2] Bei der

1 Watson E. Mills, „Glossolalia: A Bibliography“, 1985.

2 „Dictionary of Pentecostal and Charismatic Movements“, Stanley M. Gurgess und Gary B. McGee (Hg.), Zondervan Publ. House, 1988.

Beschäftigung mit diesem Thema seit mehr als zwanzig Jahren habe ich aus vielen dieser Bücher großen Gewinn gezogen.

Es gab eine Zeit, in der Menschen, die nicht mit den charismatischen Erneuerungsbewegungen sympathisierten, Angehörige der klassischen Pfingstgemeinden in Nordamerika abwertend als „holy rollers“ (heilige Wälzer) bezeichneten. Heute werden charismatische, in „Zungen“ sprechende Christen höher als jemals zuvor geschätzt.[1]

Dies bedeutet aber nicht, daß alle Charismatiker an jedem Ort und in jeder Kirche willkommen wären. In den späteren 80er Jahren haben drei Mitglieder der Fakultät eines großen Theologischen Seminars in Dallas angefangen, u. a. in „Zungen“ zu reden. Sie wurden daraufhin gedrängt, diese Institution zu verlassen. Aber unabhängig davon, was einzelne von der Glossolalie halten oder wie sie darüber empfinden, hat die Wertschätzung charismatischer Christen im Vergleich zu früheren Zeiten eindeutig zugenommen.

Nur sehr wenige Menschen sind sich der neueren Entwicklungen in den traditionellen Pfingstkirchen und besonders unter den Neu-Pfingstlern bewußt. Noch weniger sind mit den zahlreichen neuen Einsichten vertraut, die man der aktuellen Literatur über die Glossolalie entnehmen kann. Von Psychologen und Psychiatern sind umfangreiche Untersuchungen an Personen durchgeführt worden, die die Glossolalie praktizieren. Sprachwissenschaftler verschiedener Spezialgebiete haben die sprachliche Komponente der Glossolalie untersucht, und zwar als eine Sprache, die sowohl unter Christen als auch unter Nichtchristen – einschließlich heidnischer „Zungenredner“ – vorkommt.

Soziologisch-kulturelle Studien haben ergeben, daß die Glossolalie kein ausschließlich christliches Phänomen ist. Sehr viele Studien befassen sich mit verschiedenen biblischen Perspektiven des „Zungenredens“, wobei sie recht unterschiedliche Ansätze und Metho-

---

[1] Als der Glaubensheiler Oral Roberts im Jahr 1967 seine Pfingstgemeinde verließ und sich der angesehenen Methodistenkirche in Tulsa, Oklahoma, anschloß – und anschließend für 200 Millionen Dollar die Oral-Roberts-Universität baute –, war es offensichtlich, daß die „in Zungen“ redenden Charismatiker eine neue Stufe der Wertschätzung erreicht hatten.

den benutzen. Die Schlußfolgerungen daraus sind keineswegs identisch oder einheitlich und spiegeln die Tendenzen der jeweils verwendeten Untersuchungsmethode und andere Faktoren wider.

In diesem Buch werden wir folgendermaßen vorgehen: Zuerst befassen wir uns mit der Glossolalie, so wie sie sich im 20. Jahrhundert entwickelt hat. Anschließend wenden wir uns dem Neuen Testament zu um herauszufinden, was uns dieser Teil des Wortes Gottes über das „Zungenreden“ zu sagen hat.

In Übereinstimmung mit dieser Vorgehensweise beschreiben wir im ersten Kapitel das Aufkommen der Glossolalie um die Wende vom 19. zum 20. Jahrhundert; weiter wird ihr Auftreten in nichtchristlichen Religionen sowie das Ergebnis von Studien anerkannter Wissenschaftler und Gelehrter zum Thema Glossolalie in christlichen und heidnischen Religionen behandelt. Sodann widmen wir uns der Praxis der Glossolalie in verschiedenen religiösen Gruppierungen unserer Zeit und gehen auf Fragen ein, die wegen der Uneinigkeit in der Lehre unter denen aufkommen, die die Glossolalie praktizieren. Dieses erste Kapitel schließt mit Ausführungen darüber, wie man das „Zungenreden“ prüfen kann und wie die Ausleger der „Zungen“ vorgehen.

Den Schwerpunkt des zweiten Kapitels bildet eine Untersuchung der biblischen Begriffe für das „Zungenreden“. Die Absicht dieses Kapitels besteht darin, herauszufinden, welche Begriffe im Neuen Testament gebraucht werden, um anschließend zu prüfen, ob die biblische Terminologie auch in nichtchristlichen Texten der damaligen Zeit vorkommt. Es geht letztlich darum, zu entdecken, ob Praktiken der alten Religionen identisch sind mit dem, was das Neue Testament als „Zungenrede“ bezeichnet. Außerdem wollen wir feststellen, ob zwischen dem neutestamentlichen „Zungenreden“ und den Praktiken der alten heidnischen Religionen ein Zusammenhang besteht.

Die restlichen fünf Kapitel sind einem detaillierten Studium der fünf neutestamentlichen Abschnitte gewidmet, die sich direkt und ausführlich mit dem „Zungenreden“ befassen.[1] Dabei wollen wir

[1] Markus 16,17; Apostelgeschichte 2,1-13; 10,44-48; 19,1-7 und 1. Korinther 12 bis 14.

jeden Abschnitt in seinem eigenen Textzusammenhang betrachten und ihn mit den vorherigen Ergebnissen vergleichen – immer unter Berücksichtigung des gesamtbiblischen Textzusammenhangs.

Besondere Aufmerksamkeit richtet sich dabei auf folgende Fragen:

- Wo liegt der Ursprung des „Zungenredens"?
- Zu welchem Zweck wurde diese Gabe nach der Bibel gegeben?
- In welcher Beziehung steht das biblische „Zungenreden" zum umfassenderen Thema der geistlichen Gaben?
- Ist im Neuen Testament mit „Zungenreden" immer das gleiche Phänomen gemeint, oder hat ein und dasselbe Wort unterschiedliche Bedeutungen, besonders in 1. Korinther 12 bis 14?

Viele Charismatiker und moderne Theologen glauben, daß zwischen den Abschnitten in der Apostelgeschichte und in 1. Korinther 12 bis 14 ein Unterschied besteht, obwohl im Grundtext dieselben Begriffe gebraucht werden. Das ist ein empfindlicher, aber – aus verschiedenen Gründen – ausschlaggebender Punkt in der aktuellen Debatte über das Wesen der Glossolalie.

Das Hauptziel dieses Buches besteht darin, herauszufinden, ob das moderne „Zungenreden", also die Glossolalie, identisch ist mit der neutestamentlichen Gabe. Wenn das zutrifft, wollen wir prüfen, ob die Praxis heute mit dem übereinstimmt, was im Neuen Testament beschrieben wird. Sollte das moderne „Zungenreden" jedoch nicht mit der neutestamentlichen Gabe identisch sein, dann müssen wir verstehen, was wirklich vorliegt und wie sich der Christ diesem Phänomen gegenüber verhalten sollte.

Wir vertrauen darauf, daß diese Ausführungen dazu beitragen, unseren Vater im Himmel und unseren Herrn Jesus Christus zu verherrlichen. Schließlich hat Gott seinem Volk in diesen letzten Tagen den Spätregen verheißen (vgl. Joel 2,28-29), und viele aufrichtige Gläubigen sehnen sich danach, daß diese Verheißung recht bald in Erfüllung geht.

Kapitel 1

Die Glossolalie unter Christen und Nichtchristen

Das „Zungenreden“, das Millionen von Christen gegenwärtig weltweit praktizieren, ist eine verhältnismäßig junge Erscheinung in der Christenheit. Es hat Dutzende von Versuchen gegeben, die zeigen sollten, daß die Wurzeln der modernen Glossolalie innerhalb der Christenheit viele Jahrhunderte zurückliegen. Jedoch umsonst: Das uns heute bekannte Zungenreden ist neueren Ursprungs. Diese Tatsache werden wir in den folgenden Ausführungen belegen.

Das „Zungenreden“ oder die Glossolalie ist untrennbar mit den Pfingstkirchen des 20. Jahrhunderts und der Charismatischen Bewegung verbunden, die sich seit den 60er Jahren sehr schnell, auch über die traditionellen Pfingstkirchen hinaus, ausgebreitet hat. Es scheint heute weltweit ein Teil beinahe jeder christlichen Gemeinschaft geworden zu sein.

Im Hinblick auf dieses Phänomen befassen sich immer mehr bibeltreue Christen mit einer Reihe neuer Fragen:

- Wo hat das „Zungenreden“ seinen Ursprung?
- Welche Menschen lassen sich auf das „Zungenreden“ ein?
- Muß jeder Christ „in Zungen“ reden können?
- Ist dieses „Zungenreden“ erforderlich, um gerettet zu werden?
- Sind das „Zungenreden“ und die Taufe mit dem Heiligen Geist identisch?
- Ist das „Zungenreden“ der Ausgießung des Spätregens vor der Wiederkunft Christi gleichzusetzen?

- Wer befürwortet das „Zungenreden"?
- Führt das „Zungenreden" zu einer innigeren Gemeinschaft mit Christus?
- Offenbart der Heilige Geist jenen, die „in Zungen reden", neue Wahrheiten?
- Führt das „Zungenreden", falls es vom Heiligen Geist kommt, zur vollen Erkenntnis aller biblischen Wahrheiten?
- Ist das „Zungenreden" das Mittel, das in der Zukunft alle Christen zu einer einzigen Kirche vereinigen wird?

Dies ist nur eine Auswahl der Fragen, die heute in diesem Zusammenhang am häufigsten gestellt werden. Weil dieses Phänomen für viele ein modernes Rätsel bleibt,[1] entstehen darüber hinaus viele weitere Fragen. Christen, die die Bibel als das Wort Gottes ernst nehmen, erwarten auf diese Fragen eine bibelfundierte Antwort.

In den letzten Jahren hat die Glossolalie – wie wir das moderne Phänomen des „Zungenredens" nennen werden – bei Experten der verschiedensten Forschungsbereiche große Aufmerksamkeit geweckt, so zum Beispiel bei Theologen, Sprachforschern, Anthropologen und Naturwissenschaftlern. Fast einhundert Jahre lang haben sich diese Experten eingehend mit dem Phänomen der Glossolalie beschäftigt. Sie verdienen es ebenfalls, gehört zu werden. Was haben sie entdeckt? In welchem Verhältnis stehen ihre Ergebnisse zu den bereits vorhandenen Erkenntnissen? Welchen Einfluß haben diese Studien auf diejenigen gehabt, die das Zungenreden praktizieren?

So haben sich Sprachforscher und Anthropologen mit der Glossolalie befaßt, um festzustellen, ob bzw. in welchem Ausmaß es Gemeinsamkeiten zwischen der Glossolalie und den modernen oder alten Sprachen und Sprachstrukturen gibt. Ferner ist die Glossolalie von Psychologen und Psychiatern untersucht worden. Sie wollten herausfinden, ob es sich dabei – psychologisch betrachtet – um eine irregeleitete oder halb-normale Form menschlichen Verhal-

[1] H. Newton Malony/A. Adams Lovekin, „Glossolalia. Behavioral Science Perspectives on Speaking in Tongues", Oxford University Press, New York, 1985, S. 3. Die Autoren bezeichnen die Glossolalie als „ein modernes Rätsel".

tens handelt.[1] Die Glossolalie ist in den letzten Jahren auch sehr genau von Soziologen und Verhaltensforschern untersucht worden, die ihren Platz auf verschiedenen Gebieten entsprechender menschlicher Verhaltensmuster entdecken wollten.[2]

Eine andere Gruppe von Forschern hat das Verhältnis der von Christen praktizierten Glossolalie zu dem anscheinend identischen Phänomen untersucht, das in nichtchristlichen Religionen anzutreffen ist. Es ist jetzt bekannt, daß Priester nichtchristlicher Religionen, Zauberdoktoren, Schamanen und andere Personen bei verschiedenen Zeremonien und religiösen Anlässen eine Zungenrede praktizieren, deren Kennzeichen mit denen der christlichen Glossolalie identisch sind. Diese Beobachtungen haben völlig neue Fragen aufgeworfen und die Glossolalie in einen umfassenderen religiösen Zusammenhang gestellt, der nicht mehr ignoriert werden kann.

Es ist eine unleugbare Tatsache der 90er Jahre, daß Dutzende von Forschern und Wissenschaftlern große Fortschritte beim Enträtseln der modernen Glossolalie erzielt haben. Verdienen diese Studien unsere Beachtung? Eröffnen sie dem ernsthaft Fragenden Aspekte der Glossolalie, die man nicht länger ignorieren sollte? Wir sind es uns selber schuldig, daß wir uns über diese neuen Entdekkungen informieren und sie auf die neutestamentlichen Aussagen zu diesem Thema anwenden.

Die Hauptfrage lautet immer noch: Sind die neutestamentliche „Zungenrede" und die moderne Glossolalie identisch oder besteht zwischen beiden ein radikaler Unterschied?

An dieser Stelle sollten wir uns zunächst der Begriffsdefinition widmen. Das moderne Phänomen des „Zungenredens" wird in der theologischen Literatur zutreffend als „Glossolalie" bezeichnet. Dieser Begriff ist abgeleitet von den griechischen Wörtern *glôssa* (Zunge, Sprache) und *laléo* (sprechen).

---

[1] Ein aktueller Überblick über die Forschung ist zu finden bei Cyril G. Williams, „Tongues of the Spirit. A Study of Pentecostal Glossolalia and Related Phenomena", University of Wales Press, Cardiff, 1981, S. 125-150.

[2] Beispiele hierzu sind im bereits genannten Buch von Malony und Lovekin auf den Seiten 11-93 zu finden.

In einem neuen führenden Nachschlagewerk wird die Glossolalie als ein „ungewöhnliches Sprechverhalten" definiert, „das als religiöses Ritual in zahlreichen westlichen und nichtwestlichen religiösen Gemeinschaften fest verankert ist".[1] Diese neue Definition, die früheren Definitionen nicht entspricht und die Glossolalie nicht mehr als typisch christliches Phänomen ansieht, macht den Leser auf das umfassendere Bild aufmerksam, das durch die Beschäftigung mit der Glossolalie während der letzten Jahre entstanden ist.

Ein namhafter Sprachwissenschaftler, der die christliche Glossolalie sehr gründlich untersucht hat, gab eine ähnliche Definition. Er beschreibt die Glossolalie als „eine bedeutungslose, aber phonetisch strukturierte menschliche Äußerung, die der Sprecher für eine reale Sprache hält, die aber keine systematische Ähnlichkeit zu irgendeiner menschlichen – lebendigen oder toten – Sprache hat".[2]

Diese Definition geht auf ein wahrscheinlich mehr als zehnjähriges Studium des christlichen „Zungenredens" zurück. Dessen Ergebnis hat einen großen Einfluß auf die Pfingstkirchen und auf die Charismatische Bewegung ausgeübt. Die meisten Charismatiker sind sich heute dessen bewußt, daß man das „Zungenreden" oder besser die Glossolalie nicht mehr als ein Reden in einer unbekannten lebendigen oder toten Sprache bezeichnen kann. Deshalb haben einige gesagt, sie sprächen in der Sprache der Engel und nicht der Menschen.

Beide Definitionen zeigen, daß mit der Glossolalie ein „ungewöhnliches Sprechverhalten" gemeint ist, das in christlichen oder nichtchristlichen Kreisen vorkommen kann. Soweit es Christen betrifft, ist mit der Glossolalie eine „menschliche Äußerung" gemeint, die „keine systematische Ähnlichkeit zu irgendeiner natürlichen – lebendigen oder toten – Sprache" hat.

Die Glossolalie wird traditionell als das „Zungenreden" verstanden, das im Neuen Testament (Lutherübersetzung) erwähnt wird.

---

1 Felicitas D. Goodman, „Glossolalia" in „The Encyclopedia of Religion", Mircea Eliade (Hg.), Macmillan Publishing Company, New York, 1987, Bd. 5, S. 564.

2 William J. Samarin, „Tongues of Men and Angels. The Religious Language of Pentecostalism", New York, 1972, S. 2.

Weitverbreitet ist behauptet worden, bei der modernen Glossolalie handele es sich um die neutestamentliche Gabe des Heiligen Geistes, die sich heute wieder in der gesamten Christenheit offenbare. In diesem Buch werden wir für das moderne Phänomen der unverständlichen Äußerungen den Begriff „Glossolalie" benutzen. Für das neutestamentliche Phänomen werden wir nach Luther den Begriff „Zungenrede" benutzen (1. Korinther 12,10).

◆

Dieser kurze Überblick lenkte die Aufmerksamkeit auf einige neue Sachverhalte. Da diese in Bezug auf die Glossolalie weitreichende Konsequenzen haben, verdienen sie eine ausführliche Beachtung. Wir befassen uns damit auf den folgenden Seiten.

Die Glossolalie in der heutigen Christenheit

Den meisten Christen ist die Glossolalie[1] als typisches christliches Phänomen bekannt, d. h. als eine Erfahrung der sogenannten Pfingstgemeinden und neu-pfingstlerischen Charismatiker in vielen kirchlichen Gemeinschaften. Gleichzeitig ist die Glossolalie ein typisches Phänomen für die meisten charismatischen Kirchen und Gruppen, die man gewöhnlich unter dem Sammelbegriff „Charismatische Erneuerungsbewegung" einordnet.[2]

Historisch gesehen sind Glossolalie und Pfingstbewegung moderne Phänomene[3] – wenn wir die Shaker und die Anhänger Edward Irvings im 19. Jh. außer Betracht lassen. Als „Geburtsort" der

---

1 Ab sofort wird in diesem Buch der in der modernen Literatur häufig vorkommende Begriff „Glossolalie" für das moderne Phänomen gebraucht. Damit ist keine Wertung darüber verbunden, ob es sich dabei um das neutestamentliche Phänomen handelt oder nicht.

2 J. R. Williams, „Charismatic Movement" in „Evangelical Dictionary of Theology", Walter A. Elwell (Hg.), Baker Book House, Grand Rapids, MI, 1984, S. 205-208.

3 V. Synan, „Pentecostalism" in „Evangelical Dictionary of Theology", Walter A. Elwell (Hg.), Baker Book House, Grand Rapids, MI, 1984, S. 836.

eigentlichen Pfingstbewegung wird gerne das verlassene Gebäude einer afrikanischen methodistisch-episkopalen Kirche in der Azusa Straße Nr. 312 in Los Angeles, Californien, genannt.[1] Dort sollen die Phänomene im Jahre 1906 begonnen haben. Von dort aus breitete sich die Pfingstbewegung über die ganze Welt aus.

Die Glossolalie hatte allerdings einen Vorläufer, und zwar im Jahr 1900 in Kansas. Der Methodisten-Prediger Charles F. Parham hatte in Topeka, Kansas, eine Bibelschule unter dem Namen Bethel College gegründet in der Hoffnung, die Gemeinde wiederbeleben zu können (1901 wurde sie geschlossen).

Am 31. Dezember 1900 legte er am Silvesterabend einigen der Teilnehmer die Hände auf. Es wird berichtet, daß Agnes Oznam an diesem Abend „begann, in ‚Zungen' zu reden" [d. h. die Glossolalie brach aus].[2]

Auch andere fingen an, „in Zungen zu reden", das heißt, sie beteiligten sich an der Glossolalie und „gaben Laute von sich, die von den anderen Anwesenden nicht als normale Sprache erkannt werden konnten".[3] Als Parham später nach Texas umzog, knüpfte er Kontakt zu William J. Seymour, einem farbigen Studenten. Am 9. April 1906 kam es in Los Angeles zur „ersten pfingstlerischen Geistesausgießung".[4] Dies geschah in der Bonnie Brae Straße 214.[5] Seymour war daran beteiligt.

Die Gruppe zog bald in die Azusa Straße 312 um, „wo die Versammlungen weitere drei Jahre lang stattfanden".[6] Außer Seymour beteiligten sich dort wieder Agnes Ozman und auch Jennie Moore

---

1 John S. Kildahl, „The Psychology of Speaking in Tongues", Harper & Row, New York, 1972, S. 18.

2 Sarah E. Parham, „The Life of Charles F. Parham. Founder of the Apostolic Faith Movement", Joplin, MO, 1930, S. 38.

3 Watson E. Mills, „Glossolalia: An Introduction" in „Speaking in Tongues. A Guide to Research on Glossolalia", Watson E. Mills (Hg.), Eerdmans, Grand Rapids, MI, 1986, S. 5.

4 William W. Menzies, „Anointed to Serve. The Story of the Assemblies of God", Gospel Publishing House, Springfield, MI, 1971, S. 50.

5 Charles S. Gaede, „Glossolalia at Azusa Street: A Hidden Presupposition?" im „Westminster Theological Journal" 51/1, 1989, S. 77.

6 ebd.

während der Versammlungen an der Glossolalie.[1] Dies war also der Beginn der modernen Glossolalie unter den Christen. Überall in den USA und darüber hinaus schlossen sich später viele Menschen dieser Bewegung an.

So wurde die moderne Pfingstbewegung mit dem auffälligsten Merkmal der Glossolalie um die Wende zum 20. Jahrhundert geboren.[2] Sie hat ihre Wurzeln in der Heiligungsbewegung des 19. Jahrhunderts. Watson E. Mills stellt fest, daß es von Anfang an „zweifellos keinen Aspekt des charismatischen [christlichen] Glaubens gegeben hat, der mehr umstritten war als das Zungenreden" [d. h. die Glossolalie].[3]

Ein Problem, das den meisten nicht bewußt ist, die sich mit der Glossolalie in charismatischen Kreisen befassen ist folgende geschichtliche Tatsache: Die ersten, die die Glossolalie praktizierten – Parhams Bibelstudien-Teilnehmer und andere –, hatten dieses Thema zuvor nicht anhand der biblischen Aussagen studiert.

Neuere Untersuchungen zeigen, daß die Glossolalie nicht als Ergebnis eines Bibelstudiums aufkam. Die Glossolalie trat einfach auf – erst hinterher fingen Parhams Teilnehmer an, die Bibel zu studieren, um dieses neue Phänomen theologisch zu untermauern.

Ein sehr früher Artikel mit dem Titel „Die Zungen als ein Zeichen" (Tongues As A Sign) vom September 1906 schließt mit der enthüllenden Feststellung: „Wir sind davongelaufen mit dem Segen und der Salbung der Kraft Gottes, statt zu warten, bis sich biblische Hinweise auf [ein neues] Pfingsten einstellten."[4]

---

1 ebd., mit Hauptquellen.

2 Die umfangreiche Literatur über die Pfingstbewegung, besonders über das Phänomen der Glossolalie, ist gesammelt in: Charles Edwin Jones, „A Guide to the Study of the Pentecostal Movement", 2 Bde., Scarecrow Press, Hamden, N. J. 1983; Walter Hollenweger, „The Pentecostals: The Charismatic Movement in the Churches", Augsburg, St. Louis, 1972; Ira J. Martin, „The Gift of Tongues: A Bibliography", Pathway Press, 1970; Watson E. Mills, „Speaking in Tongues: A Classified Bibliography", Society for Pentecostal Studies, 1974.

3 Watson E. Mills, „Charismatic Religion in Modern Research. A Bibliography", Mercer University Press, Macon, GA, 1985, S. 13.

4 „The Apostolic Faith Movement" in „The Apostolic Faith", Nr. 1 [Sept. 1906] S. 2, zitiert in Gaede, a.a.O., S. 79.

Ein maßgeblicher Historiker unter den Pfingstlern berichtet: „Es ist aufschlußreich festzustellen, wo sich dieser Gedanke entwickelte [daß sie in der Apostelgeschichte mit anderen Zungen redeten]: nicht in einer Erweckungsversammlung, sondern in einer Bibelschule (Parham's Bethel College), nicht inmitten der Erregung einer Zeltversammlung, sondern in einer Gruppe ernsthafter Menschen, die sorgfältig über die Beziehung dieser Erfahrung [der Glossolalie] zu anderen Ereignissen nachdachten und versuchten, ihr theologische Substanz zu geben."[1]

Mit anderen Worten: Zuerst war die Glossolalie da, dann forderte Parham seine Studenten auf, die Apostelgeschichte zu untersuchen, um dieses Glossolalie-Erlebnis biblisch zu untermauern. Auf diese Weise gelangten Parham und Seymour zu der Überzeugung, die Glossolalie sei die Taufe mit dem Heiligen Geist und gleichzusetzen mit dem neutestamentlichen Phänomen der Zungenrede.[2]

Vom ersten Auftreten der Glossolalie an herrschte bei den Betroffenen die persönliche Überzeugung vor, daß sie von Gott kam und daß sich der Heilige Geist durch sie offenbare. Das heißt, für die Charismatiker gibt es zwei Gründe, zu glauben, daß die Glossolalie vom Heiligen Geist gewirkt werde: einmal die subjektive, persönliche Überzeugung und zum anderen die nachträgliche Auslegung der Heiligen Schrift, wonach das Zungenreden in der Apostelgeschichte und in 1. Korinther 14 der von ihnen praktizierten Glossolalie entspreche.[3]

An dieser Stelle sollten wir zwei wichtige Schlußfolgerungen bezüglich der in christlichen Kreisen vorkommenden Glossolalie ziehen:

- Während Christen, die die Glossolalie praktizieren, von Anfang an behauptet haben, es gebe für das Zungenreden eine biblische Grundlage, müssen wir bei aller Liebe auf eine unbestreitbare Tatsache hinweisen: Die moderne Glossolalie trat nicht als Ergebnis des Bibelstudiums auf. Vielmehr wurde die Bibel nachträglich benutzt, um die Praxis der Glossolalie theologisch und biblisch zu untermauern, um ihr dadurch Echtheit zu verleihen.

---

1 Menzies, „Anointed to Serve", S. 37.
2 Gaede, a.a.O., S. 78-79.
3 ebd., S. 78-82.

• Charismatiker, die die Glossolalie praktizieren, verweisen normalerweise auf zwei Quellen für deren Echtheit: die persönliche Überzeugung und die nachträgliche biblische Beweisführung. Zwischen diesen beiden Quellen treten oft Spannungen auf, wenn es um die Frage geht, welche von ihnen den Vorrang haben sollte. Während unter protestantischen Christen die Bibel – und sie allein – die Quelle aller Lehre und Praxis ist, geben jene, die die Glossolalie praktizieren, gewöhnlich der persönlichen Erfahrung den Vorrang.

In den 60er Jahren unseres Jahrhunderts löste die Charismatische Bewegung mit der Glossolalie eine „zweite Welle" in christlichen Kreisen aus,[1] indem sie aus den traditionellen Heiligungs-[2] und Pfingstgemeinden[3] ausbrach und in viele Kirchen überschwappte. Dieses Eindringen in die Kirchen wird gewöhnlich als neue Pfingstbewegung bzw. als kirchliche Pfingstbewegung[4] oder auch „charismatische Erneuerungsbewegung" bezeichnet.

Seit 1967 wurden auch römisch-katholische Christen von der neuen Pfingstbewegung erfaßt.[5] Die Glossolalie ist auch Bestandteil der „Katholischen charismatischen Erneuerungsbewegung".[6] Zuerst trat die Glossolalie anscheinend unter Studenten, Priestern und Nonnen der Notre Dame Universität in South Bend, Indiana, auf.[7]

1 So C. Peter Wagner, „How to Have a Healing Ministry Without Making Your Church Sick!", Regal Books, Ventura, CA, 1988, S. 12-23.

2 Siehe Charles E. Goodwin, „A Guide to the Study of the Holiness Movement", Scarecrow Press, Hamden, N.J., 1974.

3 Ein Literaturverzeichnis ist enthalten in David W. Faupel, „The American Pentecostal Movement", Society for Pentecostal Studies, 1972.

4 Siehe Russell Spittler (Hg.), „Perspectives on the New Pentecostalism", Baker Book House, Grand Rapids, MI, 1976.

5 Siehe Vincent M. Walsh, „A Key to Charismatic Renewal in the Catholic Church", Abbey Press, 1971; Kevin and Dorothy Ranagan, „Catholic Pentecostals", Paulist Press, Mahwah, N.J., 1971; Donald Gelpi, „Pentecostalism: A Theological Viewpoint", Paulist Press, Mahwah, N.J., 1971.

6 Edward D. O'Connor, C.S.C., „The Literature of the Catholic Charismatic Renewal 1967-1974" in „Perspectives on Charismatic Renewal", Edward D. O'Connor (Hg.), University of Notre Dame Press, London, 1975, S. 145-184.

7 Siehe den detailierten Bericht in: K. and D. Ranaghan, „Catholic Pentecostals", Paulist Press, Mahwah, N.J., 1969.

Von dort aus verbreitete sie sich in verschiedenen katholischen Universitäten in den USA und darüber hinaus.[1]

Zu Beginn sagten verschiedene römisch-katholische Bischöfe – noch immer vorsichtig –, „die Bewegung solle zu diesem Zeitpunkt nicht behindert werden, sondern es solle ihr gestattet werden, sich zu entwickeln".[2] Kurz danach vertraute der Papst Kardinal Joseph Suenens die Führung der römisch-katholischen neuen Pfingstbewegung an.[3] Der Jesuit und Gelehrte S. Damboriena berichtete noch in der Anfangszeit, daß katholische Neu-Pfingstler „in den Kapellen abgelegener Klöster zusammenkamen, um während der nächtlichen Gebetsstunden in „Zungen" zu reden und zu singen".[4]

1991 wurde berichtet, daß „in den fast 25 Jahren seit ihrem Beginn die charismatische Erneuerungsbewegung in der katholischen Kirche derartig angewachsen ist, daß sie etwa 6 bis 10 Millionen Katholiken in der ganzen Welt erfaßt hat".[5] Heute zählen Prälaten, Priester, Nonnen und Laien zu dieser Erneuerungsbewegung. Von Anfang an genoß sie das Wohlwollen des jeweiligen Papstes.

Obwohl in einigen kleineren Neu-Pfingstlerischen katholischen Gemeinden Spannungen auftraten, hat sich anscheinend nichts Grundlegendes geändert. Es wird berichtet, daß „sich das Zentrum der katholischen charismatischen Erneuerung im Laufe der Jahre von den Kloster-Gemeinschaften auf Gebetsgruppen in den Gemeinden und auf Ausschüsse zur Erneuerung in den Diözesen verlagert hat".[6]

Auch der Weltkirchenrat zeigt großes Interesse an der charismatischen Erneuerungsbewegung.[7] Es würde zu weit führen, den gro-

---

1 Siehe Fußnote 1 auf S. 24.

2 So K. McDonnell, „Catholic Pentecostalism: Problems in Evaluation" in „Dialog" (Winter, 1970), S. 35-54, zitiert aus S. 54.

3 Cardinal Joseph Suenens, „A New Pentecost", Seabury Press, 1973.

4 S. Damboriena, S. J., „Tongues as of Fire. Pentecostalism in Contemporary Christianity", Corpus Books, Washington DC, 1969, S. 63.

5 Julia Duin, „Catholic Renewal Charismatic Communities Split by Controversy," Christianity Today (16.9.1991), S. 55.

6 ebd., S. 57.

7 Siehe Arnold Bittlinger, „The Church is Charismatic", World Council of Churches, Genf, 1981.

ßen Fortschritt der Neu-Pfingstler in den letzten Jahren ausführlich darzustellen. Es wird immer wieder darauf hingewiesen, daß die neue Pfingstbewegung bzw. die charismatische Erneuerungsbewegung den am schnellsten wachsenden Teil der Christenheit ausmacht.

„Der Missions-Statistiker David Barrett schätzt [das war im Jahre 1991], daß von den 1,8 Milliarden Menschen, die sich als Christen bezeichnen, sich ungefähr 372 Millionen als Charismatiker oder Pfingstler betrachten."[1] Wenn man diesen Statistiken folgt, würde dies bedeuten, daß etwa 20 Prozent aller Christen Pfingstler oder Neu-Pfingstler sind.

Es ist nicht unsere Absicht, das erstaunliche Wachstum dieser Bewegung in der Christenheit insgesamt darzustellen. Viele Experten sind zu der Überzeugung gekommen, daß die neue Pfingstbewegung bzw. die „zweite Welle" der charismatischen Erneuerung weltweit das am schnellsten wachsende „charismatische" Element in den christlichen Kirchen bildet.

Ungeachtet dieser Entwicklung sollten wir nicht vergessen, daß die Glossolalie kein einzigartiges christliches Phänomen zu sein scheint. Wie wir später sehen werden, gibt es Belege dafür, daß sie auch von Menschen aus nichtchristlichen Religionen praktiziert wird. Das mag die meisten Christen überraschen, die die Glossolalie mit der neutestamentlichen Geistesgabe gleichsetzen und darin eine Offenbarung des Heiligen Geistes oder die „Taufe mit dem Heiligen Geist" sehen.

◆

Wir wenden uns nun den nichtchristlichen Religionen unserer Zeit und dem darin vorkommenden Phänomen der Glossolalie zu. Es handelt sich hierbei nicht um ein erschöpfendes, sondern eher um ein repräsentatives Studium.

---

[1] „Charismatics on Evangelism" in „Christianity Today" (16.9.1991), S. 52. [Mit 463 Millionen Mitgliedern weltweit bilden charismatische und pfingstlerische Gemeinden die weltweit größte protestantische Gruppe der Welt – lt. Pastor Wolfhard Margies in „idea-spektrum" vom 17.5.1995, S. 13.]

Die Glossolalie in nicht-christlichen Religionen unserer Zeit

Neue Studien zeigen, daß die Glossolalie keine ausschließlich christliche Erscheinung ist, sondern daß sie in einer großen Anzahl heute existierender nichtchristlicher Stammesreligionen weltweit praktiziert wird. R. S. Spittler schreibt in einem Wörterbuch der pfingstlerischen und charismatischen Bewegungen: „Was auch immer sein Ursprung sein mag, die Glossolalie ist ein menschliches Phänomen, das nicht auf die Christenheit, ja nicht einmal auf das religiöse Verhalten des Menschen beschränkt ist."[1]

Felicitas D. Goodman hat eine umfassende Forschung in Bezug auf die Glossolalie durchgeführt. Sie berichtet, daß „die Inuit (Eskimos), die Saami (Lappen), die Tschuktschen, die Ostjaken, die Jakuten und die Evenken (Tungusen) bei ihren religiösen Ritualen geheime Sprachen benutzen, die aus einer Mischung aus sinnlosen Silben und der Volkssprache bestehen".[2]

Es gibt viele Beispiele unverständlicher Laute oder der Glossolalie auf allen Kontinenten und in den dort vorkommenden Stammesreligionen.[3]

Es ist zum Beispiel bekannt, daß in Japan „die Glossolalie in kleinen, kultischen Gruppen vorkommt, auch während Zaubersitzungen in Hokkaido und im nördlichen Honshû, und ebenso in einer als ‚Die tanzende Religion' bekannten Nachkriegssekte. Es wird berichtet, daß eine ganze Menge von Glossolalie-Phänomenen häufig bei den Zeremonien einer kleinen Sekte auftritt, die von Genji Yanagida aus der Stadt Moji, Amtsbezirk Fukuoka, geleitet wird, und auch in anderen, ähnlichen Gruppen."[4]

---

1 R. P. Splittler, „Glossolalia" in „Dictionary of Pentecostal and Charismatic Movements", Stanley M. Burgess and Gary B. McGee (Hg.), Zondervan, Grand Rapids, MI, 1988, S. 336.

2 Goodman, „Glossolalia", S. 564.

3 L. Carlyle, May, „A Survey of Glossolalia and Related Phenomena in Non-Christian Religions" in „Speaking in Tongues: A Guide to Research on Glossolalia", S. 53-82.

4 ebd., S. 67.

Weiter wird vom Stamm der Palaung in Burma berichtet, daß jemand, der von einem „Palé-sprechenden *bre*, einem schwarzen Magier, besessen ist, nicht anders kann, als in der Zunge des Magiers zu reden, obwohl er unter normalen Umständen nicht dazu fähig ist".[1]

Im zâr-Kult der Äthiopier „sprechen die Schamanen zu den zârs (Geistern) in einer ‚Geheimsprache'".[2] In diesem Fall scheint Geisteranbetung dazuzugehören.

Goodman bemerkt: „Besessenheit ist eine der häufigsten rituellen Anlässe für die Glossolalie. In diesem Zustand ist es so, als würde ein Wesen aus einer anderen, heiligen Dimension die jeweilige Person durchdringen."[3]

Die Autorin weist darauf hin, daß hier der Geist „als Kraft, nicht als Persönlichkeit erlebt wird, während andere Geister – z. B. die der Toten der Trobriand-Insulaner, Ahnengeister in Afrika und verschiedene Geister beim haitischen Voodoo – deutlich persönliche Wesensmerkmale durch die Glossolalie zum Ausdruck bringen ... Die Stimme des beherrschenden Wesens unterscheidet sich von der Stimme der besessenen Person".[4]

Diese Beschreibungen ähneln dem, was bei spiritistischen Sitzungen geschieht. „*Spiritistische Glossolalie* und verwandte Phänomene unter spiritistischen Medien gehörten zu den ersten Objekten, die von Psychologen am Anfang des zwanzigsten Jahrhunderts erforscht wurden", schreibt R. S. Spittler.[5]

Dies sind nur einige wenige der vielen uns bekannten Beispiele für die Glossolalie in nichtchristlichen Religionen unserer Zeit.[6] L. Carlyle May zeigt, daß Glossolalie in nichtchristlichen Religionen

---

1 ebd., S. 65.

2 Goodman, a.a.O., S. 565.

3 ebd.

4 ebd.

5 Spittler in „Dictionary of Pentecostal and Charismatic Movements", S. 336.

6 Für eine gute Studie über die Glossolalie in einer nicht-westlichen Kultur siehe: A. F. Anisimov, „The Shaman's Tent of the Evenks and the Origin of the Shamanistic Rite" in „Studies in Siberian Shamanism", Henry M. Michael (Hg.), Toronto, 1963.

u. a. in folgenden Ländern vorkommt: Malaysien, Indonesien, Sibirien, in den arktischen Regionen, in China, Japan, Korea, Arabien und Burma.[1] Die Glossolalie ist außerdem in afrikanischen Stammes-Religionen weit verbreitet.[2] Wie bereits erwähnt, war es nicht unsere Absicht, dieses Thema erschöpfend zu behandeln, sondern es sollte nur deutlich werden, daß das Phänomen der Glossolalie nicht allein unter Christen vorkommt.

◆

Das in christlichen und nichtchristlichen (heidnischen) Religionen häufige Vorkommen der Glossolalie wirft eine Reihe neuer Fragen auf:

- Wo liegt der Ursprung der Glossolalie?
- Worin besteht ihr Zweck?
- Welche Beziehung besteht zwischen der Glossolalie bei Christen und Nichtchristen?
- Welcher Geist ist hier am Werk? Ist es der Geist der Toten, wie mancherorts behauptet wird? Steckt Satan dahinter? Handelt es sich nur um eine menschliche Erfindung?

Diese und andere Fragen verdienen sorgfältige Beachtung und eine gründliche Untersuchung.

Ist – vom Standpunkt der Sprachwissenschaft betrachtet – die „heidnische Glossolalie"[3] dieser heutigen nichtchristlichen Religionen identisch mit der Glossolalie, die unter Christen vorkommt? Oder handelt es sich um zweierlei Phänomene? Dieser Frage werden wir im nächsten Teil unserer Studie nachgehen, weil uns das Ergebnis möglicherweise bei der Beantwortung der folgenden Frage helfen kann: Gibt es einen Unterschied zwischen christlicher und nichtchristlicher Glossolalie? Wo liegt ihr Ursprung?

Wenn es einen Unterschied gibt, dann kann man mit Recht behaupten, daß das christliche Phänomen einzigartig ist. Es fällt dann leichter anzunehmen, daß die christliche Glossolalie vom Heiligen

---

[1] Zusammengefaßt von: Spittler, a.a.O., S. 336.
[2] ebd., S. 337.
[3] Die Bezeichnung stammt von Spittler, a.a.O., S. 336.

Geist gewirkt ist. Sollte es allerdings keinen Unterschied geben, dann muß man sich fragen, ob der Heilige Geist der Ursprung des Phänomens im Christentum und ein anderer Geist die Quelle der Glossolalie in den nichtchristlichen Religionen ist. Gewiß würden nur wenige Christen behaupten wollen, daß der Heilige Geist sich bei den heidnischen Ritualen und Praktiken der Zauberdoktoren und Schamanen in gleicher Weise offenbart wie in der Christenheit.

Es ist offensichtlich, daß man die Glossolalie nicht länger als Phänomen betrachten kann, das allein im Christentum vorkommt. Dies scheint ein neues, unbestreitbares Ergebnis zu sein. Ist die Glossolalie etwa die gemeinsame, übernatürliche Erfahrung, die alle Religionen vereinigt oder verbindet? Falls es eine Gabe des Heiligen Geistes ist, offenbart sich der Heilige Geist in diesen Religionen auf diese Weise – sogar in Zauber-Séancen?

Können wir angesichts dieser Fragen irgendeinen sprachwissenschaftlichen Unterschied zwischen der Glossolalie von Christen und Nichtchristen feststellen? Falls ja, worin besteht dieser Unterschied? Falls nein, welche Konsequenzen hat das für die Glossolalie unter Christen und Nichtchristen? Und dann muß auch die beunruhigende, aber unvermeidliche Frage gestellt werden: Ist die Glossolalie wirklich eine Gabe des Heiligen Geistes?

Die Glossolalie in der modernen Sprachwissenschaft

In einer Studie aus dem Jahr 1972, die hohe Beachtung fand, kommt John S. Kildahl zu der Schlußfolgerung, daß vom sprachwissenschaftlichen Standpunkt aus „religiös inspirierte [Glossolalie]-Phänomene die gleichen allgemeinen Merkmale aufweisen wie jene, die nicht religiös inspiriert sind“.[1]

An dieser Stelle erinnern wir daran, daß Kildahl die religiöse Glossolalie mit nicht-religiöser Glossolalie vergleicht. Ohne auf letztere hier eingehen zu wollen, stellen wir fest, daß die Glossolalie auch unter nichtreligiösen Menschen, ja selbst unter Atheisten und

[1] Kildahl, a.a.O., S. 81.

Agnostikern vorkommt.[1] Mit anderen Worten: Die moderne Glossolalie ist nicht allein auf religiöse Menschen beschränkt. Es ist ein „menschliches Phänomen, das keineswegs auf das Christentum beschränkt ist, ja nicht einmal auf religiöse Praktiken".[2]

In der modernen Sprachwissenschaft (Linguistik) befassen sich Forscher und Gelehrte mit den Kennzeichen und Merkmalen, die eine Sprache ausmachen. Experten aus dem Bereich der Linguistik haben sich große Mühe gegeben, das Phänomen der Glossolalie über einen längeren Zeitraum zu erforschen.

Eine der ersten Untersuchungen wurde Anfang der 60er Jahre von Eugene A. Nida durchgeführt. Er stellte eine ausführliche Liste der Gründe auf, warum es sich bei der Glossolalie nicht um eine menschliche Sprache handeln kann.[3] In einer anderen Studie aus dem Jahre 1966 kommt W. A. Wolfram ebenfalls zu dem Schluß, daß der Glossolalie die Grundelemente der menschlichen Sprache als logisches Kommunikationssystem fehlen.[4]

Nach mehr als einem Jahrzehnt intensiver Forschung veröffentlichte Professor William J. Samarin von der sprachwissenschaftlichen Fakultät der Universität Toronto eine umfangreiche Studie über die Glossolalie aus linguistischer Sicht.[5]

Zusammen mit anderen Sprachwissenschaftlern lehnt Samarin in dieser Studie aus dem Jahre 1972 die Ansicht ab, bei der Glossolalie handle es sich um eine Fremdsprache, die von jedem verstanden werden kann, der diese Sprache kennt. Samarin kommt zu dem Schluß, die Glossolalie sei eine „Pseudo-Sprache". Er schreibt:

„Wenn alle Aspekte der Sprachwissenschaft auf die Glossolalie angewandt werden, stellt sich heraus, daß sie nur eine vordergründige Scheinsprache ist – obwohl sie manchmal sehr sprachenähn-

---

1 Siehe Spittler, a.a.O., S. 336f.

2 ebd., S. 340.

3 Eugene A. Nida, „Glossolalia: A Case of Pseudo-Linguistic Structure" unveröffentlichte Niederschrift eines am 28.12.64 beim 39. Jahrestreffen der „Linguistic Society of America" in New York gehaltenen Referats.

4 W. A. Wolfram, „The Sociolinguistics of Glossolalia", Master's thesis, Hartford Seminary Foundation, 1966.

5 William J. Samarin, „Tongues of Men and Angels".

lich aussieht. Wenn wir allerdings alle Faktoren berücksichtigen, die eine Sprache ausmachen, müssen wir schlußfolgern: keine Glossolalie, wie gut auch immer ihr Aufbau erscheinen mag, ist eine Erscheinungsform menschlicher Sprache; denn weder folgt sie einem inneren Aufbau, noch steht sie in systematischer Weise mit der Welt, die wir wahrnehmen, in Beziehung."[1]

Samarin definiert die Glossolalie als eine „unverständliche, nachlallende Sprache, die eine oberflächliche, phonetische Sprachähnlichkeit vorweist, jedoch keinen einem Satzbau ähnlichen Aufbau besitzt und auch nicht in systematischer Weise von bekannten Sprachen abgeleitet oder zu ihnen in Beziehung gebracht werden kann".[2]

Die Hauptaussage seiner Schlußfolgerung lautet: Die Glossolalie ist weder von bekannten Sprachen abgeleitet, noch steht sie in Beziehung zu ihnen. Damit sind sowohl gegenwärtig gesprochene Sprachen als auch Sprachen der Vergangenheit gemeint. Stattdessen ist die Glossolalie „eine sinnlose, wenn auch phonetisch strukturierte menschliche Äußerung, die der Sprecher für eine reale Sprache hält, der allerdings jegliche systematische Ähnlichkeit mit irgendeiner lebenden oder toten Sprache fehlt".[3] Professor Samarins Studien sind in vielen wissenschaftlichen Artikeln veröffentlicht worden und bilden die Grundlage für viele Diskussionen über die sprachliche Form und Natur der Glossolalie.

Zwei hochqualifizierte Experten auf diesem Gebiet – einer von ihnen praktiziert selbst die Glossolalie – haben im Jahre 1985 eine Bestandsaufnahme über die Untersuchung vorgelegt, ob bei der Glossolalie eine verständliche menschliche Kommunikation vorliegt.

Die Begutachtungen von H. Newton Malony und A. Adams Lovekin bezüglich der Studien über die Natur der Glossolalie legen nahe, daß „die Glossolalie tatsächlich eine Sprache in einem anderen Sinne des Wortes ist [also nicht im Sinne eines Kommunikationsmittels]!" Doch sie räumen ein, „obwohl die Zungenrede [d. h. die

---

[1] ebd., S.127f.

[2] William J. Samarin, „Variation and Variables in Religious Glossolalia", in „Language in Society", Dell Haymes (Hg.), Cambridge University Press, Cambridge, 1972, S. 121-130.

[3] Samarin, „Tongues of Men and Angels", S. 2.

Glossolalie] Muster und Form hat, ist es dennoch höchst unwahrscheinlich, daß Ähnlichkeit mit einer bekannten Zunge oder einer menschlichen Sprache im herkömmlichen Sinne des Wortes besteht".[1]

Das ist ein bedeutendes Fazit hinsichtlich der Frage, ob es sich bei der Glossolalie um eine bekannte menschliche Sprache handelt oder nicht. Die Schlußfolgerung von Malony und Lovekin, daß es bei der Glossolalie „höchst unwahrscheinlich [ist], daß Ähnlichkeit mit einer bekannten Zunge oder einer menschlichen Sprache im herkömmlichen Sinne des Wortes besteht", muß ein schwerer Schlag für alle sein, die die Glossolalie immer noch für eine verständliche menschliche Sprache halten.

Im Jahr 1975, also ein Jahrzehnt vor der Studie von Malony und Lovekin, veröffentlichten Williams und Waldvogel eine Studie zum selben Thema. Darin gelangen sie zu der Überzeugung, daß die Glossolalie „Jedes ekstatische mündlich-hörbare Phänomen umfaßt ... [einschließlich] verbaler Äußerungen, die eher der psychologisch-spirituellen Projektion einer inneren Stimme ähneln als einer existierenden Sprache".[2]

Aufgrund dieser neueren Schlußfolgerungen von Gelehrten und Forschern, die sich mit der Glossolalie aus verschiedenen Perspektiven befaßt haben, können wir nur eins feststellen: Die Glossolalie hat nichts mit der Fähigkeit zu tun, in einer bekannten menschlichen Sprache der Gegenwart oder der Vergangenheit zu sprechen. Darin stimmen die Studien von Samarin mit denen der früheren und späteren Forscher überein.

Die bereits erwähnte Anthropologin und Linguistin Felicitas D. Goodman hat sich u. a. mit dem Studium verschiedener englisch-, spanisch- und maya-sprechenden Pfingstgemeinden in den USA und in Mexiko befaßt. Wie schon andere vor ihr, hat sie auf Kassetten aufgenommene nichtchristliche Rituale aus Afrika, Borneo, Indonesien und Japan miteinander verglichen.[3]

---

1 Malony and Lovekin, a.a.O., S. 38.

2 Williams and Waldvogel (1975), S. 61, so zitiert von Spittler, a.a.O., S. 340.

3 Felicitas D. Goodman, „Speaking in Tongues: A Cross Cultural Study of Glossolalia", University of Chicago Press, Chicago, 1972.

Im Jahre 1972 veröffentlichte sie die Ergebnisse ihrer Studien. Goodman schlußfolgert: „Wenn man alle Merkmale der Glossolalie berücksichtigt – die Teilstruktur (wie Laute, Silben, Sätze) und ihre übergreifenden Elemente (nämlich Rhythmus, Akzent und besonders die gesamte Intonation) –, dann scheinen sie alle identisch zu sein, und zwar über linguistische und kulturelle Grenzen hinweg."[1]

Besonders wichtig an der Studie von Goodman ist diese völlige Übereinstimmung der linguistischen Phänomene der Glossolalie, und zwar weltweit und in unterschiedlichen Kulturen, unter Christen wie auch unter Nichtchristen.

Goodman schlußfolgert, daß es keinen Unterschied zwischen der Glossolalie bei Christen und bei Anhängern nichtchristlicher (heidnischer) Religionen gibt. Damit bietet uns Goodman einen weiteren Schlüssel für die Beurteilung der Glossolalie als universales religiöses Phänomen, ob heidnisch oder christlich.

Welche Folgen haben die übereinstimmenden Ergebnisse der letzten Jahrzehnte für das Verständnis der modernen Glossolalie? Sprachwissenschaftlich betrachtet, kann man nun nicht mehr behaupten, die christliche Glossolalie unterscheide sich von jener, die in nichtchristlichen (heidnischen) Religionen praktiziert wird.

Goodman zieht aus ihren Studien zwei weitere Schlußfolgerungen. Sie hat nachgewiesen, daß die Glossolalie nicht unter Hypnose stattfindet, was manche Forscher zuvor geglaubt hatten. Goodman vertritt den Standpunkt, daß die Glossolalie auf „neurophysiologische Veränderungen zurückzuführen ist, die man allgemein als Trance bezeichnet ..."[2]

Aus diesem Grund definiert sie die Glossolalie als „eine Vokalisationsform, einen Sprechautomatismus, der im Trancezustand hervorgerufen wird und in seinen Teilelementen und übergreifenden Strukturen direkt die neurophysiologischen Prozesse in diesem veränderten Bewußtseinszustand [d. h. in Trance] reflektiert".[3] Die „Beziehung zwischen Trance und Glossolalie wird heute von vielen

---

[1] Goodman, „Glossolalia", S. 563f.

[2] ebd., S. 564.

[3] ebd.

Forschern als zutreffend angesehen", schreibt Goodman in der angesehenen „Encyclopedia of Religion" [1987].[1]

Ein weiteres wichtiges Ergebnis: Goodman widerspricht der Auffassung, die Glossolalie sei einfach ein unfreiwilliger, spontaner Ausbruch oder etwas Ähnliches. Goodman zeigt nämlich, daß die Glossolalie „tatsächlich ein – entweder unbewußt oder manchmal auch bewußt – erlerntes Verhalten ist".[2] Andere haben ebenfalls darauf hingewiesen, daß es regelrechte Anleitungen gibt, um die Glossolalie zu erlernen.[3]

◆

Wir fassen diesen Teil unseres Studiums der neueren und führenden sprachwissenschaftlichen Erforschung der Glossolalie wie folgt zusammen:

- Im Gegensatz zu bisherigen, lange weitverbreiteten Annahmen handelt es sich bei der modernen Glossolalie nicht um eine bekannte Sprache. Dabei spielt es keine Rolle, ob sie in christlichen oder nichtchristlichen, westlichen oder nichtwestlichen, religiösen oder nichtreligiösen Kreisen vorkommt.
- Die Glossolalie ist eine Sprachform, die in den verschiedensten Kulturen vorkommt und – linguistisch betrachtet – überall gleich ist, in westlichen wie in nichtwestlichen Religionen, im Christentum und außerhalb davon, in religiösen und in nichtreligiösen Kreisen.
- Die Glossolalie ist ein Sprachverhalten, das bewußt oder auf eine andere Weise erlernt werden kann.[4]

Welche Konsequenzen ergeben sich daraus in bezug auf die Glossolalie in den heutigen Pfingst- und Neu-Pfingstgemeinden so-

---

1 ebd., bezugnehmend auf: Cyril G. Williams, „Tongues of the Spirit: A Study of Pentecostal Glossolalia and Related Phenomena", University of Wales Press, Cardiff, 1981.

2 Goodman, „Glossolalia", S. 564.

3 Zum Beispiel: Kildahl, „The Psychology of Speaking in Tongues", S. 2-4.

4 So die Argumentation von Nida (1964), Wolfram (1966) und J. R. Jaquith, „Toward a Typology of Formal Communicative Behaviors: Glossolalia" in „Anthropologica Linguistics" 9 (8) (1967), S. 1-8.

wie in der charismatischen Erneuerungsbewegung? Was für eine „Sprache“ und was für eine Art von Erfahrung ist die Glossolalie? Warum wird sie heute in so vielen Religionen praktiziert? Wieso können sie religiöse und nichtreligiöse Menschen praktizieren? Was geht vor sich, wenn ein Mensch die Glossolalie eines anderen auslegt?

Die Glossolalie und die Erklärung ihrer Herkunft

Die Tatsache, daß die Glossolalie „in nichtchristlichen Religionen wie Buddhismus und Hinduismus oder in Sekten, wie bei den Mormonen, vorkommt“,[1] löst folgende Fragen aus:

Wie kann die Glossolalie innerhalb der charismatischen Erneuerungsbewegung den Phänomenen in heidnischen, nichtchristlichen Religionen so verwirrend ähnlich, wenn nicht sogar mit ihnen identisch sein? Kann beides von Gott kommen? Worum geht es eigentlich bei der Erfahrung der Glossolalie?

Wie reagieren Charismatiker auf die Tatsache, daß es sich bei der Glossolalie um keine menschliche Sprache handelt? J. R. Williams sprach kürzlich dieses Thema an: „Charismatiker lassen sich nicht von Linguisten verunsichern, die behaupten, daß die Glossolalie keine erkennbare Sprachstruktur aufweist; denn träfe das zu, dann wäre die Zungenrede [d. h. die Glossolalie] keine geistliche, sondern eine rationale Sprache.“[2] Und er fährt fort: „Zungenreden [Glossolalie] ist deshalb dahingehend zu verstehen, daß es die psychischen Dimensionen überschreitet, d. h. es gehört in den Bereich des Geistes *(pneuma)*.“[3] Williams betont somit nachdrücklich, daß die moderne Glossolalie keine rationale, sondern eine „geistliche Sprache“ ist, also in den Bereich des Geistes gehört.

Nun stellt sich folgende Frage: Wenn die Glossolalie als eine Sprache betrachtet werden soll, die vom Heiligen Geist gewirkt

---

1 Thomas R. Edgar, „The Cessation of Sign Gifts“ in „Bibliotheca Sacra“ 145/1988, S. 383.

2 Williams, „Charismatic Movement“, S. 207.

3 ebd.

wird, wie kann sie dann auch in heidnischen – also in nichtchristlichen – Religionen vorkommen? Spricht der Heilige Geist etwa durch Schamanen, Priester und Zauberdoktoren anderer Religionen und durch Medien in spiritischen Sitzungen? Bei dieser Schlußfolgerung würden sich sehr viele Christen nicht gerade wohlfühlen. Wie ist es möglich, daß ein nichtreligiöser, humanistischer Gelehrter „sich selbst" die Glossolalie beibringen kann, um sie dann so oft zu praktizieren, wie er will?[1]

Der Heilige Geist ist der „Geist der Wahrheit" und nur den Nachfolgern Jesu verheißen (Johannes 17). Der Heilige Geist ist nicht einfach ein Bestandteil irgendeiner oder gar jeder Religion in der Welt, die es heute gibt oder einmal gegeben hat. Über den Heiligen Geist kann man nicht einfach nach Belieben verfügen. Die Bibel lehrt nirgendwo, daß sich der Heilige Geist in allen Religionen offenbart. Der Heilige Geist ist die dritte Person der dreieinigen Gottheit und als solche einzigartig im christlichen Glauben.

Es bieten sich nur vier Erklärungsmöglichkeiten, will man sich mit der Glossolalie als universalem Phänomen der christlichen und nichtchristlichen Religionen auseinandersetzen.

- Die Glossolalie ist eine vom Heiligen Geist verliehene Gabe.
- Sie ist ein nachgeahmtes Phänomen, das von Satan stammt.
- Bei der Glossolalie handelt es sich um das Ergebnis eines menschlichen Lernprozesses (ermöglicht durch eine Art von Trance oder verändertem Bewußtseinszustand) – unabhängig davon, ob es in einer religiösen (christlichen oder heidnischen) oder einer nichtreligiösen (humanistischen oder sonstigen) Umgebung vorkommt.
- Ihr Ursprung ist in einer Kombination dieser verschiedenen Möglichkeiten zu finden.

Nach den ersten beiden Erklärungen stammt die Glossolalie aus „übernatürlichen" Quellen. Die erste Erklärung führt sie auf den Heiligen Geist zurück. Bibelgläubige Christen werden dieser Erklärung, daß sich der Heilige Geist in allen Religionen offenbart, kaum zustimmen können; denn die Gabe des Heiligen Geistes ist auf die christliche Gemeinde beschränkt (1. Korinther 12-14; Johannes 14).

[1] Darauf wurde verwiesen von: Spittler, a.a.O., S. 340.

Der zweiten Möglichkeit kann man zustimmen, wenn man daran glaubt, daß Satan durch nichtchristliche Religionen wirkt. Es kann nicht ausgeschlossen werden, daß sich Satanisches in den Bereich der christlichen Lebensführung und Anbetung einschleicht. Von Satan stammende Glossolalie ist in den zuvor zitierten Studien nachgewiesen worden.

Die dritte Möglichkeit ist eine mehr „natürliche" Erklärung, die das universale Vorkommen der Glossolalie für ein erlernbares Verhalten hält. Die Tatsache, daß man sie erlernen kann und sie auch von Pfingstlern und anderen Charismatikern „gelehrt" wird, ja, daß man sie sich sogar selbst beibringen kann, ist von größter Bedeutung.

Nach der vierten Erklärungsmöglichkeit kommen mehrere der genannten Faktoren für den Ursprung der Glossolalie in Frage: Sie kann satanischen Ursprungs sein oder bloß ein erlerntes Verhalten; es kann auch ein erlerntes Verhalten sein, das von Satan benutzt wird.

Nach Spittler, selber Charismatiker, kann die Glossolalie „von dem Sprecher selbst, von einem dämonischen Geist oder vom Heiligen Geist bewirkt sein". Dann erklärt er weiter: „Selbst wenn die Glossolalie in gemäßigten pfingstlerischen Kreisen praktiziert wird, kann es auf irgendeine der drei Quellen [angelerntes Verhalten, dämonischer Geist oder Heiliger Geist] zurückzuführen sein. Wichtig ist das Unterscheidungsvermögen der Gemeinde." Seine Ausführungen schließt er mit der Feststellung ab, daß „die Glossolalie menschlichen [erlernten] Ursprungs [unter christlichen Charismatikern] wahrscheinlich häufiger vorkommt, als zugegeben wird".[1]

Sollte der Heilige Geist eine solcherart erfahrene aber unverständliche Sprache als eine seiner Gaben benutzen? Sollte er das gleiche Mittel wie Zauberdoktoren, Schamanen und heidnische Priester benutzen, ein Phänomen, das auch in spiritistischen Versammlungen vorkommt? Kommt die Glossolalie vom Heiligen Geist oder nicht? Kaum ein Christ wird diese Fragen bejahen können. Bei der Beantwortung dieser Frage kommt es im Grunde genommen letztlich nur darauf an, was das Neue Testament über die Natur, die Aufgabe und den Zweck der biblischen Zungenrede sagt.

---

[1] ebd.

Wir können die in diesem Abschnitt dargelegten Ergebnisse der neuen und ausführlichen Forschungen folgendermaßen zusammenfassen: Die beste Erklärung für die moderne Glossolalie ist, daß es sich anscheinend nicht um eine der einzigartigen, universellen und übernatürlichen Gaben des Heiligen Geistes handelt, sondern um ein erlerntes Verhalten. Die Glossolalie ist erlernbar. Sie kann von allen möglichen Personen bei den verschiedensten religiösen oder auch nichtreligiösen Anlässen praktiziert werden.

So kann sie sowohl in irgendeiner Religion als auch auf nichtreligiösem Gebiet unter Humanisten, Agnostikern und Atheisten auftreten. Auf jedem dieser Gebiete kann die Glossolalie den verschiedensten Zwecken dienen und vom Fürsten der Finsternis als Verführungsmittel gebraucht werden.

Die Glossolalie und die Uneinigkeit in Glaubensfragen

Wie kommt es, daß sich die Charismatiker in den meisten Fragen des Glaubens und des Lebensstils so wenig einig sind? Diese Sachlage beunruhigt viele Menschen.

Ein Beispiel zwar für charismatische ökumenische Einigkeit auf dem Gebiet der Evangeliumsverkündigung ist die „Internationale charismatische Konferenz über die Weltevangelisation", die im August 1991 mit 3.000 Delegierten in Brighton, England, stattfand. Dieses Treffen wurde von dem anglikanischen Charismatikerführer Michael Harper organisiert. Dem Planungskomitee gehörten u. a. Vinson Synan, Leiter des „Nordamerikanischen Komitees für geistliche Erneuerung", Larry Christenson, Erweckungsprediger der „Evangelisch-Lutherischen Kirche von Amerika" und auch römisch-katholische und pfingstlerische Führungspersönlichkeiten an. Die Eröffnungsansprache hielt der anglikanische Erzbischof George Carey.

Obwohl nicht alle Pfingstgemeinschaften vertreten, noch alle bekannten Führungspersönlichkeiten der neuen Pfingstbewegung anwesend waren, „trafen katholische und protestantische Charismatiker zusammen ... – ungeachtet ihrer konfessionellen Differenzen –

um zu erreichen, daß die Hälfte der Weltbevölkerung im Jahr 2000 Christus als Erlöser bekennt".[1]

Problematisch bleiben dagegen die konfessionell bedingten Lehrunterschiede. Kürzlich stellte jemand diesbezüglich die Frage: „Wie kann eine Bewegung, die behauptet, in direkter Verbindung zum Heiligen Geist zu stehen und alle Gaben, wie Prophetie, Apostelamt und Erkenntnis zu besitzen, zur gleichen Zeit römische Katholiken, konservative und liberale Protestanten, Anti- und Prämillennaristen, Calvinisten, Arminianer und jene einschließen, die die Verbalinspiration der Bibel oder Christi stellvertretendes Sühnopfer am Kreuz ablehnen? Ist das nicht ein Widerspruch in sich selbst?"[2] Dies sind sehr eindringliche Fragen. Sie treffen den Kern des Problems bezüglich des Ursprungs und der Aufgabe der Glossolalie im Leben und Glauben eines Christen.

Jesus bezeichnete den Heiligen Geist als den „Geist der Wahrheit", der uns „alles lehren" und „in alle Wahrheit leiten" soll (Johannes 16,13; 14,26). Wäre derselbe Geist unter all den charismatischen Gruppen der verschiedenen christlichen Kirchen am Wirken, würde er nicht diesen in Glossolalie ausbrechenden Christen Wahrheiten offenbaren, damit sie Irrtümer überwinden und zur Einheit im Glauben finden?

Viele dieser Lehrunterschiede sind grundlegend für den christlichen Glauben; einige sind tatsächlich Irrlehren. Ist der Heilige Geist, auf den sich christliche Charismatiker berufen, daran interessiert, ihnen die Wahrheit zu vermitteln? Müßte er sie mittlerweile nicht gelehrt haben, daß der Sabbat der siebte Tag der Woche und für alle Gläubigen verbindlich ist? Sollte der Geist der Wahrheit sie nicht inzwischen auf die unbiblischen Lehren von der Unsterblichkeit der Seele, der ewigen Höllenstrafe usw. aufmerksam gemacht haben?

Der Geist, auf den sich die in Zungen redenden Charismatiker berufen, zeigt bis heute kein Interesse daran, unter ihnen eine Einigkeit auf der Grundlage der Heiligen Schrift hervorzubringen, die derselbe Heilige Geist den wahren Gläubigen hinterlassen hat.

---

1 „Charismatics on Evangelism" in „Christianity Today" (16.9.1991), S. 52.

2 Edgar, „The Cessation of Sign Gifts", S. 385.

Warum sind z. B. neu-pingstlerische Katholiken bessere Katholiken, die eine größere Wertschätzung für das eucharistische Opfer (die Messe) haben,[1] und warum wird aus einem Baptisten, der in Glossolalie ausbricht ein besserer Baptist, und aus einem Mormonen ein noch besserer Mormone? Welcher Geist hier auch immer am Werk sein mag – er scheint tatsächlich nicht daran interessiert zu sein, in alle biblische Wahrheit zu leiten.

Die Glossolalie und die Prüfung dieses Phänomens

Wie man auch immer die verschiedenen offenen Fragen beantworten mag, eins scheint sicher zu sein: Man darf die Glossolalie nicht allein auf den christlichen Raum beschränken. Außerdem kann man sie nicht länger als eine gewöhnliche, menschliche Sprache betrachten. Wer am neutestamentlichen Prinzip festhält, alles zu prüfen und das Gute zu behalten, sollte daran denken, daß es keinen sicheren Weg gibt, die Glossolalie zu prüfen.

Dr. Kildahl hat verschiedene Tests anhand von Tonbandaufnahmen durchgeführt. Diese Aufnahmen spielte er unabhängig voneinander verschiedenen Personen vor, die angeblich die Gabe der Auslegung besaßen. Hier das Ergebnis seines Experiments: „Um die Zuverlässigkeit dieser Auslegungen untersuchen zu können, haben wir die Tonbandaufnahme einer Zungenrede [gemeint ist die Glossolalie] verschiedenen Auslegern einzeln vorgespielt. In keinem einzigen Fall waren die Auslegungen einander ähnlich. Folgendes Beispiel ist repräsentativ für die Testergebnisse: Ein Ausleger sagte, der Zungenredner habe für die Gesundheit seiner Kinder gebetet; ein anderer sagte über die gleiche Aufnahme, der Zungenredner habe Gott für eine erfolgreiche Geldsammlung seiner Kirche gedankt.“[2]

---

[1] In einem Editorial in „Renewal“ (Juni/Juli 1974) fragt Michael Harper römisch-katholische Pfingstler: „Hat euch der Heilige Geist irgend etwas gezeigt, das von der Unfehlbarkeit des Papstes abweicht?“ Zitiert in: Williams, „Tongues of the Spirit“, S.103. Williams bemerkt, daß Katholiken, die in Glossolalie ausbrechen, gewöhnlich bezeugen, sie würden „die Liturgie ihrer Kirche neu wertschätzen lernen und eine tiefere Erfahrung der Sakramente haben“. ebd.

[2] Kildahl, a.a.O., S. 63.

Als man den Interpreten die sich widersprechenden Auslegungen vorhielt, erklärten sie, „Gott habe der einen Person die eine Auslegung und der zweiten eine andere gegeben“.[1] Daß es so unterschiedliche Auslegungen derselben Glossolalie geben kann,[2] weist darauf hin, daß die Glossolalie samt ihrer Auslegung außerhalb der Nachprüfbarkeit liegen.

Während einer Versammlung in einer Pfingstgemeinde sprach jemand das Vaterunser in einer afrikanischen Sprache, um den Ausleger zu prüfen. Daraufhin sagte dieser, es sei „eine Botschaft über das nahe bevorstehende zweite Kommen Christi“.[3] Auch hier war es also nicht möglich, sich zu Testzwecken auf die Interpretation zu verlassen. Ist dies nicht ein weiterer Beweis dafür, daß es sich bei der Glossolalie nicht um eine normale menschliche Sprache handelt, und daß die Auslegung nicht mit dem Gesagten übereinstimmt?

Bibelorientierte Christen werden an dem festhalten, was die Bibel als „Zungenrede“ definiert.

Was bedeuten diese neutestamentlichen Begriffe? Wird der Ausdruck „in Zungen reden“ auch außerhalb des Neuen Testaments für die Erfahrung der Glossolalie benutzt? Ist das „Glossolalie“ in alten, damals existierenden Religionen – z. B. dem Orakel von Delphi – vorgekommen, als sich die erste christliche Gemeinde entwickelte? Gibt es irgendwo im Neuen Testament eine klare Definition von geistgewirktem Zungenreden? Vielleicht in Apostelgeschichte 2, wo es als übernatürliche Gabe, nicht als erlerntes Verhalten beschrieben wird? Welchen Zweck erfüllt diese Gabe? Wem wird sie verliehen? Müssen alle Gläubigen in „Zungen“ reden?

Diesen und weiteren Fragen widmen wir uns im folgenden Kapitel.

---

1 ebd.

2 Malony and Lovekin, a.a.O., S. 26f.

3 Kildahl, a.a.O., S. 63.

Kapitel 2

Die griechische Terminologie

In diesem Kapitel untersuchen wir die Begriffe, die im Neuen Testament und auch außerhalb des Neuen Testaments für die „Zungenrede" gebraucht werden.

Im ersten Kapitel haben wir uns mit der modernen Glossolalie befaßt und dabei erfahren, daß sie ein junges Phänomen ist, das seinen Anfang um das Jahr 1900 nahm. Es wurde deutlich, daß dieses Phänomen der Glossolalie nicht allein auf Christen beschränkt ist, sondern daß viele andere Personen – darunter Priester, Schamanen, Zauberer und Angehörige großer Weltreligionen – ebenfalls die Glossolalie praktizieren.

Linguisten und andere Wissenschaftler haben das Phänomen der Glossolalie studiert. Ihren Forschungsergebnissen ist zu entnehmen, daß es keinen Unterschied zwischen christlicher und nichtchristlicher Glossolalie gibt. Wir haben auch gesehen, daß es nicht möglich ist, die Glossolalie, wie sie heute praktiziert wird, als irgendeine bekannte Sprache der Vergangenheit oder Gegenwart zu identifizieren. Ihre Form und Struktur entsprechen keiner menschlichen Sprache. Außerdem wurde festgestellt, daß man die Glossolalie erlernen kann.

Diese Reihe von bisher größtenteils unbekannten Tatsachen veranlaßt uns, zur Bibel zurückzukehren und zu untersuchen, wie man die Zungenrede und die dafür verwendeten Begriffe von der Bibel her zu verstehen hat. Wir sollten die moderne Glossolalie nicht voreilig der neutestamentlichen Zungenrede gleichsetzen – wie es heute so häufig geschieht –, solange der lückenlose Beweis dafür nicht zweifelsfrei erbracht worden ist.

Der Zweck dieses Kapitels besteht darin, im Neuen Testament selbst den griechischen Ausdruck für die Zungenrede zu untersuchen. Dabei werden wir uns mit Fachbegriffen auseinandersetzen müssen; außerdem wollen wir auch vorliegende Übersetzungsvorschläge prüfen.

Gewöhnlich geht man bei einer Studie dieser Art so vor, daß man die griechische Literatur außerhalb des Neuen Testamentes miteinbezieht. Es ist wichtig herauszufinden, was andere Autoren der Antike, mehr oder weniger Zeitgenossen der neutestamentlichen Schreiber, meinten, wenn sie dieselben Ausdrücke gebrauchten – vorausgesetzt natürlich, sie haben tatsächlich dieselben Ausdrücke benutzt.

Diese Vergleiche erhellen den sprachlichen Hintergrund und helfen uns, die jeweiligen neutestamentlichen Ausdrücke besser zu verstehen und ihre Bedeutung möglicherweise einzugrenzen. Doch dabei dürfen wir nicht eingleisig etwas von einer Kultur in die andere hineinlesen; denn schließlich ist die Bibel ihr eigener Ausleger. Darum müssen wir das Neue Testament auf der Grundlage des biblischen Zusammenhangs auslegen.

Der Ausdruck „in Zungen reden“ kommt im Neuen Testament nur in fünf Abschnitten vor, nämlich am Ende des Markus-Evangeliums (16,17), in drei Kapiteln der Apostelgeschichte (2; 10 und 19) und in 1. Korinther 12 bis 14.

Viele moderne Gelehrte sind der Meinung, der Ausdruck „in Zungen reden“ *(glôssa laleîn)*[1] habe keine einheitliche Bedeutung.[2] Sie behaupten, es gebe zwei Bedeutungen. Die erste komme beim Pfingsterlebnis in Apostelgeschichte 2 vor, wo die Zungenrede die übernatürliche Gabe meint, in einer – dem Redner bis dahin unbe-

1 Die Wendung ist hier und fortan vereinfacht wiedergegeben.

2 Siehe z. B. gängige Wörterbücher wie: Johannes Behm, „glôssa“ in „Theologisches Wörterbuch zum NT“, G. Kittel (Hg.), Kohlhammer, Stuttgart, Studienausgabe 1990, Bd. 1, S. 719-726; J. B. Tyson, „Tongues, Speaking with“ in „Harper's Bible Dictionary“, Paul J. Achtemaier (Hg.), Harper & Row Publisher, San Francisco, 1985, S. 1081f.

kannten – Fremdsprache reden zu können. Die zweite Bedeutung kommt angeblich in 1. Korinther 12-14 vor, wo damit eine ekstatische, unverständliche Sprache gemeint sei, die der modernen Glossolalie entspräche.[1]

Andere ebenso kompetente Gelehrte wiederum sagen, die Sprache im Neuen Testament sei einheitlich, und darum bedeute die Zungenrede überall im Neuen Testament das Sprechen echter Sprachen, die man vorher nicht beherrschte.

Diese unterschiedlichen Erklärungen fordern eine detaillierte Untersuchung des Ausdrucks „in Zungen reden" in der griechischen Sprache. Sie soll in vier Schritten erfolgen:

1. Zuerst nehmen wir die Behauptung unter die Lupe, es gebe im Neuen Testament zwei Bedeutungen für diesen Ausdruck. Dazu widmen wir uns dem griechischen Grundtext.

2. Wir betrachten die Ähnlichkeiten oder Unterschiede im Gebrauch des griechischen Ausdrucks für „in Zungen reden".

3. Wir gehen der Frage nach, wie das Hauptwort *glôssa* in der griechischen Sprache außerhalb des Neuen Testaments gebraucht wird.

4. Schließlich untersuchen wir, wie der neutestamentliche Ausdruck *glôssa laleîn* (in Zungen reden) in der Septuaginta und in der außerbiblischen Literatur benutzt wird. Die Septuaginta (abgekürzt LXX) ist die älteste griechische Übersetzung des Alten Testaments und stellt den Hintergrund für viele neutestamentliche Aussagen dar. Diese linguistische und vergleichende Untersuchung wird uns helfen, Schlußfolgerungen zur Benutzung und Bedeutung des Ausdrucks „Zungenrede" im Neuen Testament zu ziehen.

---

[1] Siehe: W. Grundmann, „Der Pfingstbericht der Apostelgeschichte in seinem theologischen Sinn" in „Studia Theologica", F. L. Cross (Hg.), Akademie Verlag, Berlin, 1964, Bd. II, S. 584-594; Frank W. Beare, „Speaking in Tongues: A Critical Survey of the New Testament Evidence", JBL 83, 1964, S. 229-246 – auch enthalten in Watson E. Mills (Hg.), „Speaking in Tongues. A Guide to Research on Glossolalia", Eerdmans Publishing Company, Grand Rapids, MI, 1986, S. 107-126; Stuart D. Currie, „Speaking in Tongues: Early Evidence Outside the New Testament Bearing on *Glôssais Laleîn*" in „Interpretation" 19 (1965), S. 274-294 – auch enthalten in Mills (Hg.), „Speaking in Tongues", S. 83-106; Christopher Forbes, „Early Christian Inspired Speech and Hellenistic Popular Religion" in „Novum Testamentum" 28/3 (1986), S. 257-270.

Der Gebrauch von *glôssa laleîn* im Neuen Testament

Der griechische Ausdruck *glôssa laleîn*, wörtlich übersetzt „in Zungen reden", kommt im griechischen Neuen Testament selten vor. Das mag viele überraschen, die bisher meinten, die Zungenrede sei zu neutestamentlichen Zeiten ein häufig vorkommendes Phänomen gewesen.

Der Ausdruck *glôssa laleîn* kommt im Neuen Testament nur in drei Büchern vor:

- Markus 16,17
- Apostelgeschichte 2,4.6.8.11; 10,46; 19,6
- 1. Korinther 12,30; 13,1; 14,2.4.5 (2x). 6.13.18.19.21.23.27.39

Das Hauptwort *glôssa* (Zunge) kommt unverändert fünfmal in der Einzahl vor (1. Korinther 14,2.4.13.19.27); neunmal wird es in der Mehrzahl ohne Abänderungen benutzt (Apostelgeschichte 10,46; 19,6; 1. Korinther 13,30; 14,5 (2x). 6.18.23.39). Abgeändert, z. B. auch zusammengesetzt und in der Mehrzahl kommt es insgesamt in fünf Textstellen vor (Markus 16,17; Apostelgeschichte 2,4.11; 1. Korinther 13,1; 14.21).

In enger Beziehung zu *glôssa laleîn* sieht man weitere elf Ausdrücke im Neuen Testament.[1] In Apostelgeschichte 2,6 steht, daß jeder einzelne sie [die Jünger] „in seiner eigenen Sprache reden" hörte[2], und in Vers 8 steht „ein jeder seine eigene Muttersprache".[3] Diese verwandten Ausdrücke weisen eindeutig darauf hin, daß „in Zungen reden" das Sprechen einer bekannten Sprache meint, mit der manche der Hörer vertraut sind.

In 1. Korinther 14 gibt es verschiedene Redewendungen, in denen eine Form von *laleîn*, „sprechen", „reden", vorkommt, und zwar in den Versen 2 (2x), 15 (2x), 16 (2x), 17.21.28.

---

1 Nach Roy A. Harrisville, „Speaking in Tongues: A Lexicographical Study" in Watson E. Mills (Hg.), „Speaking in Tongues. A Guide to Modern Research", Eerdmans, Grand Rapids, MI, 1986, S. 36, und Fußnote 10. Von ihm haben wir umfangreiches statistisches Material und die Zusammenfassungen.

2 Griech.: *tê idía dialékto laloúnton*. Elberf.: Mundart.

3 Griech.: *tê idía dialékto hemôn*. Elberf.: ein jeder in unserer eigenen Mundart.

Außerdem müssen wir das Vorkommen des Wortes *glôssa* für sich allein, d. h. ohne das Verb *laleîn,* untersuchen. Das ist insgesamt 24mal der Fall.[1]

Moderne Griechisch-Deutsch-Wörterbücher übersetzen den Begriff *glôssa* folgendermaßen:

1. „Zunge“ als Sprechorgan.[2]
2. „Zunge“ als „Feuerzunge“, also im bildlichen Sinne.[3]
3. „Zunge“ im Sinne einer „Sprache“, als normales Kommunikationsmittel also.[4]

Eine Tatsache ist beachtenswert: Klammert man zunächst den umstrittenen Abschnitt in 1. Korinther 14 aus, so bezeichnet das Wort *glôssa* nirgendwo im Neuen Testament eine unverständliche, ekstatische, himmlische Sprache, eine Sprache der Engel oder etwas Ähnliches.

Wir sind jetzt in der Lage, die ersten Schlußfolgerungen zu ziehen:

1. Das Hauptwort *glôssa* für sich allein bedeutet entweder die „Zunge“ als Organ oder „Sprache“.

2. Nur in einem Fall weist *glôssa* auf „Zungen wie von Feuer“ (Apostelgeschichte 2,3) hin. Hier wird es vom Vergleichswort „wie“ *(hoseí)* begleitet und hat daher eine bildliche Bedeutung. Stellen wir 1. Korinther 14 zunächst zurück, so hat *glôssa* nirgendwo im Neuen

---

1 Markus 7,33.35; Lukas 1,64; 16,24; Apostelgeschichte 2,3.26; Römer 3,13; 14,11; Philipper 2,11; Jakobus 1,26; 3,5 (3mal); 3,8; 1. Petrus 3,10; 1. Johannes 3,18; Offenbarung 5,9; 7,9; 10,11; 11,9; 13,7; 14,6; 16,10; 17,15.

2 Lukas 1,64; 16,24; Markus 7,33.35; Apostelgeschichte 2,26; Römer 3,13; Jakobus 1,26; 3,5.6. (2x) 8; 1. Johannes 3,18; 1. Petrus 3,10; Offenbarung 16,10.

3 Apostelgeschichte 2,3.

4 Römer 14,11; Philipper 2,11; Offenbarung 5,9; 7,9; 10,11; 11,9; 13,7; 14,6; 17,15. Walter Bauer, William F. Arndt, F. Wilbur Gingrich and Frederick Danker, „A Greek-English Lexicon of the New Testament and Other Early Christian Literature“, The University of Chicago Press, Chicago/London, 1979[2], S. 162; Walter Bauer, „Griechisch-deutsches Wörterbuch zu den Schriften des Neuen Testaments und der frühchristlichen Literatur“, Kurt Aland und Barbara Aland (Hg.), Walter de Gruyter, Berlin/New York, 1988, S. 324; Joseph Henry Thayer, „The New Thayer's Greek-English Lexicon of the New Testament“, Hendrickson Publishers, Peabody, MA, 1981, S. 1100f.

Testament die Bedeutung der modernen Glossolalie, also im Sinne einer unverständlichen Sprache oder eines Kauderwelschs.

3. Die synoptischen Evangelien wissen nichts von „Zungen" im Sinne der modernen Glossolalie – auch Markus 16,17 nicht. Es besteht daher kein Grund, in Markus 16,17 das moderne Phänomen hineinzulesen.

4. Das Evangelium des Johannes spricht viel über den Heiligen Geist (Johannes 14,17 z. B.), schweigt aber völlig zum Thema Zungen im Sinne eines unverständlichen Redens oder einer Gabe des Geistes.

5. Die Bedeutung des Begriffes „Zungen" in Apostelgeschichte 2 ist sehr eindeutig. Als erstes wird dieses Wort bildlich benutzt, wenn von „Zungen *wie* von Feuer" (Vers 3) die Rede ist. Ansonsten kommt es jedoch mit der zweiten Bedeutung vor: Die Zungenrede als die übernatürliche Gabe, in einer verständlichen Sprache zu sprechen, die von den Hörern als ihre Muttersprache erkannt und verstanden wird.[1] Gemeint ist, daß „der Heilige Geist die Gläubigen befähigte, *in anderen Sprachen zu reden*, und zwar in einer anderen als ihrer gewöhnlichen Sprache".[2]

Es ist darauf hingewiesen worden, daß es sich in Apostelgeschichte 2 „um eine sinnvolle, für die Zuhörer völlig verständliche Sprache handelt. Dies geht nicht nur aus den [auf Vers 4] folgenden Versen hervor, sondern auch aus dem Wort, das Lukas für ‚reden' gewählt hat *[apophthéggomai]*. Sowohl in der Septuaginta als auch im klassischen Griechisch wird dieses Verb benutzt, um auf ein feierliches oder inspiriertes Reden hinzuweisen, nie jedoch bezieht es sich auf ekstatische Äußerungen."[3]

Mit anderen Worten: Die Jünger sprachen zu Pfingsten nach Apostelgeschichte 2 „nicht in irgendwelchen ekstatischen, unverständlichen, sondern in deutlich erkennbaren Sprachen *(glossai idios dialectos)*".[4] Die Empfänger der Geistesgabe in Apostelgeschichte 2

---

1 Siehe u. a. Barclay M. Newman and Eugene A. Nida, „A Translator's Handbook on the Acts of the Apostles", United Bible Societies, London, 1972, S. 34-36.

2 ebd., S. 35 (Betonung im Original).

3 ebd.

4 William G. MacDonald, „Glossolalia in the New Testament" in „Speaking in Tongues", Watson E. Mills (Hg.), Eerdmans, Grand Rapids, MI, 1986, S. 129.

waren keine „Zungenredner" im Sinne der Glossolalie; denn sie redeten in menschlichen Sprachen, die sie vorher nicht gekannt hatten. Die zu Pfingsten anwesenden Menschen kamen aus Rom und vielen anderen Gebieten, einschließlich Mesopotamien und Arabien, und bezeugten als Augen- und Ohrenzeugen, daß sie die vom Heiligen Geist erfüllten Verkündiger in „ihrer eigenen Sprache" *(idia dialekto)* reden hörten, wie es in Apostelgeschichte 2,6.8 ausdrücklich betont wird.

Wir haben bisher die vieldiskutierten Textstellen aus l. Korinther 12-14 ausgeklammert. Den Grund dafür entnehmen wir einem erst 1988 herausgegebenen Lexikon:

„Die meisten Gelehrten nehmen an, daß sich das in Apostelgeschichte 2,4 beschriebene Phänomen deutlich von dem unterscheidet, das in 1. Korinther 14,2 erwähnt wird. Im ersten Fall hätten die Menschen das Gesprochene in ihrer eigenen, regionalen Sprache bzw. in ihrem eigenen Dialekt verstanden, während im zweiten Fall ein Ausleger erforderlich gewesen sei. Das ist der Grund, warum viele *glôssa* in 1. Korinther 14,2 als ein ekstatisches Reden auslegen, das auch in hellenistischen Religionen vorkam und als Symbol göttlicher Inspiration angesehen wurde."[1]

Wir zitieren aus diesem Lexikon, weil es die Meinung vieler moderner Gelehrten zusammenfaßt. Die allgemeine Auffassung über die neutestamentliche Geistesgabe hat sich in den letzten hundert Jahren stark verändert – bis hin zur Unterscheidung zweier Arten der „Zungenrede".

Als Beleg für diese Wandlung stellen wir obigem Zitat die Aussage eines bedeutenden Griechisch-Englisch-Lexikons aus dem Jahre 1858 gegenüber:

„Nach dem Wortlaut im Markusevangelium und in der Apostelgeschichte wird hier offensichtlich *in anderen, lebenden Sprachen gesprochen* (vergleiche Apostelgeschichte 2,6.8-11). Andere berufen sich auf die Stelle in 1. Korinther als Hinweis darauf, daß hier von

---

[1] Johannes S. Louw, Eugene A. Nida u. a., „Greek-English Lexicon of the New Testament Based on Semantic Domain", United Bible Societies, London/New York, 1988, Bd. 1, S. 389-390.

einer anderen Art von Sprache die Rede ist. Damit sei ein Mensch gemeint, der sich aufgrund von Inspiration in einem Zustand hoher geistlicher Erregung oder Ekstase befindet. In Anbetung völlig versunken, nimmt er äußere Eindrücke nicht mehr wahr, sondern bricht abrupt in Ausdrücke des Lobes und der Anbetung aus. Diese sind zusammenhanglos und deshalb für die meisten unverständlich ... Die Mehrheit der Ausleger hat sich richtigerweise für die erste Bedeutung entschieden, während ein paar andere einen Hinweis auf zwei verschiedene Gaben vermuten."[1]

Es ist bemerkenswert, daß sich im Jahre 1858, als dieses Lexikon veröffentlicht wurde, nur „ein paar andere" Ausleger für „zwei unterschiedliche Gaben" aussprachen. Vor 130 Jahren hielten nur wenige Ausleger das „Reden in Zungen" aus 1. Korinther 14 für eine ekstatische Rede im Sinne der Glossolalie. Heute dagegen vertritt die Mehrheit der Gelehrten die Ansicht, bei Apostelgeschichte 2 und 1. Korinther 14 handle es sich um zwei unterschiedliche Gaben.

Das Standardwörterbuch für neutestamentliches Griechisch von Walter Bauer spricht von einem „speziellen Problem" in bezug auf das „Zungenreden" im Neuen Testament. Bauer behauptet, daß es in 1. Korinther 14 „keinen Zweifel darüber gibt, daß es sich um die gebrochene Redeweise einer Person in religiöser Ekstase handelt."[2] Diese Erklärung gibt die weitverbreitete Ansicht der Gelehrten unserer Zeit wieder.

◆

Für den nachdenklichen Leser stellen sich folgende Fragen: Wodurch ist es zu diesem Meinungswechsel gekommen? Welche Gründe veranlassen die Mehrheit der modernen Gelehrten dazu, in Apostelgeschichte 2 und in 1. Korinther 14 zwei unterschiedliche Erfahrungen anzunehmen, obwohl dieselben Begriffe benutzt werden? Welchen Grund gibt es für diese Veränderung? Gibt es Belege für ekstatisches, unverständliches Reden in außerbiblischen Quellen? Der nächste Abschnitt widmet sich diesem Thema.

---

1 Edward Robinson, „Greek and English Lexicon of the New Testament", rev. Ausgabe, Harper & Brothers, New York, 1858, S. 149.

2 Bauer, Arndt and Gingrich, a.a.O., S. 162.

Glossolalie außerhalb des Neuen Testamentes?

Wie ist diese „Kursänderung" in den griechisch-englischen Wörterbüchern und in der Auslegung der neutestamentlichen „Zungenrede" während der letzten hunderte Jahre zustandegekommen? Ist sie etwa das Ergebnis einer gründlichen Beschäftigung mit dem Ausdruck *glôssa laleîn* (in Zungen reden) in der außerbiblischen griechischen Literatur?

Geht sie auf die Entdeckung neuer griechischer Manuskripte zurück, die die Worte *glôssa laleîn* verwenden und zweifelsfrei belegen, daß es sich um eine ekstatische, unverständliche Sprache handelt? Oder liegt hier eine Neuinterpretation der Begriffe *glôssa laleîn* vor, die es möglich macht, diese neutestamentlichen Ausdrücke mit der modernen Glossolalie unter den charismatischen Christen in Einklang zu bringen? Wird hier der biblische Text *aus*gelegt oder wird etwas *hinein*gelegt?

Wenn wir eine befriedigende Antwort auf diese Begriffsumdeutung in den Nachschlagewerken finden wollen, dann müssen wir uns mit der griechischen Sprache außerhalb des Neuen Testaments befassen. Die Behauptung, „ekstatisches", unverständliches Reden sei auch ein „Bestandteil der hellenistischen Religionen" gewesen, macht dies unbedingt erforderlich.[1]

Christopher Forbes, ein Spezialist auf dem Gebiet der alten griechischen Kultur, hat eine Studie zu diesem Thema verfaßt. Er hat die verschiedenen Argumente für die Ansicht analysiert, die hellenistische Volksreligion hätte die frühchristliche Glossolalie beeinflußt, wie man dies 1. Korinther 14 und anderen Textstellen im Neuen Testament entnehmen könne.[2] Wir nehmen im Folgenden auf einige der Hauptpunkte dieser Studie Bezug.

Der Philosoph Plato berichtet von der pythischen Priesterin von Delphi. Von ihr heißt es, sie habe ihre Orakel in einem Zustand

1 Louw and Nida u. a., a.a.O., S. 389f.
2 Forbes, a.a.O., S. 257-270.

rasender Ekstase gesprochen.[1] Wir sollten darauf achten, daß es sich beim Orakel von Delphi um das Hauptbeispiel handelt. Darauf beziehen sich viele Gelehrte, die behaupten, daß es einen griechischen Hintergrund für unverständliches Reden gibt. Es ist also üblich, auf das Orakel von Delphi als Paradebeispiel für Glossolalie in der Antike zu verweisen.[2]

Gelehrte haben diese angeblichen „vergleichbaren Phänomene" erneut sorgfältig überprüft.[3] Es mag überraschend klingen, ist jedoch unbestreitbar, daß es „keinen entscheidenden Beweis dafür gibt, daß die pythische Priesterin ihre Orakel in einer Art und Weise gesprochen hat, die der Glossolalie entspricht".[4]

Joseph Fortenrose, ein weiterer sehr kompetenter Forscher, der für sich diese Texte griechischer Autoren der Antike studiert hat, kommt zu dem Schluß, daß die pythische Priesterin zu Delphi überhaupt nicht in wilde oder rasende Ekstase geraten ist. Weder geriet sie außer sich, noch brachte sie irgendein zusammenhangloses Geplapper zustande.[5] Im Gegenteil, die Priesterin zu Delphi konnte ihre Orakel – ob mündlich oder schriftlich – in Prosa und in Gedichtform mitteilen.[6]

Was also beim Orakel zu Delphi geschah, war überhaupt nicht das Ergebnis einer inspirierten Glossolalie noch einer ekstatischen Rede. Außerdem wird das, was die pythische Priesterin von sich gab, nie mit den Worten *glôssa laleîn* (in Zungen reden) oder ir-

---

1 Es ist typisch, daß viele Ausleger versichern, es habe „ekstatisches Reden" beim Orakel von Delphi und/oder in der pythischen Religion gegeben. Siehe z. B. C. M. Roebeck, Jr., „Tongues – Gift of" in „The International Standard Bible Encyclopedia", Eerdmans Publ. Co., Grand Rapids, MI, 1988, Bd. 4, S. 872 und die Diskussion in Forbes, a.a.O., S. 269f., der als typische Beispiele u. a. solche Gelehrte wie N. I. J. Engelsen, L. T. Johnson, T. W. Gillespie, S. Roberts.

2 Der häufig zitierte Artikel von F. Behm, „glôssa", a.a.O., Bd. 1, S. 722, nennt auch Platos Hinweis auf das Orakel von Delphi in Phrygia, indem er den griechischen Text ausführlich zitiert. Siehe auch die vorangegangene Fußnote.

3 So Behm, „glôssa", a.a.O., S. 722.

4 Forbes, a.a.O., S. 260.

5 Joseph Fortenrose, „The Delphic Oracle", The University of California Press, Berkeley, 1978, S. 204-212.

6 Forbes, a.a.O., S. 262f.

gendwelchen Begriffen beschrieben, die eine unverständliche, ekstatische Sprache bezeichnen.[1]

Es gibt eine Aussage darüber, daß die „Orakel [der pythischen Priesterin] dunkel *(asaphés)* sind".[2] Bedeutet dies, daß man die unverständlichen Worte des Orakels in eine verständliche Sprache übertragen oder daß jemand übersetzen mußte, was dunkel bzw. unklar war?

Weder das eine noch das andere. Es bedeutet einfach, daß der Sinn der Orakel durch die Übertragung von einer göttlichen in eine menschliche Sprache verdunkelt wurde. Obwohl es sich um eine völlig verständliche Sprache handelte, waren diese „Orakel" schwer zu verstehen und daher geheimnisvoll und erklärungsbedürftig.

Nichts zwingt uns dazu, das als unverständliche Sprache zu bezeichnen, was schwer zu verstehen ist, obwohl es in klarem Griechisch gesprochen oder geschrieben wurde. Daß etwas in einer verständlichen Sprache schwer zu verstehen ist, hat überhaupt nichts mit Glossolalie oder ekstatischer Rede zu tun.

Diese neueren Studien über das Orakel zu Delphi widerlegen die falschen Auslegungen früherer Gelehrter; denn es steht heute fest, daß es beim Orakel zu Delphi weder einen inhaltlichen noch einen sprachlichen Beweis für irgendwelche Formen von Glossolalie, „Reden in Zungen" oder von geistgewirkter, ekstatischer Rede in einer unverständlichen Sprache gibt.

Die neueren Ergebnisse unterstützen weder die früheren Behauptungen verschiedener Forscher,[3] die Glossolalie mit der hellenistischen Religion in Verbindung zu bringen, noch den Versuch, den Sprachgebrauch des Paulus in 1. Korinther 14 aus dieser hellenistischen

---

1 ebd., S. 267f.

2 Zitiert von Dio Chrysostomos bei Forbes, a.a.O., S. 268.

3 Typisch hierfür ist N. I. J. Engelsen, „Glossolalia and Other Forms of Inspired Speech According to 1 Cor. 12-14" (unveröffentlichte Ph. D. Dissertation, Yale University, 1970). Er argumentiert sehr breit, daß Paulus zwischen verständlicher und unverständlicher Sprache unterscheide. Viele Schreiber sind ihm darin unkritisch gefolgt. Forbes schlußfolgert: „Engelsens Versuch, christliche Glossolalie griechischen und hellenistischen religiösen Phänomenen gleichzusetzen, wird jedoch von vielen Irrtümern methodischer wie hermeneutischer Natur beeinträchtigt, so daß seine Schlußfolgerungen größtenteils verworfen werden müssen" (Forbes, a.a.O., S. 269).

Quelle abzuleiten. Das ist ein ernüchterndes Ergebnis für alle, die 1. Korinther 12-14, Markus 16,17 und Apostelgeschichte 10 und 19 auf der Grundlage eines angeblich hellenistischen religiösen Hintergrundes zu deuten versuchen. Diese Beziehung existiert einfach nicht.

glôssa und *laléo* außerhalb des Neuen Testaments

Welche Bedeutung hat das Hauptwort *glôssa* in der griechischen außerbiblischen Literatur? Bezeichnet der Begriff *glôssa* in griechischen Texten der damaligen Zeit eine unverständliche Sprache?

Die Bedeutungen für *glôssa* in den verschiedenen Standardlexika für das Griechisch der Antike stimmen, wie wir sehen werden, überein. Wir widmen uns zuerst einer Untersuchung der Papyri. Das sind alte griechische Dokumente, auf Blätter aus der Papyruspflanze geschrieben. Dieses Material wurde häufig benutzt, daher hat man viele auf Papyri geschriebene Texte gefunden.

In seinem anerkannten Wörterbuch der griechischen Papyrusurkunden schreibt Friedrich Preisigke, daß *glôssa* „Zunge, Sprache“ bedeutet – und sonst nichts.[1] Für das Wort *laléo* führt er die Bedeutungen „sprechen, mitteilen, erzählen“ an.[2] In den auf Papyri enthaltenen Texten gibt es keinen Beleg für irgendwelche Phänomene wie Glossolalie. Alles liegt auf der Ebene rationalen und verständlichen Redens.

Moulton und Milligan haben aus den Papyri und anderen nichtliterarischen Quellen [d. h. aus Dokumenten aus dem Alltagsleben wie Kaufverträgen u. a.] Worte und Begriffe gesammelt, um das Vokabular des Neuen Testaments zu erklären. Auch hier meint das Wort *glôssa* ein Organ im Mund des Menschen bzw. im Maul der Tiere, nämlich die „Zunge“, oder es hat die Bedeutung einer verständlichen menschlichen „Sprache“.[3]

---

[1] Friedrich Preisigke, „Wörterbuch der griechischen Papyrusurkunden“, Selbstverlag, Heidelberg, 1924, Bd. 1, S. 299.

[2] Friedrich Preisigke, a.a.O., Selbstverlag der Erben, Berlin, 1925, Bd. 2, S. 3.

[3] James Hope Moulton und George Milligan, „The Vocabulary of the Greek Testament Illustrated from the Papyri and other Non-Literary Sources“, Hodder & Stoughton, London, 1952, S. 128.

Moulton und Milligan erwähnen folgendes: „Während *légo* die Aufmerksamkeit auf den Inhalt des Gesagten lenkt, weist das lautmalerische *laléo* mehr auf die äußere Ausdrucksweise hin ..."[1] Es gibt daher immer noch keinen Beweis dafür, daß *laléo* sich in der Antike zu einer Bezeichnung für die Glossolalie entwickelt hat. Es bleibt also ein Begriff für verständliches Reden. Dies ist auch immer noch der Fall gerade in dem Kapitel, in dem moderne Gelehrte die Glossolalie als unverständliche Zungenrede zu erkennen meinen bzw. wünschen. In 1. Korinther 14,19.29 wird das Verb *laléo* für verständliches Reden benutzt.[2]

Wir setzen unsere Untersuchung des Begriffes *glôssa* fort, indem wir die Papyri und nichtliterarischen Quellen verlassen und folgender Frage nachgehen: Meint die griechische Sprache in Dokumenten, die nach dem Neuen Testament enstanden sind, mit diesem Wort vielleicht ekstatische Äußerungen oder eine unverständliche Sprache? Dafür müssen wir uns den Werken der Kirchenväter in griechischer Sprache zuwenden. Sie haben sehr viel geschrieben und uns einen reichen Schatz an griechischer Literatur hinterlassen.

In der griechischen Sprache der Kirchenväter bedeutet *glôssa* die „Zunge [als ein] Sprechwerkzeug" oder „Sprache". Im übertragenen Sinne bedeutet es auch „Riegel" oder „Barren" aus Gold.[3]

Diesbezügliche Forschungen in den Werken der frühen Kirchenväter (vor dem 3. Jahrhundert) haben zu folgender Schlußfolgerung geführt: „Bei der Erklärung der damals vorkommenden Zungenrede haben die [frühen] Kirchenväter sie in der Regel als xenolalisch beschrieben [d. h. als das Reden in einer bekannten Sprache, die der Redner nicht durch mechanische Methoden erlernt hat]."[4]

[1] ebd., S. 368.

[2] So korrekt bei Robert H. Gundry, „‚Ecstatic Utterance‘ (N.E.B.)?" in „Journal of Theological Study" 17/1966, S. 304.

[3] G. W. H. Lampe, „A Patristic Greek Lexicon", At the Clarendon Press, Oxford, 1962, S. 316.

[4] Harold Hunter, „Tongues Speech: A Patristic Analysis," in „Journal of the Evangelical Theological Society" 23/2 1980, S. 135. Siehe auch Currie, S. 105, mit leicht unterschiedlichen Schlußfolgerungen. Er betont jedoch, daß es nicht möglich ist, zu entscheiden, ob der neutestamentliche griechische Ausdruck *„glôssa laleîn"* „geeignet ist, das gegenwärtige Phänomen des Zungenredens zu beschreiben" (ebd.).

Mit anderen Worten: Die frühen Kirchenväter hielten die Zungenrede zu ihrer Zeit für das Wunder, in fremden Sprachen reden zu können. Auch 1. Korinther 14 interpretierten sie in diesem Sinne.

Eins ist in diesem Zusammenhang bemerkenswert: Die von N. I. J. Engelsen durchgeführte umfassendste wissenschaftliche Untersuchung, die zwischen Zungenrede als verständlicher Sprache und einer unverständlichen Sprache in 1. Korinther 14 unterscheidet, kommt zu der Schlußfolgerung, daß der griechische Ausdruck *glôssa laleîn* (in Zungen reden) außerhalb des Neuen Testaments nicht vorkommt.[1] Man hat eine einzige Ausnahme entdeckt, nachdem Engelsen seine Studien abgeschlossen hatte. Sie bezieht sich jedoch nicht auf unverständliches Reden.[2]

Wir haben alle gegenwärtig bekannten griechischen Texte gründlich erforscht. Es ist nicht ein einziger griechischer Text aus der Antike bekannt, der die Bezeichnung *glôssa*, das Verb *laleîn* oder die neutestamentliche Wendung *glôssa laleîn* (in Zungen reden) im Sinne von ekstatischer Glossolalie gebraucht.

Bis heute ist kein Forscher in der Lage gewesen, auch nur einen einzigen dieser Ausdrücke in außerbiblischen griechischen Texten aufzuzeigen, der im Sinne unverständlicher Rede oder ekstatischer Äußerung zu versteht ist. Dies ist erstaunlich im Hinblick auf viele, die über das Thema schreiben; sie erwecken den starken Eindruck, das Phänomen der Glossolalie sei außerhalb des Neuen Testamentes in heidnischen Religionen bekannt gewesen und von dort in die Gemeinde zu Korinth und anderswo eingeführt worden.

glôssa laleîn in der Septuaginta

Zum Abschluß wenden wir uns der Verwendung von *glôssa laleîn* in der Septuaginta zu; sie war für das Judentum in neutestamentlicher Zeit die autorisierte griechische Übersetzung des Alten Testaments.

---

1 Engelsen, a.a.O., S. 20. Dies wird unterstützt von Harrisville, a.a.O., S. 41.

2 Harrisville, a.a.O., S. 41, hat in einem Fall „*glôssa laleîn*" in der profanen griechischen Literatur gefunden, und zwar in der rekonstruierten Zeile einer Hymne an Imouthes-Asclepius in der Bibliothek der Oxyrhynchus Papyri, zitiert von Harrisville, a.a.O., S. 41, Fußnote 34.

Bei Zitaten aus dem Alten Testament haben die Schreiber des Neuen Testaments überwiegend den griechischen Wortlaut der Septuaginta übernommen. Die Frage lautet daher: Gebraucht die Septuaginta den Ausdruck *glôssa laleîn* im Sinne unverständlicher Reden und/oder ekstatischer Äußerungen?

Professor Roy A. Harrisville faßt seine bekannte Abhandlung über den Gebrauch von *glôssa laleîn* folgendermaßen zusammen: „In der Septuaginta kommt das Wort *glôssa* zusammen mit dem Verb *laleîn* siebenmal vor, davon viermal unverändert im Singular [Hiob 33,2; Psalm 37,30; 39,4; Jeremia 9,4] und dreimal in veränderter Form im Singular [Psalm 109,2; Jesaja 19,18; 28,11].“[1] Das beweist, daß die Worte *glôssa laleîn* im Neuen Testament genau so gebraucht werden.

Im Hinblick auf das Gesamtvorkommen von *glôssa* in der Septuaginta – einschließlich der Fälle, wo es dem Sprachgebrauch im Neuen Testament am nächsten kommt – schlußfolgert Prof. Harrisville, daß der „Übersetzer der Septuaginta anscheinend nichts von einem Fachausdruck für Zungenrede [im Sinne einer unverständlichen Sprache] gewußt hat“.[2]

In jedem Falle bezeichnet das Wort *glôssa* bzw. der Ausdruck *glôssa laleîn* in der Septuaginta eine normale Sprache. Nirgendwo ist ein Bezug auf die Glossolalie erkennbar. Der Gebrauch in der Septuaginta stimmt deshalb mit der Benutzung dieser Worte in der griechischen Literatur außerhalb des Neuen Testaments überein.

Tatsächlich unterstützt ein Studium des Vorkommens des Ausdrucks *glôssa laleîn* die Ansicht, daß dieser Ausdruck außerhalb der Septuaginta, das heißt, im Neuen Testament, einfach das Reden in normalen menschlichen Sprachen meint.

Zusammenfassend können wir sagen, daß der Ausdruck *glôssa laleîn* (in Zungen reden) außerhalb des Neuen Testaments nie für das verwendet wurde, was heute als Glossolalie im Sinne einer unverständlichen Rede oder ekstatischen Äußerung bezeichnet wird. Ein solcher Gebrauch ist in der griechischen Sprache und Literatur

1 Harrisville, a.a.O., S. 39 .
2 ebd., S. 41.

der Antike nicht bekannt, wie die neueren diesbezüglichen Forschungen einstimmig zeigen.

So wird es zunehmend schwieriger zu behaupten, Paulus hätte bei diesem Ausdruck eine ekstatische, unverständliche Sprache gemeint. Für diese Auslegung liegen keinerlei Anhaltspunkte vor im Gegensatz zu dem, was frühere Gelehrte behauptet haben.

Moderne Hypothesen über die Glossolalie

Die Erkenntnis, daß es weder sprachliche noch andere Beweise für unverständliche ekstatische Äußerungen außerhalb des Neuen Testaments gibt, mag viele überraschen, die sich mit dem modernen Phänomen der Glossolalie befassen.

Da diese Beweise fehlen, bleiben nicht viele Möglichkeiten übrig, um das Phänomen von 1. Korinther 14 im Sinne unverständlicher Laute auszulegen. Professor Harrisville hat diesen Sachverhalt sehr präzise formuliert:

„Entweder sind wir in der Lage, den Schreibern des Neuen Testaments die volle Verantwortung für die Wahl der zur Diskussion stehenden Ausdrücke zuzuschreiben, oder wir müssen weiter nach dem Zeitpunkt suchen, zu dem die Beziehungen für das Zungenreden in das Neue Testament eingedrungen sind.“[1]

Es gibt hauptsächlich zwei Erklärungsversuche, um den griechischen Ausdruck *glôssa laleîn* (in Zungen reden) aus 1. Korinther 14 im Sinne einer „unverständlichen Äußerung“ zu verstehen.[2] Eine der Hypothesen legt nahe, daß Paulus selbst diesen Begriff entwikkelte, um damit die Erfahrungen einiger Christen in Korinth zu bekämpfen. Der zweite Erklärungsversuch besagt, daß der „Fachausdruck seinen Ursprung im vorchristlichen Judentum hat,“ speziell in vorchristlichen jüdischen Quellen, die mit Qumran in Verbindung stehen.[3]

Diese Hypothesen sind mit riesigen Schwierigkeiten verbunden. Es ist unmöglich, einen Beleg für eine Begriffsentwicklung in der

1 ebd., S. 43.
2 So Behm, a.a.O., S. 722.
3 Harrisville, a.a.O., S. 44-50.

Bibel oder in der außerbiblischen Literatur zu finden, wonach sich die Bedeutung des Ausdrucks *glôssa laleîn* (in Zungen reden) vom Reden in einer normalen Sprache zum Reden in einer unverständlichen, ekstatischen Sprache gewandelt habe.

Wer Paulus die Prägung des Ausdrucks *glôssa laleîn* zuschreibt, gibt damit zu: Es gibt außerhalb des Neuen Testaments keinen Beleg dafür, daß dieser Ausdruck überall in der alten Welt Glossolalie bedeutet. Man ist also gezwungen, Paulus diese Wortschöpfung zuzuschreiben, weil man nirgendwo sonst einen Beweis für diese Behauptung findet. Johannes Behm argumentiert im „Theologischen Wörterbuch zum Neuen Testament", daß Apostelgeschichte 2,3.4 nicht den Begriff „Glossolalie" hervorgerufen haben kann.[1] Das ist zweifellos korrekt.

Für den Lösungsvorschlag, der Begriff Glossolalie sei aus dem vermutlich lautnachahmenden Wort *laleîn* (reden) hervorgegangen,[2] können die Befürworter keinen fundierten klangsprachlichen Beleg liefern. Warum sollte Paulus einfach deshalb einen Fachbegriff erfunden haben, um den Mißbrauch einer geistlichen Gabe bekämpfen zu können?[3]

Denjenigen, die den Ursprung der Glossolalie in jüdischen oder hellenistischen Kreisen finden wollen, tritt Engelsen durch seine Schlußfolgerung entgegen, „er [Paulus] mag Vorgänger gehabt haben, aber sie haben keine Spuren hinterlassen".[4] Das bedeutet, daß diesen Hypothesen, die auf angebliche Analogien in der jüdischen oder hellenistischen Welt des Paulus aufgebaut sind, jegliche direkte oder indirekte Unterstützung durch schriftliche antike Quellen fehlt. Derartige Belege stehen nicht zur Verfügung.

---

1 Behm, a.a.O., S. 725f.

2 Siehe z. B. Bastiaan Van Elderen, „Glossolalia in the New Testament" in „Bulletin of the Evangelical theological Society" 7 (1964), S. 53-58; William E. Richardson, „Liturgical Order and Glossolalia: 1. Corinthians 14,26c-33a and Its Implications" (unveröffentliche Ph. D. Dissertation; Andrews University, Berrien Springs, MI, 1983), S. 89-91.

3 Harrisville, a.a.O., S. 50, verwirft einen paulinischen Ursprung und zieht einen Ursprung „in vorchristlichen, jüdischen Quellen" vor.

4 Engelsen, a.a.O., S. 20.

Wie verhält es sich aber mit der jüdischen Qumran-Sekte? Hat sie irgendeine Spur in bezug auf die Glossolalie oder ekstatische Rede hinterlassen? Obwohl es keinen Beweis für ein Vorkommen der Glossolalie in Qumran gibt, wird behauptet, die Glossolalie sei in der Gemeinschaft von Qumran entstanden. Aber weder liefert Qumran das „fehlende Glied" für den angeblichen paulinischen Gebrauch von *glôssa laleîn* als Ausdruck für Glossolalie, noch unterstützt es ihren hypothetischen Ursprung.[1] Bisher hat für den Ursprung der Glossolalie niemand eine klare Verbindung zu Qumran oder anderen vorchristlichen jüdischen Kreisen aufzeigen können.

So bleibt es bei der Tatsache, daß es weder in Qumran noch in anderen mit Qumran verbundenen Kreisen einen Beweis für irgend etwas gibt, was der modernen Glossolalie oder dem, was in 1. Korinther 14 beschrieben wird, ähnlich ist. Im Klartext heißt das: Der Annahme, die angeblich paulinische Glossolalie sei auf jüdische oder sonstige Kreise zurückzuführen, fehlt immer noch die erforderliche Unterstützung durch heute verfügbare Quellen.

Eins ist beachtenswert: Jene, die diese Hypothesen aufgestellt haben, geben selber das Fehlen zeitgenössischer Beweise dafür zu, daß *glôssa laleîn* (in Zungen reden) jemals außerhalb des Neuen Testaments Glossolalie im Sinne von ekstatischen, unverständlichen Lauten bedeutet hat.

Schlußfolgerungen

Es gibt unter den modernen Gelehrten keine Übereinstimmung über den Ursprung einer angeblichen Zungenrede, die Paulus in 1. Korinther 12-14 im Sinne gehabt haben soll.

Bis heute ist in allen zur Verfügung stehenden griechischen Schriften oder anderen Quellen für das Phänomen der Glossolalie kein Beweis zu finden. Es gibt auch keinen Beleg für die Behauptung, Paulus habe den Begriff „Glossolalie" für das Phänomen erfunden, das heute so oder ähnlich in gewissen christlichen und nichtchristlichen Religionen praktiziert wird.

[1] Harrisville, a.a.O., S. 44-48.

Vom Standpunkt einer sachgerechten Auslegung (Exegese) betrachtet, erscheint es nicht statthaft, ein modernes Phänomen wie die von Pfingstlern, Neu-Pfingstlern und anderen nichtchristlichen Religionen auf verschiedenen Kontinenten praktizierte Glossolalie in das Neue Testament hineinzulesen. Wenn wir es dennoch tun, dann betreiben wir nicht *Ex*egese (das aus dem Text *heraus*lesen, was er enthält), sondern *Eis*egese (etwas in einen Text *hinein*lesen, das nicht darin enthalten ist).

Es gibt nur *einen* Abschnitt im Neuen Testament, der unzweideutig erklärt, was „in Zungen reden" bedeutet – das ist Apostelgeschichte 2. Wenn man Apostelgeschichte 2 zu Wort kommen läßt, dann sind „Zungen" bekannte, verständliche Sprachen. Sie wurden von Menschen gesprochen, die die Gabe des Heiligen Geistes empfangen hatten, und sie wurden von Menschen verstanden, die aus vielen Gebieten der Alten Welt nach Jerusalem gekommen waren.

Wir stellen am Schluß dieses Kapitels eine Frage bezüglich der angemessenen Vorgehensweise bei der Auslegung der Bibel: Wäre es nicht weise und sinnvoll, von der bekannten Definition und dem eindeutigen Abschnitt im Neuen Testament auszugehen, um eine Erklärung für den schwierigeren Textabschnitt zu finden?[1] Sollte ein Ausleger in dieser Situation nicht versuchen, den schwierigeren Abschnitt von 1. Korinther 12 bis 14 im Lichte des verständlicheren Abschnittes von Apostelgeschichte 2 auszulegen? Wäre das nicht eine gesunde Vorgehensweise?

---

1 Es gibt einige Gelehrte, die auf der Grundlage ihrer form- und redaktionskritischen Analysen von Apostelgeschichte 2 behaupten, der klarere Abschnitt sei 1. Korinther 14. So versuchen sie, Apostelgeschichte 2 ausgehend von 1. Korinther 14 zu verstehen. Sie behaupten, daß Apostelgeschichte 2 eine tiefere Traditionsschicht zugrunde liege, die mit der angeblichen Glossolalie in 1. Korinther 14 identisch sei. Spätere Redaktoren hätten jedoch Apostelgeschichte 2 so bearbeitet, um daraus eine Gabe von verständlichen Sprachen zu machen (siehe Kap. 4 dieses Buches). Diese Darstellung kann weder durch Apostelgeschichte 2 erhärtet werden (der Text dort ist zu eindeutig), noch durch alle vorliegenden alten griechischen Handschriften. Außerdem gründet sie sich allein auf moderne Rekonstruktionen, die zu subjektiv sind, um ins Gewicht zu fallen. Es ist das beste, sich eng an den biblischen Text zu halten.

Außerhalb der Bibel gibt es keinen Beweis zur Unterstützung der unverständlichen Glossolalie im Neuen Testament. Es ist methodisch nicht annehmbar, die heute praktizierte Glossolalie einfach nachträglich ins Neue Testament hineinzulesen. Wo es sprachlich um das gleiche Phänomen geht, sollte sich die Bibel selbst auslegen. Diese Vorgehensweise ist sprachlich konsequent, von der Auslegung her angemessen – und hat sich seit Jahrhunderten bewährt.

Kapitel 3

Die Zungenrede im Markus-Evangelium

In diesem Teil des Buches befassen wir uns mit der von Jesus Christus, dem auferstandenen Herrn, verheißenen Zungengabe. In den folgenden Kapiteln setzen wir in chronologischer Reihenfolge[1] unser sorgfältiges Studium der neutestamentlichen Abschnitte fort, die auf die Zungenrede verweisen.

Der geschichtliche Hintergrund

Der erste, der etwas über die Zungengabe sagte, ist Jesus Christus selbst gewesen, und zwar nur ein einziges Mal.

Die zur Diskussion stehende Textstelle ist Markus 16,17. Sie gehört zu dem sogenannten „längeren Schluß"[2] des Markus-Evange-

---

1 In bezug auf die Entwicklung der neutestamentlichen Gemeinde.

2 Die Verse 9-20 sind in der Mehrzahl der griechischen Manukripte enthalten, fehlen jedoch in folgenden Handschriften: Sinaiticus, Vaticanus, Bobiensis (Alt-Latein), Sinaitic (Alt-Syrisch) u. a. (vgl. E. Nestle, „Novum Testamentum Graece" Stuttgart, 1973[18], S. 136). Sowohl Eusebius als auch Hieronymus bestätigen, daß diese Verse in beinahe allen ihnen bekannten griechischen Manuskripten fehlen. Es gibt Spuren dieser Verse bei Justin d. Märtyrer („Apol." i 45), aber der früheste eindeutige Zeuge dieser längeren Fassung des Markus-Evangeliums ist Irenäus (iii. 10.6). Obwohl viele Kommentatoren meinen, daß diese Verse ursprünglich nicht zum Markus-Evangelium gehören, bestätigt M. J. Lagrange, „Evangile selon Saint Marc", Paris, 1929[5], S. 456-468, die Kanonizität dieses Abschnittes. Gemäß dem „Seventh-day Adventist Bible Commentary", F. D. Nichol (Hg.), Washington, D.C., 1956, Bd. 5, S. 659, „begünstigt der textliche Befund den sogenannten längeren Schluß".

liums. Dieser „längere Schluß" ist seit vielen Jahren ein umstrittenes Thema. Gute Gründe sprechen dafür, daß diese Verse in unseren modernen Bibelübersetzungen bleiben sollten.[1]

Es würde zu weit führen, auf Einzelheiten im Zusammenhang mit der Debatte über den „längeren Schluß" des Markus-Evangeliums einzugehen. Im Blick auf unser Thema betrachten wir diesen Abschnitt als ein echtes Wort des Auferstandenen.

Den Rahmen für diese Vorhersage bilden verschiedene Worte Jesu an seine Jünger kurz vor seiner Himmelfahrt. Der Zusammenhang macht deutlich, daß Jesus diese Vorhersage machte, als er seinen Jüngern befahl, das Evangelium in der ganzen Welt zu predigen (Vers 15). Bei dieser Gelegenheit versprach er ihnen auch die Kraft, Wunder zu vollbringen (Vers 17). Eins dieser Wunder sollte die Fähigkeit sein, „in neuen Zungen zu reden".

Jesu Vorhersage über das Reden in „neuen Zungen"

Jesus sagte folgendes voraus: „Diese Zeichen aber, die folgen werden denen, die da glauben sind diese: in meinem Namen werden sie böse Geister austreiben, in neuen[2] Zungen reden ..." (Markus 16,17)[3]

---

1 Zur Diskussion über den längeren Schluß des Markus-Evangeliums siehe B. F. Westcott and F. J. A. Hort, „The New Testament in the Original Greek, With Introduction and Appendix", Macmillan & Co., London, 1882, Appendix, Bd. 2, S. 28-51; B. H. Streeter, „The Four Gospels", Macmillan and Company, Ltd., New York, S. 333-360; B. B. Warfield, „An Introduction to the Textual Criticism of the New Testament", Hodder & Stoughton, London, 1886, S. 199-204; C. S. C. Williams, „Alterations to the Text of the Synoptic Gospels and Acts", Basil Blackwell, Oxford, 1951, S. 40-44; R. G. Bratcher and E. A. Nida, „A Translator's Handbook on the Gospel of Mark", E. J. Brill, Leiden, 1961, S. 517-522; W. F. Farmer, „The Last Twelve Verses of Mark", Cambridge University Press, London/New York, 1974, S. 1-124.

2 Das Adjektiv „neu" *(kainaîs)* fehlt in einigen späten Manuskripten (C: Ephraemi Rescriptus [urspr. Lesart] 5. Jh.; 037, 9. Jh.; 044, 8./9. Jh., sowie in den Koptisch-Sahidischen und Koptisch-Bohairischen Übersetzungen), wird aber von der Mehrheit der besten Manuskripte bezeugt und sollte daher als ursprünglich angenommen werden (so u. v. C. E. B. Cranfield, „The Gospel According to St. Mark", CGTC, Cambridge, 1963, S. 474).

Im Blick auf Markus 16,17 sollten wir folgende Überlegungen beachten:

1. Dieser Text stellt die einzige Erwähnung der Zungenrede in den Evangelien dar. Von großer Bedeutung ist, daß es sich um ein Wort Jesu handelt. Daß es einmalig ist, schmälert in keiner Weise seine Bedeutung.

2. Dieser Hinweis auf das Reden in „neuen Zungen" begegnet uns als Vorhersage des auferstandenen Herrn an die elf Jünger (Vers 14), unmittelbar in Verbindung mit dem Auftrag, die ganze Welt zu evangelisieren: „Geht hin in die ganze Welt und predigt das Evangelium der ganzen Schöpfung!" (Vers 15). Im Zusammenhang also mit dem Verkündigungsauftrag spricht der auferstandene Herr über die damit verbundenen „Zeichen": das Austreiben von Dämonen (vgl. Apostelgeschichte 8,7; 16,18; 19,12) und das Reden in „neuen Zungen".

Die Bezeichnung „Zeichen" gibt zu verstehen, daß Jesus von Wundern spricht, die die Jünger tun sollten. Da Jesus zu seinen Jüngern spricht, kann er mit den zeichenhaften Wundern von Vers 17 nicht etwas meinen, das am Anfang des Glaubensweges steht. Es sind Zeichen, die die Jünger begleiten sollten, wenn sie im Glauben treu blieben.

3. Der Hinweis gilt einem zukünftigen Ereignis, wie die Zukunftsform *(lalésousin)* zeigt. Das heißt: Wenn Jesu Nachfolger seinen Auftrag ausführten, sollte auch dieses Zeichen (das Reden in neuen Zungen) unter ihnen offenbar werden.

4. Das „Zeichen", in „neuen Zungen" reden zu können, ist genau so ein Wunder wie die anderen Zeichen, die in den Versen 17-18 genannt sind. Alle sind übernatürlichen Ursprungs und Wesens.

5. Dieses „Zeichen", welches die zukünftige Verkündigung der Guten Nachricht durch die Gläubigen begleiten würde, sollte sie befähigen, in „neuen Zungen" zu reden *(glôssais lalésousin kainaîs)*.

Was ist nun mit dem Ausdruck „neue Zungen" gemeint?

[3] [„In neuen Zungen" übersetzen u. a. Luther, die Zürcher und die Jerusalemer Bibel. Die Elberfelder Bibel, „Hoffnung für alle" (NT), die Einheitsübersetzung und die Neue Genfer Übersetzung übersetzen „in neuen Sprachen". Die Gute Nachricht übersetzt „in unbekannten Sprachen".]

Die Bedeutung des Wortes „Zungen"

Das griechische Wort für „Zungen" ist *glôssa.* Im vorhergehenden Kapitel haben wir festgestellt, daß dieses Wort im Neuen Testament und in der griechischen Sprache allgemein verschiedene Bedeutungen haben kann:

1. „Zunge" als Sprechorgan.[1] Es herrscht jedoch allgemeine Übereinstimmung darüber, daß dies in Markus 16,17 nicht die Bedeutung ist.

2. „Sprache".[2]

Dies ist die Bedeutung, die z. B. die Elberfelder Bibel für Markus 16,17 („neue Sprachen") wählt.[3] „Translator's Handbook on the Gospel of Mark" (1961) erklärt sogar, daß mit „Zungen" hier „Sprachen" gemeint sind, weil „hier die gleiche Bedeutung wie in Apostelgeschichte 2,4-11 vorliegt ..."[4] Für diese Übersetzung sprechen linguistische Gesichtspunkte und auch der Textzusammenhang, wie weiter unten gezeigt wird.

---

[1] Markus 7,33.35; Lukas 1,64; Römer 3,13; 14,11; Jesaja, 3,5f; 1. Johannes 3,18; 1. Petrus 3,10; Offenbarung 16,10; Apostelgeschichte 2,26.
W. F. Arndt and F. W. Gingrich, „A Greek-English Lexicon of the New Testament", Chicago, 1957, S.161. Auch J. H. Moulton and G. Milligan, „The Vocabulary of the Greek Testament", London, 1952, S. 128. Diese Bedeutung ist auch allgemein im Griechischen bezeugt, so H. G. Liddell and R. Scott, „A Greek-English Lexicon", Oxford, 1940, Bd. 1, S. 353; F. Preisigke, „Wörterbuch der griechischen Papyrusurkunden", Heidelberg, 1924, Bd. 1, S. 299, und E. Kiessling, „Wörterbuch der griechischen Papyrusurkunden", Amsterdam, 1969, S. 58.

[2] Philipper 2,11; Offenbarung 5,9; 7,9; 10,11; 11,9; 13,7; 14,6; 17,15; Apostelgeschichte 2,6.11.
Diese Bedeutung ist in allen Lexika bezeugt, die in der vorausgehenden Fußnote genannt sind. Liddell und Scott geben in „A Greek-English-Lexicon", S. 353, auch folgende Bedeutungen an: „ein veraltetes und fremdes Wort, das erklärungsbedürftig ist"; irgend etwas zungenförmiges wie „ein Rohr oder eine Schilfrohrzunge"; „Lederzunge, Schuhzunge"; „Landzunge"; das wahrsagende „Zeichen auf der Leber".

[3] So auch die „New American Standard Bible" (NAB).

[4] R. G. Bratcher and Eugene A. Nida, „Translator's Handbook on the Gospel of Mark", Leiden, 1961, S. 512.

Die Bedeutung des Wortes „neu"

Das Adjektiv „neu" in der Aussage „in neuen Zungen reden" ist die Übersetzung des griechischen Begriffs *kainaîs*[1], der verschiedene Bedeutungen aufweist.[2]

Einige Bibelübersetzungen geben diesen griechischen Begriff mit dem Wort „fremd" wider. Es handelt sich dabei weniger um Bibelübersetzungen als um Bibelübertragungen, die nicht Wort für Wort, sondern „dynamisch", d. h. freier, übersetzt worden sind. Bei dieser Übersetzungsmethode kommt es häufig vor, daß der Übersetzer seine persönliche Überzeugung einfließen läßt.[3] Das ist hier zum Beispiel der Fall; denn das griechische Wort *kainaîs* hat nirgendwo im Neuen Testament die Bedeutung „fremd".

Man kann das sehr deutlich durch einen Vergleich zwischen den beiden Begriffen für „neu" im Neuen Testament veranschaulichen. Der eine ist *kainós* (Singular), der hier in Markus 16,17 in der Pluralform *kainaîs* vorkommt, der andere ist *néos*.

„Von den beiden seit der klassischen Zeit gebräuchlichsten Adjektiven für ‚neu', *néos* und *kainós*, bezeichnet *néos* eigentlich das, ‚was noch nicht da war, was erst vor kurzem entstanden oder in Erscheinung getreten ist', dagegen *kainós* ‚das, was im Vergleich zu anderem neu und eigenartig ist'. *Néos* ist ‚neu der Zeit, dem Ursprung nach, jung', u. U. mit der Nebenbedeutung ‚jugendlich, unreif, ohne Pietät gegen das Alte ...' *Kainós* ist ‚neu der Art nach, verschieden von dem Gewohnten, daher Eindruck machend', wohl auch ‚besser als das Alte ...'"[4]

Dieser Unterscheidung steht die Tatsache gegenüber, daß die Schreiber der ersten drei Evangelien „*kainós* hin und wieder mit der

---

1 Zu Fragen zum Text siehe V. Taylor, „The Gospel According St. Mark", London, 1963, S. 612. Taylor läßt dieses Wort in seinem griechischen Text aus, während Cranfield in „St. Mark", S. 474, seine Echtheit verteidigt.

2 Siehe Arndt and Gingrich, „A Greek-English Lexicon", S. 394f., und J. Behm, „kainós", a.a.O., Bd. 3, S. 450ff.

3 Siehe Eugene H. Glassman, „The Translation Debate. What Makes a Bible Translation Good?", InterVarsity Press, Downers Grove, IL, 1981, S. 48-52.

4 Behm, „kainós", a.a.O., Bd. 3, S. 450. [Vgl. auch die Einträge 2509, 3357 im lexikalischen Sprachschlüssel der Elberfelder Studienbibel, Brockhaus, Wuppertal, 1994.]

Bedeutung von *néos* verwenden, um das Neue von dem zu unterscheiden, was bereits existiert ..."[1] Berücksichtig man diese Unterschiede, ist „fremd" in jedem Falle die falsche Übersetzung.

Kainaîs bedeutet in Markus 16,17 „neu" in dem Sinne, daß es hier um ein in dieser Art und Weise bis dahin unbekanntes Phänomen geht.[2] Es ist „neu" insofern, als daß es sich um Sprachen handelt, die der Sprecher vorher nicht gelernt hat.[3] Es ist „neu" im Sinne eines Wunders, das es möglich macht, in einer nicht erlernten Sprache zu sprechen. Es ist eins der in Markus 16,17 angekündigten Wunder.

Die Aussage ist deutlich: In „neuen Sprachen" zu reden, meint in Sprachen zu sprechen, die dem Sprecher „neu" sind, d. h. deren Kenntnis er nicht durch einen normalen Lernprozeß erworben hat. Ferner handelt es sich um eine neue Qualität der gesprochenen Sprache.

Der Zweck der „neuen Zungen"

Es scheint selbstverständlich zu sein, daß Markus 16,17 eng mit Apostelgeschichte 2 verbunden ist, da die Ausdrucksweise in beiden Textabschnitten sehr ähnlich ist. In Markus 16,17 steht „... sie werden in *neuen* Sprachen reden", und in Apostelgeschichte 2,4 heißt es, „sie ... fingen an, in *anderen* Sprachen zu reden". Nur in diesen beiden Texten wird der Ausdruck „in Sprachen reden" durch Adjektive ergänzt (vgl. 1. Korinther 14).[4]

---

1 H. Haarbeck, H.-G. Link, C. Brown, „New" in „The New International Dictionary of New Testament Theology", Zondervan, Grand Rapids, MI, 1976, Bd. 2, S. 671.

2 Arndt and Gingrich, „A Greek-English Lexicon", S. 395.

3 T. H. Thayer, „Greek-English Lexicon of the NT", New York, 1889, S. 119: „In neuen Zungen sprechen, die der Sprecher zuvor nicht gelernt hat." Siehe auch Bratcher and Nida, „Gospel of Mark", S. 512 .

4 Die führende Grammatik des Griechischen von F. Blass, A. Debrunner, und R. W. Funk, „A Greek Grammar of the New Testament and Other Early Christian Literature", University of Chicago Press, Chicago, 1961, S. 254, erklärt, daß wir in Markus 16,17 eine Ellipse [Stilmittel: bewußte Auslassung zur Verkürzung der Sprache] eines Adjektivs haben, da *heterais* („andere") fehlt, welches zurecht der Wendung gehört, „wie es in der Erzählung, wo das Phänomen zuerst erscheint, ausgeführt wird (Apostelgeschichte 2,4)". Gemäß dieser Grammatik sind Markus 16,17 und Apostelgeschichte 2,4 eng miteinander verbunden, obwohl die Adjektive unterschiedlich sind.

Es gibt noch ein Bindeglied zwischen Markus 16 und Apostelgeschichte 2: das theologische Prinzip von Vorhersage und Erfüllung. Markus enthält die Vorhersage des Wunders, das durch die Zungenrede ein paar Wochen später in Erfüllung ging (Apostelgeschichte 2).

Der unmittelbare Zusammenhang dieser Aussage über die Sprachengabe im Markusevangelium stellt sie unbestreitbar in den Rahmen des Auftrags, den Jesus seinen Jüngern zwischen Auferstehung und Himmelfahrt gab. Sie sollten den Heiligen Geist empfangen und dann hinausgehen, um zu erzählen, was Jesus für alle Menschen vollbracht hatte.

Zuerst sollten sie die Frohe Botschaft in Israel verkündigen, dann unter allen Stämmen, Sprachen und Völkern. Während der Dienst der Jünger bis dahin auf Israel (Matthäus 10,1-11,1) und Samarien (Lukas 10,1-16) beschränkt gewesen war, sollte der Dienst der Nachfolger Jesu nun die Grenzen Palästinas weit überschreiten.

Während der ersten Phase ihres Dienstes hatten die Jünger das Evangelium nur in ihrer Muttersprache gepredigt. Jetzt wurde ihnen eine neue Gabe versprochen. „Da die Jünger auch in anderen Ländern predigen sollten, würden sie die Macht erhalten, auch in anderen Sprachen zu reden. Die Apostel und ihre Begleiter waren ungelehrte Männer, doch durch die Ausgießung des Geistes zu Pfingsten wurde ihre Rede – sowohl die Wortwahl als auch die Aussprache und ganz gleich, ob in ihrer Muttersprache oder in einer anderen – klar, einfach und fehlerfrei.“[1]

Der auferstandene Herr machte eine Vorhersage, die dem großen Auftrag entsprach. Dadurch bestimmte er den Zweck der Sprachengabe: Die Jünger würden fähig sein, in für sie neuen Sprachen, in Fremdsprachen also, zu reden, und sie sollten in die Lage versetzt werden, alle Sprachen auf eine fehlerlose neue Weise zu sprechen.

---

1 Ellen G. White, „Das Leben Jesu“, Saatkorn, Hamburg, 1980, S. 824.

Kapitel 4

Die Zungenrede in Apostelgeschichte 2

Der deutlichste und wichtigste Abschnitt über die Gabe der Zungenrede ist Apostelgeschichte 2,1-13.[1] Lukas, der Gefährte des Apo-

---

[1] Wir stimmen mit anderen Auslegern in der Überzeugung überein, daß ein enges Verhältnis besteht zwischen den fünf neutestamentlichen Abschnitten, die von der Zungenrede berichten (vgl. J. Behm, „glôssa", a.a.O., S. 722). Chronologisch gesehen ist Apostelgeschichte 2 der zweite Abschnitt, den wir nun betrachten müssen, weil zu Pfingsten die Gabe der Zungenrede zum erstenmal auftrat. „Wie man auch immer die Apostelgeschichte datieren mag, ihre frühen Beschreibungen der Gemeinde und ihrer Lehre sind vor-paulinisch" sagt C. S. C. Williams, „A Commentary on the Acts of the Apostles", Harper, NY, 1957, S. 61. Siehe auch W. L. Knox, „The Acts of the Apostles", Cambridge, 1948, S. 80 ff. Was die Datierung der Apostelgeschichte betrifft, gehen die Meinungen weit auseinander. Die „Tendenz-Kritik" des 19. Jh., die die historische Zuverlässigkeit der Apostelgeschichte in Frage stellte und die Entstehung des Buches in das 2. Jh. verschob, ist inzwischen widerlegt und überholt (vgl. Ernst Haenchen, „Die Apostelgeschichte", Vandenhoeck & Ruprecht, Göttingen, 1977[7], in Ferdinand Hahn [Hg.], „Kritisch-exegetischer Kommentar über das Neue Testament, Bd. III, 16. Aufl., S. 30-38). Siehe auch S. Feine, J. Behm und W. G. Kümmel, „Einleitung in das Neue Testament", Quelle & Mayer, Heidelberg, 1970[16], S. 102. Einige Theologen sind überzeugt, daß die Apostelgeschichte erst ca. 70 Jahre nach dem Lukasevangelium geschrieben wurde (W. Michaelis, A. Wikenhauser, C. S. C. Williams, O. Michel, S. Benoit, T. W. Manson). Andere datieren die Apostelgeschichte kurz vor 64 n. Chr., d. h. vor dem Tode des Paulus, so in neuerer Zeit sowie von unterschiedlichen Standpunkten F. F. Bruce, „The Acts of the Apostles. The Greek Text with Introduction and Commentary", London, 1951[2], S. 1 ff.; F. F. Bruce, „Commentary on the Book of Acts", London, 1968, S. 20 ff.; E. M. Blaiklok, „The Acts of the Apostle", London, 1959, S. 16 ff.; J. Munck, „The

stels Paulus, berichtet in diesem Kapitel über den großen Pfingsttag. Es war ein Tag dramatischer Veränderungen für die erste christliche Gemeinde.

Die Ausgießung des Heiligen Geistes am Pfingsttag stellt die Frühregen-Erfahrung des Heiligen Geistes dar. Dieser befähigte die ersten Christen, aus dem „Obergemach" herauszukommen und so das Evangelium zu verkünden, wie sie es noch nie zuvor getan hatten. Diese Erfahrung verwandelte die junge Christengemeinde in eine wahre Missionsbewegung, ungeachtet der außerordentlichen Hindernisse wie Tradition und Vorurteile, die sie zu überwinden hatten.

Gott selbst stellte sich auf die Seite der jungen Gemeinde. Die Kraft und Gegenwart der dritten Person der dreieinigen Gottheit sollte der Sache Gottes zum Sieg verhelfen. Mit der Gabe der Zungenrede verlieh Gott ihr das Mittel, um das natürliche Hindernis zu überwinden, das der schnellen und wirkungsvollen Verbreitung des Evangeliums im Wege stand.

Der geschichtliche Hintergrund

Das Pfingstfest fand am 50. Tag nach dem Passahfest statt (3. Mose 23,15f; 4. Mose 28,16; 5. Mose 16,9-12)[1]. An diesem Tag, sieben Wochen nach der Kreuzigung Jesu, trugen sich die Ereignisse zu, die in Apostelgeschichte 2 beschrieben werden. Während der 40 Tage erschien der auferstandene Herr seinen Jüngern (Apostelgeschichte 1,3; vgl. 1. Korinther 15,3-7)[2] und sprach mit ihnen über „das Reich Gottes".

Am Tag seiner Himmelfahrt versammelte Jesus Christus seine Jünger, und im letzten Gespräch befahl er ihnen, in Jerusalem zu

Acts of the Apostles", Anchor Bible, Garden City, N.Y., 1967, S. 46-54; [John A. T. Robinson, „Wann entstand das Neue Testament", Verlag Bonifatius-Druckerei, Paderborn und Brockhaus, Wuppertal, 1986, S. 95-100].

1 Siehe auch Josephus, „Jüdische Altertümer", Benjamin Herz, Berlin/Wien, Bd. I, 1923, III,10.6, S. 178.

2 Siehe C. F. D. Moule, „The Post Resurrection Appearances in the Light of Festival Pilgrimages" in „New Testament Studies" 1/1957, 58ff., für die verschiedenen Örtlichkeiten, wo Jesus erschienen ist.

bleiben (Apostelgeschichte 1,4), bis der verheißene Heilige Geist (Johannes 14) auf sie kommen würde.

Die letzten Worte des auferstandenen Herrn lauteten: „Aber ihr werdet die Kraft des heiligen Geistes empfangen, der auf euch kommen wird, und werdet meine Zeugen sein in Jerusalem und in ganz Judäa und Samarien und bis an das Ende der Erde" (Apostelgeschichte 1,8).

Jesus Christus versprach seinen Jüngern damals erneut den Heiligen Geist – die unerläßliche Voraussetzung dafür, daß sie ihren Auftrag erfüllen konnten[1] –, und durch ihn die Kraft, Wunder und „Zeichen" vollbringen zu können (Markus 16,17f.). Erst dann wurde er vor ihren Augen in den Himmel aufgenommen (Apostelgeschichte 1,9-12).

Gemäß dem Wort Jesu sollte die junge Gemeinde in Jerusalem auf das Kommen des Heiligen Geistes warten. Das war genau der Ort, den sie sich selbst nach den schrecklichen Ereignissen, die zur Kreuzigung ihres Herren führten, auf keinen Fall ausgesucht hätten.[2]

Die Jünger gehorchten jedoch dem Befehl Jesu. Sie warteten mit den Frauen[3], der Mutter Jesu und seinen Brüdern (vgl. 1. Korinther 9,5)[4] im Obergemach in Jerusalem (Apostelgeschichte 1,12-14) auf die Gabe des Heiligen Geistes, die ihnen wenige Tage später geschenkt werden sollte.

Diese Wartezeit war für die Nachfolger Jesu – in Jerusalem etwa 120 zu der Zeit – auch eine Zeit der Vorbereitung im Gebet (Apostelgeschichte 1,14). Die junge Glaubensgemeinschaft wurde dadurch in

---

1 K. Lake and H. J. Cadbury (Hg.), „The Beginnings of Christianity", London, 1933, Bd. IV, S. 8.

2 J. A. E. Hull, „The Holy Spirit in the Acts of the Apostles", Cleveland, 1968, S. 47f., 81ff.

3 Die „Frauen" (Apostelgeschichte 1,14) waren mit aller Wahrscheinlichkeit diejenigen, die Jesus unterstützt hatten (Lukas 8,2.3; 23,49.55; 24,10) und nicht die Frauen der Jünger oder der Brüder Jesu.

4 Zuerst waren Jesu Brüder ihm gegenüber ablehnend eingestellt (Markus 3,21; Johannes 7,5), später aber bekehrten sie sich (1. Korinther 9,5). Die natürliche Schlußfolgerung ist die, daß nicht nur Jakobus, sondern auch die anderen Brüder Jesu sich der jungen Gemeinde in Jerusalem anschlossen.

einem Geist der Einigkeit[1] miteinander verbunden (Apostelgeschichte 2,1). Die Zeit war nun reif für die Ausgießung des Heiligen Geistes.

Die Ausgießung des Heiligen Geistes

Als die Jünger am Morgen des Pfingsttages beieinander waren, schien plötzlich das ganze Haus[2], in dem sie sich befanden, wie vom Brausen eines gewaltigen „Windes" erfüllt *(pnoé)*.[3]

Die himmlische Erscheinung war nicht nur hörbar, sondern auch sichtbar. „Und es erschienen ihnen Zungen wie von Feuer, die sich verteilten und einzeln herabsenkten auf einen jeden von ihnen." (Apostelgeschichte 2,3 Jersusalemer Bibel). Beides, der brausende Wind und die „Zungen wie von Feuer", sind Symbole der Kraft des

1 Frühere Eifersüchteleien, wie sie sich u. a. in ihrem Versagen offenbarten, dem von Dämonen besessenen Jungen zu helfen (Markus 9,14-29), ihr Streben nach hohen Posten (Lukas 22,24) und ihre Weigerung, einander die Füße zu waschen (Johannes 13,3-7), das alles verschwand, je besser sie die Unterweisung Jesu während der 40 Tage nach seiner Auferstehung verstanden (Apostelgeschichte 1,3ff.). Auch die zehn Tage ernsten Gebetes, als sie auf die verheißene Gabe des Heiligen Geistes warteten, trugen dazu bei (Vers 14ff.).

2 Einige haben den Ausdruck „Haus" (griechisch *oîkos*) als Hinweis auf die Tempelvorhöfe verstanden (Th. Zahn, „Die Apostelgeschichte des Lukas", Leipzig, 1919^2, Bd. I, S. 77; H. J. Holtzmann, „Die Apostelgeschichte", HKNT, Tübingen/Leipzig, 1901, Bd. I, S. 31). Wenn Josephus bei einer Gelegenheit (a.a.O., VIII. 3.2, S. 478) den Ausdruck „Haus" *(oîkos)* für den Tempel gebraucht, den er sonst als *naós* bezeichnet, so macht der Zusammenhang klar, was er meint. Dies ist hier nicht der Fall. Lukas verweist konsequent auf den Tempel mit *tò hierón* (22 Mal). Ansonsten hielten sich die Jünger während des zehntägigen Wartens im „Obergemach" auf (Apostelgeschichte1,13). Nach dem Bericht in Lukas 24,53 waren sie „allezeit im Tempel und priesen Gott". Holtzmann (S. 26) vermutet, daß das Obergemach sich im Tempel befand. Haenchen, a.a.O., S. 159, Fußnote 2, weist darauf hin, daß diese Ansicht auf „der falschen Gleichsetzung von Apostelgeschichte 1,13 mit Lukas 24,52f beruht ... Tatsächlich scheint Lukas 24,53 eher Apostelgeschichte 2,46 zu entsprechen". Siehe auch H. H. Wendt, „Die Apostelgeschichte", Vandenhoeck & Ruprecht, Göttingen, 1913, S. 72.

3 Dieser Ausdruck meint entweder „Wind" oder „Atem". Siehe Arndt and Gingrich, „A Greek-English Lexicon", S. 686. Für Sprecher der griechischen Sprache standen dieser Ausdruck und das griechische Wort für Geist/Wind *(pneûma)* in enger Verbindung zueinander, so Haenchen, a.a.O., S. 170.

Heiligen Geistes. Es sind zwei Zeichen[1] für das Kommen und Bleiben des Heiligen Geistes. Das Erscheinen der „Zungen wie von Feuer" bedeutet nicht, daß Feuer vom Himmel fiel, sondern daß die „Zungen" *(glóssais) wie* Feuerflammen aussahen[2] und sich so teilten, daß jeder davon berührt wurde. Dies war ein „sichtbarer Beweis dafür, daß der Geist ihnen als einzelnen gegeben wurde".[3]

Lukas bemühte sich, den Eindruck zu vermeiden, das Brausen vom Himmel und die feuerähnlichen Zungen seien nur natürliche Phänomene gewesen. Das Brausen war „wie" *(hósper)* von einem gewaltigen Wind, die Zungen waren „wie" *(hoseí)* Feuerflammen. Daß es sich „bei Wind und Feuer nicht um die aus der Natur bekannten Phänomene handelte",[4] ist aus dem Gebrauch dieser beiden Vergleichspartikeln erkennbar.[5]

Diese Betonung im Bericht der Apostelgeschichte macht deutlich, daß die Ausgießung des Heiligen Geistes nicht nur ein persönliches inneres Erlebnis war.[6] Dies wird auch in Vers 3 (erster Teil) durch die Wendung „es erschienen" *(óphthesan)* unterstützt. Dieses Wort unterstreicht: Was Jesu Nachfolger mit eigenen Augen sahen, entsprach der Realität. Dieses Erlebnis kann nicht als Produkt ihrer eigenen Einbildungskraft wegdiskutiert werden.

Weiterhin wird berichtet (Vers 3, zweiter Teil), daß der Heilige Geist sich auf jeden von ihnen „setzte" *(ekáthisen)*.[7] Das Subjekt die-

---

1 Hull, a.a.O., S. 58f.

2 Im Griechischen steht *hoseí*, was auf einen Vergleich hinweist, vgl. Blass-Debrunner-Rehkopf, a.a.O., S. 283, §453,3.

3 Haenchen, ebd..

4 Hull, a.a.O., S. 59.

5 Der häufige Hinweis auf den Ausdruck „Zungen von Feuer" in Henoch 14,8-15 und 71,5 stellt nicht eine wirkliche Parallele zu dem Ausdruck „Zungen wie von Feuer" in Apostelgeschichte 2,3 dar. Bei Henoch ist ein göttliches Element gemeint, in der Apostelgeschichte geht es um die Beschreibung eines Phänomens, das in seiner physischen Erscheinung mit feurigen Zungen verglichen werden kann.

6 Vgl. H. J. Cadbury, „Acts and Eschatology" in „The Background of the NT and its Eschatology", W. D. Davies and D. Daube (Hg.), Cambridge, 1956, S. 303f.

7 So die Übersetzung nach Luther. Die Elberfelder Bibel betrachtet die Feuerzungen als Subjekt und übersetzt daher „sie [die Zungen wie von Feuer] setzten sich auf jeden einzelnen von ihnen".

ses Verbs kann entweder „Zunge“ sein (aus dem vorausgehenden Zusammenhang)[1] oder – weniger wahrscheinlich – „Feuer“[2], oder – am ehesten – der Heilige Geist, von dem im darauffolgenden Vers 4 die Rede ist.[3]

Obwohl im Griechischen das Subjekt nicht eindeutig ist, bedeutet das Verb *(kathízo)* in jedem Falle „sich setzen, ruhen“. Es beschreibt also einen Dauerzustand, wobei die gewählte Zeitform[4] den Beginn des Empfangs des Heiligen Geistes ausdrückt.

Die Wendung „und er setzte sich auf einen jeden von ihnen“ besagt, a) daß jeder der im Haus Anwesenden den Heiligen Geist persönlich empfing, und b) daß es sich dabei um keine vorübergehende, auf den Pfingsttag begrenzte Erfahrung handelte. Die Ausrüstung mit dem Heiligen Geist sollte ein Leben lang gelten.[5]

Das Wesen der Zungenrede

Der Heilige Geist wurde zu Pfingsten hörbar und sichtbar ausgegossen – das ist offensichtlich. Nun wird ein dritter Aspekt hinzugefügt: „Und sie wurden alle erfüllt von dem heiligen Geist und fingen an, zu predigen in andern Sprachen, wie der Geist ihnen gab auszusprechen.“ (Apostelgeschichte 2,4)

1 So Munck, a.a.O., S. 13.

2 Bruce, „The Acts of The Apostles“, S. 82, schlägt sowohl „Zunge“ als auch „Feuer“ als mögliche Subjekte vor.

3 So Arndt and Gingrich, a.a.O., S. 391; Hull, a.a.O., S. 58.

4 Auf der Grundlage der griechischen Grammatik und Satzlehre kann man dies am besten als einen „ingressiven Aorist“ betrachten, d. h. die Verbform drückt den Beginn einer Handlung oder eines Geschehens aus. Vgl. Blass-Debrunner-Rehkopf, a.a.O., S. 271, §331; A. T. Robertson, „A Grammar of the Greek NT in the Light of Historical Research“, London, 1914, §834; E. de W. Burton, „Syntax of the Moods and Tenses in NT Greek“, Edinburgh, 1898, §41; C. F. D. Moule, „An Idiom Book of NT Greek“, Cambridge, 1959[2], S. 10.

5 Hull, a.a.O., S. 58: „Die Formulierung ‚und er setzte sich auf einen jeden von ihnen‘ unterstreicht, daß der Geist nicht vorübergehend sondern dauerhaft auf sie kam (vgl. Johannes 1,32).“ F. D. Nichol (Hg.), „Seventh-day Adventist Bible Commentary“, Bd. VI, S. 137: „Obwohl die Feuerzungen auf den Häuptern der Gläubigen nur eine kurze Zeit stehenblieben, dauerte die Auswirkung dieses Ereignisses ein Leben lang bei den treuen Christen an, die ihn empfingen.“

Die Formulierung „wie der Geist ihnen *gab* auszusprechen" zeigt deutlich das Wesen der Zungenrede.[1] Sie ist nicht erlernbar, sondern eine Gabe des Heiligen Geistes an den Gläubigen. Dies steht im Gegensatz zu den sogenannten „Erwartungsversammlungen" innerhalb der Pfingst- und Neu-Pfingstbewegung. Bei diesen Versammlungen „pflegen Personengruppen zu ‚warten' und werden gelehrt, wie sie ihr Bewußtsein unter Umgehung des Intellekts erweitern können",[2] damit sie in der Lage sind, sich an der Glossolalie zu beteiligen.

Die Worte sie „fingen an, zu predigen in andern Sprachen" sind von entscheidender Bedeutung. Sobald der Heilige Geist die Jünger, die im Obergemach waren, erfüllte, geschah etwas Sichtbares und Hörbares. Es gab keine Lehr- oder Ausbildungszeit, es gab nichts zu lernen oder zu üben: Sie „fingen an" *(érxanto)*, zu reden – und zwar sofort.[3]

Der Heilige Geist bewirkte, daß die Jünger mutig reden konnten. Das von Lukas benutzte Wort ist mit „aussprechen" („wie der Geist ihnen gab auszusprechen") wiedergegeben worden. Dieser Begriff *(apophthéggesthai)*[4] bedeutet im nichtbiblischen Griechisch „laut und klar reden", „mit Betonung sprechen"[5]. Es geht hier also nicht um ein ekstatisches, sondern um ein eindeutiges, nachdrückliches, lautes und klares Reden.[6]

Wichtig ist die Wendung, sie redeten „in andern Sprachen" [bzw. „Zungen" lt. Anmerkung der Lutherbibel]. Wir widmen zu-

1 So richtigerweise Gottfried Schille, „Die Apostelgeschichte des Lukas" in „Theologischer Handkommentar zum Neuen Testament", Evangelische Verlagsanstalt, Berlin, 1983, S. 96.

2 G. R. Osborne, „Tongues, Speaking in" in „Evangelical Dictionary of Theology", Walter A. Elwell (Hg.), Baker Book House, Grand Rapids, MI, 1984, S. 1102f.

3 Siehe H. Jaeschke, „Laleîn bei Lukas" in „Biblische Zeitschrift" 15/1971, S. 109-114.

4 Der Begriff *apophthéggomai* bedeutet, in kühner oder inspirierter Weise zu sprechen, nicht jedoch ekstatisch. Siehe Haenchen, a.a.O., S. 171, Fußnote 2; J. Behm, „apophthéggomai", a.a.O., Bd. 1, S. 448; Arndt and Gingrich, a.a.O., S. 101.

5 Behm, ebd.

6 Schille, a.a.O., S. 96.

nächst unsere Aufmerksamkeit dem Begriff „Zungen", wie der Originalbegriff *(glóssais)* gewöhnlich übersetzt wird.

Das hier benutzte griechische Wort ist mit dem in Markus 16,17 identisch. In unserem Studium von Markus 16,17 (Kapitel 3) und in unserer sprachlichen Erörterung in Kapitel 2 wurde gezeigt, was der griechische Begriff *glôssa* (Zunge) in der griechischen Sprache alles bedeuten kann:

a) „Zunge" als Sprechorgan, und b) „Sprache" im Sinne von Muttersprache, Fremdsprache oder fremdem Dialekt.[1] Weitere Informationen zu den verschiedenen Aspekten dieses griechischen Begriffes sind in Kapitel 2 nachzulesen.

Was mit dem Wort „Zungen" in Vers 4 gemeint ist, definiert Lukas sehr deutlich im weiteren Verlauf des 2. Kapitels der Apostelgeschichte: In den Versen 6 und 8 setzt er sie mit „Sprachen" gleich, obwohl dort nicht *glôssa* vorkommt, sondern *diálektos*. Das Wort *diálektos* bedeutet „Sprache einer Nation oder Region".[2] In Apostelgeschichte 1,19 bedeutet *diálektos* die einheimische Landessprache.[3] In Apostelgeschichte 2,6.8 hat es die gleiche Bedeutung.

Einige wenden ein, in Apostelgeschichte 2,6.8 handele es sich nicht um wirkliche Fremdsprachen, sondern um „Dialekte",[4] eine ekstatische Geistessprache,[5] ein „übernatürliches Esperanto"[6] oder eine hebräische Rezitation festgelegter liturgischer Texte.[7]

---

1 Siehe Fußnote 4 auf S. 76. In der Literatur der Kirchenväter sind dies die zwei einzig bekannten Bedeutungen. Siehe G. W. H. Lampe, „A Patristic Greek Lexicon", Oxford, 1968, S. 316.29.22.

2 Arndt and Gingrich, a.a.O., S. 184; vgl. R. Munz, „Über glotta und dialektos" in „Glotta", 11/1921), S. 85-94.

3 So richtigerweise Haenchen, a.a.O., S. 171, Fußnote 2.

4 H. E. Edwards, „The Tongues at Pentecost: A Suggestion" in „Theology", 16/1928, S. 248-252; R. O. P. Taylor, „The Tongues at Pentecost" in „Expository Times", 40/1928-29, S. 300-303; R. F. Stoll, „The First Christian Pentecost" in „Ecclesiastical Review", 108/1943, S. 337-347.

5 A. Wikenhauser, „Die Apostelgeschichte", Regensburg, 1961⁴, S. 39f. Wikenhauser folgt Wendt.

6 E. Trocmé, „Le ‚Livre des Actes' et l'histoire", Paris, 1957, S. 202ff.

7 So zuerst G. J. Sirks, „The Cinderella of Theology: The Doctrine of the Holy Spirit" in „Harvard Theological Review", 50/1957, 85f. Ihm folgt C. S. Mann,

Diese Vorschläge scheiden aus dem einfachen Grund aus, daß „Zunge" und „Sprache" – abgesehen von den Versen 6 und 8 – in den Versen 4 und 11 gleichgesetzt werden.[1] Was Apostelgeschichte 2 betrifft, stimmen die Gelehrten darin überein, daß mit „Zungen" „Dialekte" im Sinne von „Sprachen" gemeint sind.[2] „Durch das Reden in anderen Sprachen liefern die Gläubigen den Beweis, daß der Heilige Geist ein Wunder vollbringt."[3]

Zusätzliche Überlegungen unterstützen den Standpunkt, daß die „Zungen" wirkliche „Sprachen" sind. Erstens: Die Zuhörer, noch Nichtchristen, verstanden die Gläubigen, die in Zungen redeten, ohne daß sie auf eine Übersetzung angewiesen waren oder die Gabe der Auslegung bekommen hatten. Zweitens: Die Menschen waren verwundert und entsetzt (Vers 7), sie stellten fest, „daß die Redner keine Ausländer, sondern Galiläer waren"[4], die diese Fremdsprachen nicht auf eine natürliche Weise gelernt haben konnten.

Dies macht deutlich: Die zuhörende Menge war nicht der Meinung, eine „Geistessprache", ein „übernatürliches Esperanto" oder etwas Ähnliches zu hören, oder eine Rede, die ein Galiläer oder irgendeine andere Person hätte halten können. Die große Verwunderung entstand dadurch, daß diese ungebildeten Galiläer plötzlich in den Muttersprachen der verschiedenen Zuhörer redeten.

Lukas berichtet nicht von einem Hörwunder, wie manche annehmen, als hätten die Jünger in ihrer eigenen Sprache gepredigt, die Menschen aber das, was sie sagten, jeweils in ihrer eigenen Sprache verstanden. Diese Ansicht wurde von einigen Kirchenvätern vertreten, hat aber später keine ernsthafte Unterstützung ge-

---

„Appendix III. Pentecost in Acts" in Munck, a.a.O., S. 275. Mann gibt selbst zu, daß „diese Hypothese ... ‚sub iudice' [d. h. noch unentschieden] bleiben muß", weil es keinen Beweis für die Art liturgischer Lesung gibt, die von dieser Hypothese vorausgesetzt wird.

1 Es besteht Einmütigkeit unter den Gelehrten der verschiedenen Schulen darüber, was Lukas mitteilen wollte, nämlich daß die Empfänger der Zungengabe befähigt wurden, sich in allen Sprachen verständlich zu machen.

2 So wiederum Schille, a.a.O., S. 93-96.

3 Simon J. Kistemaker, „New Testament Commentary. Exposition of the Acts of Apostles", Baker Book House, Grand Rapids, MI, 1990, S. 81.

4 ebd.

funden. Lukas berichtet ausdrücklich: „Ein jeder hörte *sie* in seiner eigenen Sprache reden“ (Vers 6). Das Wort „sie“ zeigt an, daß die Zuhörer überrascht feststellten, daß die Christen in ihren eigenen Muttersprachen redeten.

Ein weiterer Grund gegen die Annahme eines Hörwunders liegt darin, daß sonst das Pfingstwunder von den Jüngern auf die noch unbekehrte Menschenmenge verlagert wird. Außerdem begann das Zungenreden, noch bevor es eine Zuhörerschaft gab (Vers 4).

Nur Gläubige empfingen diese übernatürliche Gabe des Heiligen Geistes. Dadurch wurden *sie* befähigt, in verschiedenen Sprachen zu reden, so daß die international zusammengesetzte Zuhörerschar (Verse 5 und 9-11) *sie* in ihren eigenen Muttersprachen reden hörte (Verse 6.8.11). Jene, die nicht glaubten, hatten keinen Anteil an dieser Wundergabe des Heiligen Geistes.

Dieser Punkt gewinnt an Bedeutung, wenn man bedenkt, daß die Glossolalie heute von Gläubigen und Ungläubigen praktiziert wird, d. h. von Christen und Nichtchristen – ja sogar von unreligiösen Menschen wie Agnostikern und Atheisten. Die Gabe von Apostelgeschichte 2 ist ihrer Natur nach nicht universal; sie ist eine Gabe, die denen vorbehalten war, die sich auf den Empfang des Heiligen Geistes vorbereitet hatten. Dieser aber war nur den Nachfolgern Jesu verheißen worden.

In Apostelgeschichte 2 bekommen Nichtgläubige das Vorrecht, die Gute Nachricht von den „großen Taten Gottes“ (Vers 11) zu hören, damit auch sie sich der Gemeinschaft der Gläubigen anschließen. Die Gabe des Heiligen Geistes wird den Ungläubigen selbst jedoch nicht verliehen.

Das Adjektiv „andere“ *(héteros)* in dem Satz „zu predigen in andern Sprachen“ (Vers 4) verdient ebenfalls Beachtung. Das griechische Wort *héteros* bedeutet „verschieden, fremd“[1], so daß die Übersetzung „in andern Sprachen reden“ richtig ist.[2] H. W. Beyer sagt,

1 Arndt and Gingrich, a.a.O., S. 315. [Vgl. auch den Eintrag 2065 im lexikalischen Sprachschlüssel der Elberfelder Studienbibel, Brockhaus, Wuppertal, 1994: „Anders, fremd, ausländisch bedeutet es in Apostelgeschichte 2,4.]

2 So die NAB und F. J. Foakes-Jackson, „The Acts of the Apostles“, London, 1945, S. 10.

mit den Worten „in andern (= fremden) Zungen reden" sei „das Reden in verschiedenen Sprachen" gemeint, „die sich von der Muttersprache der Redner unterscheiden und die ihnen vorher unbekannt waren."[1]

Diese nähere Beschreibung der Zungen wird der späteren Ausdrucksweise in Vers 8 voll und ganz gerecht, jeder habe „seine eigene Muttersprache" gehört *(idía dialékto)*. Sie deckt sich ebenfalls mit der Aufzählung der Sprachen der international zusammengesetzten Zuhörerschar.

Anders formuliert: Wenn Lukas die Worte „andere" und „eigene" benutzt, kann er mit „andern Sprachen [bzw. Zungen]" am Pfingsttag nicht eine Art von Glossolalie im Sinne eines unartikulierten, unverständlichen Redens meinen, das einer Auslegung bedarf, damit es überhaupt verstanden werden kann. Auf vielfache Weise möchte Lukas mitteilen, daß die Wundergabe zu Pfingsten, in andern Sprachen reden zu können, die Fähigkeit war, in artikulierten, verständlichen Fremdsprachen zu sprechen, die die Sprecher nicht gelernt hatten.[2]

---

1 H. W. Beyer, „héteros" in „Theologisches Wörterbuch zum NT", G. Kittel (Hg.), a.a.O., S. 700.

2 Hier eine Auswahl der Gelehrten, die das In Zungen reden zu Pfingsten als verständliche Fremdsprachen ausgelegt haben: D. Brown, „The Acts of the Apostles, Chapter ii, The Day of Pentecost" in „Expositor", 1/1875, S. 392-408; J. Behm, „glôssa", a.a.O., Bd. 1, S. 725; A. Beel, „Donum linguarum iuxta Act. Apost. ii.1-13" in „Collationes Brugensis", 35/1935, S. 417-420; S. Lyonnet, „De glossolalia Pentecostes eiusque significatione" in „Verbum Domini", 24/1944, S. 65-75; E. Andrews, „Tongues, Gift of" in „Interpreter's Dictionary of the Bible", Nashville, 1962, Bd. 4, S. 671; F. W. Beare, „Speaking with Tongues. A Critical Survey of the NT Evidence" in „Journal of Biblical Literature" 83/1964, S. 237; J. D. Davies, „Pentecost and Glossolalia" in „Journal of Theological Studies", 3/1952, S. 228-231; R. H. Gundry, a.a.O., S. 299-307; S. Aalen, „Zungenreden" in „Biblisch-historisches Handwörterbuch", Göttingen, 1966, Bd. 3, Sp. 2249f.; Th. Zahn, a.a.O., S. 93ff; A. Steinmann, „Die Apostelgeschichte", Bonn, 1934, S. 29; Foakes Jackson, „The Acts of the Apostles", S. 11; Hermann W. Beyer, „héteros", a.a.O., S. 699-702; E. Lohse, „Die Bedeutung des Pfingstberichtes im Rahmen des lukanischen Geschichtswerkes" in „Evangelische Theologie" 13/1953, S. 424; G. Kretschmar, „Himmelfahrt und Pfingsten" in „Zeitschrift für Kirchengeschichte" 61/1954-55, S. 235; Bruce, „Commentary on the Book of Acts", S. 59ff.;

Der langen Liste der aufgezählten Länder[1] können wir entnehmen, daß diese Menschen „aus allen Völkern unter dem Himmel" (Vers 5) Zeugen des Wunders der Zungenrede gewesen sind.[2] Der Einwand, die Gabe der Fremdsprachen sei zu Pfingsten völlig überflüssig gewesen, da alle Anwesenden entweder Aramäisch oder Griechisch verstehen konnten, bietet nichts, was Lukas nicht auch schon gewußt hat. Lukas ist wohl kaum so töricht gewesen, uns nahezulegen, die Jünger hätten diese Gabe bekommen, obwohl sie sich auch ohne sie ihren Zuhörern hätten verständlich machen können.[3]

Die Reaktion der Hörer („wir hören sie in *unsern [hemeterais]* Sprachen ... reden" – Vers 11) bezeugt *ihre* Überzeugung, daß sie als „Juden und Judengenossen" (Vers 11) das, was geredet wurde, als ihre eigene „Muttersprache" erkannten (Vers 8). Man muß sich daran erinnern, daß die „Judengenossen" nicht gezwungen waren, Hebräisch oder Aramäisch zu lernen.[4]

E. G. White kommentiert das Phänomen des Zungenredens zu Pfingsten wie folgt:

„In der Gestalt feuriger Zungen ruhte der Heilige Geist auf den Versammelten. Dies war ein Sinnbild der Gabe, die den Jüngern verliehen wurde und sie befähigte, fließend Sprachen zu sprechen, die sie vorher nicht gekannt hatten ... Unter den Anwesenden waren alle bekannten Sprachen vertreten. Diese Vielzahl von Sprachen hätte sich bei der Verkündigung des Evangeliums als ein großes Hindernis ausgewirkt. Deshalb glich Gott das Unvermögen der Apostel in wunderbarer Weise aus. Der Heilige Geist vollbrachte für sie, was sie Zeit ihres Lebens nicht erreicht hätten. Nun konnten

Munck, a.a.O., S. 14f.; G. Stählin, „Die Apostelgeschichte", Göttingen, 1967, S. 33; Hull, a.a.O., S. 62; Haenchen, a.a.O., S. 171f.; Kistemaker, a.a.O., S. 81.

1 Kretschmar, a.a.O., S. 235, betont, daß „Lukas das gleiche Gewicht auf die Bedeutung von *glôssa* als Sprache legt; dies wird besonders in der Liste der genannten Nationen deutlich ..."

2 Näheres zu Studien über die Regionen, die von Lukas erwähnt werden, bei Haenchen, a.a.O., S. 172ff.

3 Hull, a.a.O., S. 62.

4 So Philo, vgl. Haenchen, a.a.O., S. 174.

sie die Wahrheiten des Evangeliums weithin verkündigen; denn sie redeten fehlerfrei in den Sprachen derer, auf die sich ihre Arbeit erstreckte. Diese wunderbare Gabe war der Welt gegenüber ein starker Beweis dafür, daß der Auftrag der Jünger das Siegel des Himmels trug."[1]

Diese Zusammenfassung des Pfingstwunders spiegelt die Aussage des Textes in Apostelgeschichte 2 wider.

Der Zweck der Zungenrede

Wir müssen die Frage stellen: Mit welcher Absicht wurde die Gabe verliehen, in fremden Sprachen reden zu können? Wie wir in dem vorigen Abschnitt gesehen haben, kam der Heilige Geist auf die im „Obergemach"[2] versammelten Gläubigen herab, und jeder wurde mit dem Heiligen Geist erfüllt. Dadurch wurden sie befähigt, in verständlichen Fremdsprachen zu reden.

Gehen wir unter Berücksichtigung des Textzusammenhangs von Jesu Vorhersage in Markus 16,17 aus, so liegt der Zweck der Gabe des Zungenredens darin, die Verständigung bei der Verkündigung des Evangeliums zu ermöglichen (vgl. Markus 16,16ff). Die Worte Jesu am Anfang der Apostelgeschichte (1,5: „Ihr aber sollt mit dem heiligen Geist getauft werden nicht lange nach diesen Tagen") finden in Apostelgeschichte 2 bei der Ausgießung des Heiligen Geistes zu Pfingsten ihre Erfüllung.

Die im Obergemach Versammelten gingen auf die Straßen und redeten durch ein Wunder in fremden Sprachen, die sie zuvor nicht

[1] E. G . White, „Das Wirken der Apostel", Saatkorn, Hamburg, 1981, S. 40f; vgl. E. G. White, „The Story of Redemption", Washington, D.C., 1947, S. 242-244.246.

[2] Apostelgeschichte 1,13. Nach H. L. Strack und P. Billerbeck, „Kommentar zum Neuen Testament aus Talmud und Midrasch", München, 1972ff., Bd. II, S. 594, dienten die oberen Räume „den Gebildeten als ein Ort der Versammlung, des Studiums und des Gebets". Normalerweise befanden sie sich im oberen Geschoß großer Häuser. Manchmal dienten sie auch als Wohnräume. Auch heute gibt es im Hause des Mukhtar [das ist ein Schlichter zwischen streitenden Parteien] oder im Hauptgebäude eines arabischen Dorfes einen oberen Raum, *medhafeh* genannt, der zur Unterhaltung der Gäste dient. Siehe O. R. Sellers, „Upper Room" in „Interpreter's Dictionary of the Bible", 1962, Bd. IV, S. 735.

hatten sprechen können. Als die Menschen aus den verschiedenen Regionen und Ländern dieses „Brausen" – d. h. das Reden in Fremdsprachen – hörten (Vers 6),[1] kam die Menge zusammen und hörte der Verkündigung der „großen Taten Gottes" (Vers 11) zu. Diese Verkündigung der Macht und der Taten Gottes schloß die Botschaft vom Leben und Wirken Jesu ein, und zwar „in allen damals geläufigen Sprachen".[2]

Als Ergebnis dieser Erfahrung und der Predigt des Petrus zu Pfingsten (Verse 14-41) ließen sich an einem einzigen Tag dreitausend Menschen taufen (Vers 41). Daß an diesem Tage eine so große Ernte eingebracht werden konnte – sozusagen die Erstlingsfrucht einer weltweiten Ernte –, wurde durch dieses Wunder ermöglicht, weil so Menschen, die aus den verschiedenen Teilen der antiken Welt zu diesem Fest nach Jerusalem gekommen waren, die Gute Nachricht Gottes hörten.

Die Gabe der Zungenrede unterstreicht die Tatsache, daß Gott jegliche Barrieren sprachlicher Art beseitigt hatte, die der Verkündigung der Guten Nachricht im Wege standen. Außerdem macht diese Geistesgabe der Zungenrede deutlich, daß die Gemeinde im Begriff war, weltweite Dimensionen anzunehmen. Die 120 versammelten Gläubigen wurden zu einer großen, weltumspannende Gemeinde mit Menschen aus der ganzen damaligen zivilisierten Welt.

Die Reaktion der Spötter

Es gab „andere" *(héteroi)*[3] unter den Hörern, die voller Verachtung spotteten und sagten: „Sie sind voll von süßem Wein."[4] (Vers 13).

---

1 Mit Bruce, „The Acts of the Apostles", S. 83. Es könnte auch das „Brausen" von Vers 2 einschließen.

2 Ellen G. White, „Das Wirken der Apostel", S. 40.

3 Der griechische Ausdruck bedeutet „andere" im Sinne von verschiedenartig, im Unterschied zu *álloi*, was „weitere" (der Art nach) meint. Dies macht deutlich, daß in Vers 13 eine (qualitativ) andere Gruppe von Menschen – im Vergleich zu den in den Versen 5-12 genannten – gemeint ist.

4 Der Begriff *gleûkos* kommt im NT nur hier vor, wird aber bei Aristoteles (384-322 v. Chr.) mit der Bedeutung „Most" im Sinne von unvergorenem Traubensaft gebraucht („Meterologica", S. 388 b 9-13). Da die Weinlese des neuen Jahres

Diese Spötter meinten, die Zungenredner wären betrunken. Wer waren diese Spötter? „Man kann dabei an Juden aus Jerusalem denken, die keine Fremdsprachen kannten",[1] aber auch an jene, die dieses wunderbare Ereignis mit dieser spöttischen Bemerkung ablehnten.[2]

Einige Hörer[3] blieben nach dem Wunder verblufft und völlig verwirrt, weil sie nicht in der Lage waren, dafür eine natürliche Erklärung zu finden. Diese Ungläubigen – oder auch die säkularisierten Menschen der Antike – kann man gleichsetzen mit der „Welt", die zunächst die Gläubigen mit „Spott" bedenkt. Danach geht es weiter mit „Untersuchungen, 4,7; Drohungen, 17; Gefängnis, 5,18; Schlägen, 40; Hinrichtung, 7,58."[4]

Obwohl Gott seine Wunder für alle Menschen vollbringt, damit sie sehen und hören, wird es immer Ungläubige geben, die sich trotz aller Beweise weigern, die Wahrheit anzunehmen. Durch Hohn und Spott verhärten sie ihre Herzen, bis sie nicht mehr sehen und hören können (Jesaja 6,9.10).

---

nicht vor August begann, wird angenommen, daß hier vergorener, mit Honig gesüßter Wein gemeint ist (so Strack und Billerbeck, a.a.O., Bd. II, S. 614). Es muß aber nicht so sein; denn neuer Wein konnte vor dem Vergären bewahrt werden. Von Columella, einem Landwirt aus dem 1. Jh. n. Chr., liegen Aufzeichnungen darüber vor, wie man unvergorenen Traubensaft haltbar macht („On Agriculture" 12, 21, 1). Ähnliche Informationen stammen von Vergil (70-19 v. Chr.), in „Georgis" 1, 295f., und Plinius, „Natural History" 14, 11, 80. Für den Nachweis, daß *gleûkos* in Apostelgeschichte 2,13 unvergorenen Traubensaft meint, siehe auch Samuele Bacchiocchi, „Wine in the Bible. A Biblical Study on the Use of Alcoholic Beverages", Biblical Perspectives, Berrien Springs, MI, 1989, S.179-182.

1 Haenchen, a.a.O., S. 174.

2 Man kann vermuten, daß einige besonders daran interessiert waren, beobachtbare Phänomene nicht als Wunder, sondern auf eine natürliche Weise zu erklären. Vgl. Bruce, „The Book of The Acts", S. 65.

3 Dies bedeutet, daß es unter den Zuhörern zwei gegensätzliche Gruppen gab: Eine Gruppe verteidigte die wunderbare Erfahrung der ersten Gläubigen als die Gabe, in Fremdsprachen zu reden, während die andere Gruppe dieser Gabe feindlich gegenüberstand. Lukas stellt häufig zwei Gruppen einander gegenüber; siehe Apostelgeschichte 5,34ff.; 14,4; 17,18ff.; 23,6ff.; 28,24.

4 Johann Albrecht Bengel, „Gnomon", Steinkopf, Stuttgart, 1960 (unveränderter Nachdruck der dritten Auflage von 1876), Bd. 1, S. 600.

Es bietet sich an, hier auf eine Parallel-Beziehung zwischen Apostelgeschichte 2 und 1. Korinther 14 hinzuweisen. Während einige zu Pfingsten behaupteten, die Empfänger des Heiligen Geistes hätten zuviel süßen Wein getrunken, meinten die „Unkundigen" über die in Zungen redenden Gemeindeglieder in Korinth, sie seien von Sinnen (1. Korinther 14,23).[1] Doch in Korinth gab es zusätzliche Verwirrung durch die unordentliche Art und Weise, in der alles ablief.

Die Zungenrede und die modernen Quellentheorien

Beide Reaktionen, die der feindlich gesinnten Gruppe zu Pfingsten (Apostelgeschichte 2,13) und die der nichtchristlichen Besucher der Versammlungen zu Korinth, haben mit der Zungenrede zu tun.

Die Beziehung zwischen beiden Reaktionen hat bestimmte Gelehrte zu der Annahme verleitet, daß die vorliegende Form von Apostelgeschichte 2,1-13 unterschiedliche Berichte über das Pfingstereignis aus zwei verschiedenen Quellen vereint. Nach dieser Theorie kündete der eine Bericht den Beginn des Zungenredens im Sinne der Glossolalie an, d. h. als unartikulierte, unverständliche, ekstatische Äußerungen, während der zweite das Wunder enthielt, in einer verständlichen, bekannten, fremden Sprache zu reden.

Der Platz erlaubt keine ausführliche Diskussion über die verschiedenen Quellentheorien, die seit Jahren von der historisch-kritischen Schule entwickelt worden sind. Deshalb halten wir es für ratsam, uns auf repräsentative Beispiele zu begrenzen.

Am Ende der ersten großen Flut von Quellentheorien unter den historisch-kritischen Gelehrten erschien die Studie von F. Spitta.[2] Er

1 Diese Parallele beruht weiterhin auf der Annahme, daß in den heidnischen Mysterien-Religionen der prophetische Ausspruch zwar durch den „Geist" kommt, aber so, als ob die „inspirierte" Person betrunken wäre. Ekstase und Trunkenheit sind wichtige Aspekte in der Auslegung heidnischer ekstatischer Phänomene. Vgl. H. Conzelmann, „Der erste Brief an die Korinther", Vandenhoeck & Ruprecht, Göttingen, 1969, S. 286 Nr. 25.

2 Friedrich Spitta, „Die Apostelgeschichte, ihre Quellen und deren geschichtlicher Wert", Halle, 1891.

behauptete 1891, es gäbe zwei Hauptquellen: die „historische Quelle A" und die „legendäre Quelle B". Die erste enthalte die Verse 1a, 4 und 11-36 aus Apostelgeschichte 2 und beschreibe das „Zungenreden" im Sinne unverständlichen Redens, worum es seiner Meinung nach in 1. Korinther 14 geht.

Der restliche Teil des 2. Kapitels der Apostelgeschichte stamme aus der zweiten, der „legendären Quelle B", in der die Stimme Gottes zum jüdischen Volk spricht. Die Verse 3b, 7 und 8 seien von einem späteren Redaktor (Bearbeiter) eingefügt worden, der dann von einem linguistischen Wunder spricht.[1]

In seinem Kommentar schrieb O. Bauernfeind 1939 der Lukasquelle nur das Wunder der Ausgießung des Heiligen Geistes und das Wunder der Sprachen zu.[2] Er behauptet, es sei „kein großer Schritt" vom übernatürlichen Verständnis der Glossolalie seitens eines einzelnen „Auslegers" (1. Korinther 14,28) zum „übernatürlichen Verständnis seitens einer ganzen Gruppe oder zumindest eines großen Teils derselben".[3]

Selbst kritische Gelehrte meinen, dies sei doch ein weiter Schritt, zumal er nur zu der von H. Wendt angedeuteten Schlußfolgerung führt, daß die Jünger in einer ekstatischen „Geistesprache" redeten, die jeder Hörer so wahrnahm, als wäre es seine Muttersprache, selbst wenn er wußte, daß es nicht so war![4]

Im Jahre 1957 dachte C. S. C. Williams an eine ursprüngliche Quelle (Aramäisch?), nach der die Zwölf mit dem Heiligen Geist erfüllt und dann in zwölf Teile der Welt ausgesandt wurden. Lukas habe diese Quelle verändert, um eine schrittweise Ausweitung der Mission zu entwickeln.[5]

---

[1] Kürzlich hat Haenchen, a.a.O., S. 43, sein Erstaunen darüber ausgedrückt, „wie kunstvoll die ganze Apostelgeschichte in diese beiden Quellen aufgegliedert wird, ohne daß allzuviel Abfall übrig bleibt, mit dem der Redaktor belastet wird ... Spittas Zerlegungskunst ist ebenso erstaunlich wie sein Zutrauen zur Additionskunst des Redaktors."

[2] Otto Bauernfeind, „Die Apostelgeschichte", A. Deichert, Göttingen, 1939, S. 55.

[3] ebd., S. 56.

[4] H. Wendt, „Kritisch-Exegetisches Handbuch über die Apostelgeschichte", Vandenhoeck & Ruprecht, Göttingen, 1888[7], S. 64f. Vgl. Haenchen, a.a.O., S. 171, Fn. 3.

[5] C. S. C. Williams, a.a.O., S. 61-65.

Wieder anders ist die von E. Trocmé[1] 1957 formulierte Theorie. Er meinte, Lukas verdanke die Verse 1-6 und 12-13 einer Quelle, die davon berichtet, wie Gott durch ein „übernatürliches Esperanto" die beim Turmbau zu Babel eingeführte Sprachverwirrung beseitigte (1. Mose 11,1-9).[2] Dieses „übernatürliches Esperanto" gründe sich auf einen Midrasch (Jüdische Auslegung) von 2. Mose 19.[3] Lukas habe dann in den Versen 7-8 und 11 die fremden Sprachen eingeführt.

Der lutherische Alt-Bischof Eduard Lohse ist vorsichtiger. Er behauptet, daß Lukas lediglich *eine* mündliche Tradition vorlag. Lukas selbst habe dann aus dem Reden in einer ekstatischen, unverständlichen Sprache das Wunder des Redens in Fremdsprachen entwikkelt.[4]

In seinem Kommentar zur Apostelgeschichte weist Ernst Haenchen darauf hin, daß Lukas „nicht mit viel Hilfe aus vorhandenen Quellen rechnen konnte: es gab keine alte oder einheitliche Tradition".[5] Aber Lukas sei ein Theologe gewesen, der den Gedanken der Verleihung des Heiligen Geistes durch den auferstandenen Herrn (Johannes 20,22) aufgegriffen und ihn – unter dem Einfluß des Pfingstereignisses – in eine Geschichte mit einer ekstatischen Sprache umgeformt habe. Diese Sprache sei für einige Hörer verständlich gewesen, für die meisten aber unverständlich geblieben.[6]

Um diese verschiedenen Quellentheorien bewerten zu können, muß man die Vermutungen und Voraussetzungen beachten, die das Denken historisch-kritischer Gelehrter bestimmen. Als erstes ist

1 Trocmé, a.a.O., S. 202-206.

2 Der Gedanke, das Zungenreden sei eine Umkehrung der Verwirrung der Sprachen beim Turmbau zu Babel, gewinnt zunehmend an Aufmerksamkeit. Siehe Davies, „Journal of Theological Studies" 3/1952, S. 228ff.; Bruce, „The Book of The Acts", S. 64: „Das Ereignis war sicherlich nichts Geringeres als eine Umkehrung des Fluches von Babel." So bereits K. Lake, „The Gift of the Spirit on the Day of Pentecost" in „The Beginnings of Christianity", London, 1933, Bd. 5, S. 114f.

3 Es wird behauptet, daß sich Philo bereits auf diesen angeblichen Midrasch stützen konnte.

4 E. Lohse, a.a.O., 424ff.; ders., „pentekosté" in G. Kittel (Hg.), a.a.O., Bd. 6, S. 50f.

5 Haenchen, a.a.O., S. 176.

6 ebd., S. 177f.

zu beachten, daß alle diese Gelehrten, die hier stellvertretend für eine viel größere Anzahl genannt wurden, der Überzeugung sind, bei dem angeblich ursprünglichen Ereignis des Zungenredens zu Pfingsten handle es sich um Glossolalie, nicht aber um bekannte, verständliche Sprachen.

Worauf gründet sich nun diese Annahme? Die folgerichtige Antwort auf diese Frage lautet: 1. Korinther 14 beweist, daß es bei der ursprünglichen Gabe um Glossolalie, unverständliches Reden, ging. Die historisch-kritischen Gelehrten behaupten, über die Erfahrung in Korinth genau Bescheid zu wissen. Sie gelangen dadurch zu dieser Erkenntnis, daß sie 1. Korinther 14 mit Hilfe von rekonstruierten zeitgenössischen Phänomenen in heidnischen Religionen auslegen, die angeblich die Gemeinde in Korinth beeinflußt haben.

Im 2. Kapitel dieses Buches haben wir deutlich gemacht, daß dieser verbreiteten Ansicht, wonach die Glossolalie von heidnischen Religionen her bekannt war, die Unterstützung durch alte Quellen fehlt. Es hilft nichts, einen Hintergrund zur Auslegung von 1. Korinther 14 zu schaffen, um anschließend diese Rekonstruktion in Apostelgeschichte 2 hineinzulesen. Diese Vorgehensweise verrät deutlich den Zirkelschluß: Man stellt eine unbewiesene Behauptung auf, um sie dann als Grundlage für eine weitere Behauptung zu benutzen.

Eine weitere Grundannahme besteht darin, daß das Pfingsterlebnis in der Apostelgeschichte anhand von 1. Korinther 14 zu deuten sei. Das heißt, der Schlüssel zum Verständnis des Zungenredens in Apostelgeschichte 2 sei das Zungenreden in 1. Korinther 14. Man beginnt also mit 1. Korinther 14 und bewegt sich dann zur Apostelgeschichte 2. Zeitlich gesehen geht das Ereignis in Apostelgeschichte 2 jedoch der Erfahrung in 1. Korinther 14 voraus. Daran kann es keinen Zweifel geben!

Niemand will bestreiten, daß es zwischen der Erfahrung der Christen zu Korinth und (zu einer früheren Zeit) der in Jerusalem eine Beziehung gibt. Es besteht in der Tat eine Verbindung, und zwar aufgrund gemeinsamer Phänome sowie auf linguistischer, theologischer und missiologischer Grundlage. Chronologisch betrachtet besteht allerdings kein Zweifel darüber, daß das erste Auftreten der Zungenrede zu Pfingsten in Jerusalem stattfand. Das Zungenreden in Korinth kam ungefähr zwei Jahrzehnte später auf. Allein aus diesem Grund sollte der Ausgangspunkt für die Untersuchung und Auslegung der Gabe der Zungenrede Apostelgeschichte 2, d. h. die früheste Erscheinung, sein.

Jeder Gelehrte, der mit hypothetischen, also unbewiesenen Quellentheorien arbeitet, muß eins zugeben: Nach dem heute vorliegenden – übrigens sehr gut dokumentierten – griechischen Text ist das Phänomen des Zungenredens in Apostelgeschichte 2 im Sinne von tatsächlich existierenden Sprachen zu verstehen. Es ist diese unausweichliche Schlußfolgerung, die den Gelehrten Kopfzerbrechen bereitet; denn es scheint nicht zu gelingen, sie mit ihrem Verständnis von 1. Korinther 14 in Einklang zu bringen.

Ist es nun methodisch vertretbar, die Behauptung aufzustellen, daß bei Apostelgeschichte 2 verschiedene Quellenschichten und redaktionelle Eingriffe vorliegen, nur weil das erste Zungenrede-Phänomen nicht mit der problematischen Auslegung moderner Gelehrter von 1. Korinther 14 übereinstimmt? Das wirft ernsthafte methodische Fragen auf.[1]

Es gibt ein oft bewährtes Auslegungsprinzip, dessen Geschichte bis zur Reformation und in das Neue Testament selber zurückreicht. Es ist das Prinzip, daß die Bibel ihr eigener Ausleger ist. Man kennt es in der Kirchengeschichte als das protestantische *sola scriptura*-Prinzip – allein die Bibel.

Der Platz läßt es nicht zu, daß wir uns mit den verschiedenen Verzweigungen dieses Auslegungsprinzips befassen. Paulus empfiehlt, „Geistliches durch Geistliches [zu] deuten" (1. Korinther 2,13 Elberf.). Der Gedanke dabei ist, geistliche Dinge auf der Grundlage des inspirierten Wortes miteinander zu verbinden (Kap. 12,8; vgl. 10,12). Petrus sagt ausdrücklich, „daß keine Weissagung in der Schrift eine Sache eigener Auslegung ist" (2. Petrus 1,20).

Bibelgläubige Christen sind während der Geschichte diesem Prinzip gefolgt und haben für alles, was geistliche Dinge betrifft, die

1 Für detaillierte Informationen über die historisch-kritischen Methoden und ihre Folgen für den Glauben siehe Gerhard F. Hasel, „Biblical Interpretation Today", Biblical Research Institute, Washington DC, 1985.

Bibel sprechen lassen: Die Bibel soll die alleinige Autorität in Fragen der Lehre und des Lebens sein. Der Autor dieses Buches tritt dafür ein, daß wir es weiterhin der Bibel zugestehen sollten, ihr eigener Ausleger zu sein, indem wir „Text mit Text vergleichen".[1]

Das Prinzip, daß die Bibel der alleinige und einzige „Maßstab für alle Lehren und die Grundlage aller Reformen" ist, gilt im strengen Sinne für alles, was den Anspruch erhebt, ein hermeneutischer Schlüssel zur Auslegung der Bibel zu sein. Das heißt, daß die korrekte Auslegung der Heiligen Schrift nicht von der Tradition bestimmt wird.[2] Außerdem bedeutet es, daß weder Erfahrungswerte oder Philosophie, noch die vergleichende Religionswissenschaft, noch irgendein anderes außerbiblisches und der inspirierten Offenbarung fremdes Prinzip den Schlüssel für die Auslegung der Heiligen Schrift liefern kann.

Der Grund hierfür liegt darin, daß die Heilige Schrift als einzigartig inspirierte göttliche Offenbarung für sich selbst spricht und ihr daher auch erlaubt werden muß, für sich selbst zu sprechen. Ganz allgemein bedeutet dies: Die Bibel auszulegen bedeutet nichts anderes, als den Bibeltext für sich selbst sprechen zu lassen. Es ist ein Prozeß, der darin besteht, klarzumachen und festzustellen, was der Text wirklich sagt, so daß seine offensichtliche Bedeutung erkennbar wird. Man darf nicht annehmen, die Bedeutung der Bibeltexte sei immer oder meistens so offensichtlich, daß man auf mühsames und hingebungsvolles Studium verzichten könnte.

Das Thema ist: die Heilige Schrift als Gottes Wort. Als solches muß sie sich selbst auslegen. Wir müssen unterscheiden zwischen Gottes Wort und Worten von Menschen (Erfahrung, Tradition, Philosophie, Wissenschaft usw.). Letztere sind nicht der maßgebliche Schlüssel für die Bedeutung der Bibel als Wort Gottes.[3]

---

1 Ellen G. White, „Der große Kampf", Saatkorn, Hamburg, 1982, S. 599.

2 Dies war das Problem, gegen das der Reformator Martin Luther kämpfte. Das *sola scriptura*-Prinzip widersprach der katholischen Auslegungslehre, wonach die Offenbarung Gottes, von der die Hl. Schrift Zeugnis gibt, nicht ohne die Tradition, die in der Kirche und ihrem Lehramt vorliegt, richtig verstanden werden kann.

3 Siehe Gerhard F. Hasel, „The Totality of Scripture *versus* Modernistic Limitations" in „Journal of the Adventist Theological Society" 2/1 1991, S. 30-52.

Diese hermeneutischen Überlegungen bilden den Rahmen und die sichere Grundlage zum Studium der jeweiligen Bibeltexte über das Zungenreden. Wie bereits gesagt, werden wir weiterhin in chronologischer Reihenfolge vorgehen, wodurch wir gleichzeitig von dem durchsichtigeren Textabschnitt in Apostelgeschichte 2,1-13 zu den anderen, schwierigeren Textstellen im Neuen Testament übergehen.

Als nächstes wollen wir uns mit den Hörern befassen, die durch das Erlebnis der in Zungen redenden Gläubigen (Apostelgeschichte 2,13) verwirrt wurden. Das ist einer der vermutlich wichtigsten Aspekte in den Augen der Gelehrten; denn diese Verwirrung ist für sie der Anlaß, in die Apostelgeschichte 2 die Auffassung einer unverständlichen Sprache, d. h. Glossolalie, einzuführen. Dies hat zu der Hypothese geführt, „daß Apostelgeschichte 2 in der vorliegenden Fassung zwei verschiedene Berichte vereint. Einer davon schildert den Beginn des Zungenredens in der Urgemeinde, der andere das Wunder des Sprechens in Fremdsprachen.[1]

Es muß betont werden, daß es keinen objektiven Beweis dafür gibt, in Apostelgeschichte 2,13 eine unverständliche Redeweise hineinzulesen. Weder dieser Text noch alle anderen Texte in Apostelgeschichte 2 verlangen ein unverständliches Reden. Die Bestürzung darüber, daß Menschen plötzlich die Sprache anderer Menschen sprechen, macht aus solchen Reden unverständliche Sprachen.

Eine Fremdsprache, die von anderen Menschen nicht verstanden wird, bleibt dennoch eine Fremdsprache. Sie wird dadurch nicht zu einem ekstatischen, unverständlichen Reden. Wenn jemand Nabatäisch[2] sprach, eine für Menschen aus Arabien verständliche Sprache (Vers 11), dann ist kaum zu erwarten, daß es von den Menschen verstanden wurde, die aus bestimmten Teilen Klein-Asiens kamen. Diese mögen Lydisch oder andere der lokalen Sprachen gekannt haben, während andere diese wieder nicht verstanden usw.

---

[1] Beyer, „héteros", a.a.O., Bd. 2, S. 703.

[2] Zur Zeit des NT war mit Arabien das Königreich der nabatäischen Araber gemeint, die damals unter Aretas IV. (9 v. Chr.-40 n. Chr.) auf der Höhe ihrer Macht standen. Hauptstadt des Reiches war das berühmte Petra.

Außerdem gab es ohne Zweifel einige in der Menschenmenge, die den galiläischen Christen übelgesinnt waren (Vers 7).[1] Nur 50 Tage zuvor hatten leitende jüdische Führer mit ihrem Komplott Erfolg gehabt und Jesus hinrichten lassen. Manche der anwesenden Zuhörer, die Jesu Tod geplant hatten, konnten verständlicherweise jetzt nicht zugeben, daß ein Wunder stattgefunden hatte. Deshalb erklärten sie böswillig, diese Menschen seien vom neuen Wein betrunken.[2]

Der Textzusammenhang unterstützt in keiner Weise die Annahme, die Menschen, die den Jüngern Trunkenheit vorwarfen, hätten das von den Jüngern praktizierte Reden als unverständliches Reden, d. h. als Glossolalie, verstanden. Wäre es eine ekstatische, unverständliche Sprache gewesen, dann hätte es keine Rolle gespielt, ob es Galiläer waren, die sie sprachen, oder nicht. Fremdsprachen allerdings konnten die Galiläer auf keine natürliche Weise gelernt haben. Die ausländischen Juden bezeugten aber: „Jeder von uns hört die Sprache des Landes, in dem er geboren ist." (Vers 8)[3]

Es gibt nicht die kleinste Unterstützung für diese Quellentheorie – es sei denn, man nimmt an, daß es das Wunder der Fremdsprachen zu Pfingsten nicht gegeben hat. Dies allerdings widerspräche dem ausdrücklichen Zeugnis der Hörer. Hypothesen, die sich auf solche Vermutungen gründen, wecken nicht gerade Vertrauen in die Zuverlässigkeit dieser und ähnlicher Studien.

---

1 Die Tatsache, daß die junge Gemeinde in Jerusalem mit Jüngern aus Galiläa begann, ist von dem Standpunkt her interessant, daß alle Elf aus Galiläa stammten (Markus 3,14). Der auferstandene Herr erschien den Jüngern sowohl in Galiläa als auch in Jerusalem. Die Galiläer waren für die Besonderheiten in ihrer Sprache bekannt (vgl. A. Neubauer, „The Dialects of Palestine in the Time of Christ" in „Studia Biblica" 1/1885, S. 51). Daran konnte man sie leicht erkennen (Matthäus 26,73). Daß ihr galiläischer Ursprung ausdrücklich betont wird, untermauert die Tatsache, daß sie unmöglich die verschiedenen Fremdsprachen gelernt haben konnten, die sie nun so fließend wie ihre Muttersprache sprachen (vgl. Haenchen, A.a.O., S. 172, auch Fußnote 1).

2 E. G. White, „Das Wirken der Apostel", S. 41f: „Entschlossen, die wunderbare Kraft der Jünger natürlich zu erklären, behaupteten die Priester, die Jünger seien durch übermäßigen Genuß des neuen, für das Fest bestimmten Weines betrunken."

3 Übersetzung des Autors. [Vgl. Elberfelder Bibel: „Und wie hören wir <sie>, ein jeder in unserer eigenen Mundart, in der wir geboren sind ..."]

Die verschiedenen Quellentheorien einiger historisch-kritischer Gelehrter werfen die Frage der Aufrichtigkeit auf. Der uns vorliegende Text von Apostelgeschichte 2 zeigt unmißverständlich, daß die Pfingsterfahrung in der übernatürlichen Fähigkeit bestand, in Fremdsprachen zu sprechen. Trotzdem behaupten die erwähnten historisch-kritischen Gelehrten, das ursprüngliche Pfingsterlebnis sei etwas anderes gewesen als das Sprechen echter menschlicher Sprachen. Es gibt nur eine Möglichkeit, beides miteinander in Einklang zu bringen: Lukas (oder ein Redaktor) habe die Sache absichtlich falsch dargestellt, obwohl er wußte, daß es sich um Glossolalie oder eine andere Form von unverständlicher Sprache gehandelt habe.[1]

Die Vermutung, der Bibelschreiber habe den Text vorsätzlich entstellt, überzeugt nicht. Es gab zu viele Augen- und Ohrenzeugen, die die Fälschung hätten entlarven können, wären die Tatsachen nicht wahrheitsgetreu berichtet worden. Neuerdings geht die Meinung in vielen Gelehrtenkreisen vielmehr dahin, den Schreiber der Apostelgeschichte für einen zuverlässigen Historiker zu halten.[2] Dies widerspricht dem Versuch, Lukas (oder einem Redaktor) zum bewußten Verdreher von Tatsachen abzustempeln. Die Geschichtsschreibung in der Apostelgeschichte ist zuverlässig.[3]

Viele Studien haben sich mit der Frage befaßt, ob es nachweisbare Quellen gibt, die dem Bericht in Apostelgeschichte 2,1-13 zugrundeliegen.[4] N. Adler hat den Verfechtern früherer Quellenhypo-

---

1 Zu diesem Problem siehe Hull, a.a.O., S. 62ff.

2 C. K. Barrett, „Luke the Historian in Recent Study", London, 1970^2, S. 26ff., enthält eine nützliche Zusammenfassung der Ansichten einiger moderner Gelehrter. Auch beachtenswert: H. J. Cadbury, „The Book of Acts in History", New York, 1955. Zu den Themen Geschichtsschreibung und Quellen in der Apostelgeschichte siehe D. Guthrie, „The Gospels and Acts. New Testament Introduction", London, 1965, S. 321-344.

3 Siehe besonders W. Ward Gasque, „A History of Criticism of the Acts of the Apostles", Mohr, Tübingen, 1975; Jacques Dupont, „The Sources of Acts", Herder & Herder, New York, 1964; Conrad H. Gempf (Hg.), „The Book of Acts in the Setting of Hellenistic History", Mohr, Tübingen, 1989.

4 Dupont, a.a.O., S. 166, schreibt: „Trotz der sorgfältigsten und detaillierten Forschungen ist es nicht möglich gewesen, eine der vom Schreiber der Apostelgeschichte benutzten Quellen zu bestimmen, die unter den Kritikern eine breite Übereinstimmung findet."

thesen nachgewiesen, daß der Bericht von der Ausgießung des Geistes und der dauerhaften Befähigung der Jünger, in fremden Sprachen zu reden (Apostelgeschichte 2,1-13), sprachlich gesehen als Ganzes Lukas zuzuschreiben ist.[1]

E. Lohse ist vor nicht langer Zeit zu folgendem Schluß gekommen: „Doch ist es unmöglich, mit Hilfe der Literarkritik eine oder mehrere schriftliche Quellen gewinnen zu wollen, die Lukas vorgelegen haben könnten. Denn die Erzählung ist sprachlich und stilistisch durchgehend lukanisch [von Lukas] geprägt ...“[2]

Zum Schluß können wir noch eine der letzten „Absagen“ an die Quellentheorie durch einen anderen kritischen Gelehrten hinzufügen: „Von der Tradition konnte er [Lukas] dabei nicht viel Hilfe erwarten: es gab keine alte und einheitliche Überlieferung davon.[3]

Zusammenfassend können wir nur feststellen, daß sich die von verschiedenen historisch-kritischen Gelehrten entwickelten Quellentheorien über den Textabschnitt Apostelgeschichte 2,1-13 als ungeeignet erweisen. Sie haben zu völlig widersprüchlichen Ergebnissen geführt. Dazu gründen sie sich auf unbewiesene Vermutungen und Voraussetzungen. Sie spiegeln die subjektive Natur der quellenkritischen Bemühungen wider.

Schlußfolgerungen

Wir können die wichtigsten Ergebnisse über den Ursprung, das Wesen, die Funktion und den Zweck des Zungenredens in Apostelgeschichte 2,1-13 wie folgt zusammenfassen:

1. Die Ausgießung des Heiligen Geistes zu Pfingsten stellt eine Erfüllung der von Jesus Christus selbst diesbezüglich gegebenen Verheißung dar.[4]

---

[1] N. Adler, „Das erste christliche Pfingstfest, Sinn und Bedeutung des Pfingstberichtes, Apostelgeschichte 2,1-13“ in „Neutestamentliche Abhandlungen“ 18/1938, Münster, S. 32-35.

[2] Lohse, „pentekosté“, a.a.O., Bd. 6, S. 51.

[3] Haenchen, A.a.O., S. 176.

[4] Lukas 24,36-51; Markus 16,15-17; Apostelgeschichte 1,1-11; vgl. Johannes 14,15-17.25f; 15,26f; 16,5-11.12-15

2. Der Empfang des Heiligen Geistes durch die Gläubigen im Obergemach war ein wirkliches Geschehen und keine Einbildung. Es verwandelte die größtenteils jüdische Urgemeinde in eine Glaubensgemeinschaft, die sich aus Gläubigen der gesamten damals bekannten und zivilisierten Welt zusammensetzte.

3. Der Heilige Geist wurde individuell empfangen. Die Gabe des verheißenen Geistes galt nicht den Massen. Nur die 120, die im Obergemach einmütig versammelt waren, und auf den Empfang der vom Herrn verheißenen Gabe warteten, erhielten diese auch, und zwar jeder von ihnen persönlich.

4. Die sichtbare und hörbare Folge des Empfangs des Heiligen Geistes war die Fähigkeit der Gläubigen im Obergemach, in andern Zungen zu reden (Apostelgeschichte 2,4).

5. Mit der Fähigkeit, in andern Zungen zu reden, ist die übernatürliche Befähigung gemeint, fließend in lebenden, vorher nicht erlernten und dem Sprecher bis dahin unbekannten Fremdsprachen zu reden.

6. Der Zweck der geistlichen Gabe, auf übernatürlichem Wege in Fremsprachen zu reden, bestand darin, die junge Gemeinde mit einem Kommunikationsmittel zur Weitergabe der Guten Nachricht auszustatten.

7. Die Gabe der Nachfolger Jesu, in Fremdsprachen reden zu können, war für die Ungläubigen eine Bestätigung für den göttlichen Ursprung des Missionsauftrags.

8. Die Gabe, in Fremdsprachen zu reden, war dauerhaft. Sie blieb also kein flüchtiges oder unwiederholbares Ereignis.

Kapitel 5

Die Zungenrede in Apostelgeschichte 10

Der dritte Textabschnitt im Neuen Testament, in dem das Zungenreden vorkommt, ist Apostelgeschichte 10. So wird der Leser der Apostelgeschichte von der ersten Erfahrung der Zungenrede unter den Juden zu Pfingsten in Jerusalem (2,1-13) in die nichtjüdische Stadt Cäsarea (10,1.24) versetzt.

Der geschichtliche Hintergrund

Die erste Taufe von Heiden wird in Apostelgeschichte 10 berichtet. Sie fand in Cäsarea statt. Kornelius, ein römischer Hauptmann, wurde nach seiner Bekehrung getauft (Vers 48). Zuvor mußten allerdings einige Schwierigkeiten, nämlich die „Mauern", die das Judentum zwischen sich und Nicht-Juden aufgerichtet hatte, überwunden werden.

Ein Engel erschien Kornelius, einem frommen Mann (Vers 2), der als „Gottesfürchtiger"[1] am Gottesdienst in der Synagoge[2] teil-

[1] Die Gottesfürchtigen waren Heiden, die Gott anbeteten, jedoch nicht in die jüdische Gemeinschaft eingegliedert waren. Siehe Emil Schürer, „Die Geschichte des jüdischen Volkes im Zeitalter Jesu Christi", Georg Olms, Hildesheim, 1964 Bd. 3, S. 173f; T. M. Finn, „The God-Fearers: Some Neglected Features" in „Journal for the Study of the New Testament" 32/1988, S. 17-26; Colin J. Hemer in „The Book of Acts in the Setting of Hellenistic History", Conrad H. Gempf (Hg.), Mohr, Tübingen, 1989, S. 444-447.

[2] Bruce, „The Acts of the Apostles", S. 215.

nahm, obwohl solche Menschen von den Juden immer noch als unrein und weltlich angesehen wurden.[1] Juden hatten deshalb keine Tischgemeinschaft mit Nicht-Juden, auch nicht mit sogenannten „Gottesfürchtigen". Unrein bzw. weltlich waren sie nicht vom Standpunkt der hebräischen Bibel, dem Alten Testament her, sondern nach Ansicht der rabbinischen Traditionen, die die Juden von ihren nicht-jüdischen Zeitgenossen trennten.[2]

Der Engel befahl Kornelius, den Apostel Petrus aus Joppe holen zu lassen. In der Zwischenzeit wurde Petrus durch eine Vision darauf vorbereitet, seine ererbten jüdisch-rabbinischen Vorurteile zu überwinden und dem Besuch eines Heiden zuzustimmen (Verse 10-16). Als der Heilige Geist ihm befahl, mit den Boten zu gehen, gehorchte Petrus willig, und so betrat er das Haus des Kornelius (Verse 23-25).

Nachdem Petrus sein Erlebnis (Verse 26-29) und Kornelius seine Erfahrung (Verse 30-33) berichtet hatten, tat Petrus „seinen Mund auf" (Vers 34)[3] und hielt eine Predigt, „die für diese Gelegenheit besonders geeignet war".[4] Er verkündigte Jesu Leben und Wirken vor der Kreuzigung, aber auch seinen Tod und seine Auferstehung, einschließlich seines Missionsauftrags (Verse 34b-43).

Während Petrus noch predigte, „fiel der heilige Geist auf alle, die dem Wort zuhörten" (Vers 44). Die Hörer, auf die der Geist herabfiel, waren Kornelius, seine Verwandten und seine nächsten

---

1 Haenchen, a.a.O., S. 348f.; Kirsopp Lake, „Proselytes and God-fearers" in „The Beginnings of Christianity", London, 1933, Bd. V, S. 74-96.

2 Colin House, „Defilement by Association: Some Insights from the Usage of *koinós/koinóo* in Acts 10-11" in „Andrews Universitiy Seminary Studies" 21/1983, S. 143-154, zeigt, daß dies nach rabbinischer Tradition eine Verunreinigung war, jedoch keine Unterstützung hierfür im AT zu finden ist.

3 Bruce, „The Book of The Acts", S. 224, zeigt, daß dieser Satz („er öffnete seinen Mund") „ein Ausdruck ist, der gebraucht wird, um eine wichtige Äußerung einzuleiten".

4 So Foakes-Jackson, „The Acts of the Apostles", S. 93. Diese Predigt ist nicht eine Einfügung des Lukas in die Geschichte des Kornelius, wie M. Dibelius („Studies in the Acts of the Apostles", London, 1956, S. 110f.) argumentiert, und von Haenchen, a.a.O., S. 338, und anderen akzeptiert wird. Gegen die formkritische Beurteilung dieser Predigt siehe C. H. Dodd, „The Apostlic Preaching and its Development", London, 1936, S. 56; Bruce, „The Book of The Acts", S. 225f.

Freunde (Vers 24). Der Heilige Geist fiel nicht auf Petrus noch auf die anderen Christen, die mit ihm von Joppe gekommen waren.[1]

Verbindungen zwischen Apostelgeschichte 2 und 10

Das Auftreten der „Zungenrede" in Cäsarea ist von großer Bedeutung. Es enthält entscheidende Parallelen zur Erfahrung der ersten Jünger zu Pfingsten in Jerusalem:

1. Bei beiden Gruppen handelte es sich um Gläubige.[2]
2. Der Heilige Geist „fiel" *(epépesen)*[3] plötzlich[4] auf beide Gruppen.
3. Beide Gruppen erlebten unter anderem das gleiche äußere Phänomen; „denn sie hörten, daß sie in Zungen redeten" (Vers 46).
4. Beide Gruppen sprachen über Gott und sein Wirken.
5. Die Wendung „in Zungen reden" kommt in beiden Berichten vor.
6. Beide Gruppen erlebten etwas, das andere „hörten" *(akoúo).*
7. Beide Gruppen machten eine neue Erfahrung mit dem Heiligen Geist, etwas, das sie bis dahin so noch nicht erfahren hatten, obwohl der Heilige Geist bereits an ihnen wirkte.
8. Beide Gruppen befanden sich in bedeutenden Städten, deren Einwohner unterschiedliche Sprachen sprachen.

Der Ausdruck „in Zungen reden" *(laloúnton glóssais)* von Vers 46 wird durch die Worte „ebenso wie wir" *(hos kaì hemeîs)*[5] in Vers 47

---

[1] Mit Munck, a.a.O., S. 95, Haenchen, a.a.O., S. 340f. und anderen gegen Wendt, „Die Apostelgeschichte", S. 185.

[2] Obgleich es keinen ausdrücklichen Hinweis auf den Glauben im unmittelbaren Zusammenhang von Apostelgeschichte 10,46 gibt, so ist er doch unweigerlich eingeschlossen. Eindeutig ist davon im Bericht des Petrus die Rede (Apostelgeschichte 11,17): „wie auch uns, die wir zum Glauben gekommen sind an den Herrn Jesus Christus". Die klare Aussage ist, daß der Heilige Geist auf die Heiden kam, als sie glaubten. Vgl. Bruce, „The Book of The Acts", S. 230.

[3] Das gleiche Verb wird gebraucht für das Herabkommen des Heiligen Geistes, sowohl zu Pfingsten in Jerusalem (Apostelgeschichte 11,15) als auch hier in Cäsarea (10,44).

[4] Vgl. W. H. Lampe, „The Seal of the Spirit", London, 1951, S. 66.

[5] So richtig bei Wendt, „Handbuch über die Apostelgeschichte" S. 254; Zahn, a.a.O., S. 361.

ausdrücklich mit dem Auftreten der Zungenrede zu Pfingsten identifiziert.

Dieses Bindeglied ist sehr wichtig; denn dadurch wird die Erfahrung im Hause des Kornelius (Apostelgeschichte 10) der Erfahrung am Pfingsttag gleichgesetzt.

In Apostelgeschichte 2,11 berichten die Hörer: „Wir hören sie in unsern Sprachen von den großen Taten Gottes reden." Dieser Ausdruck ist gleichbedeutend[1] mit dem, was in Cäsaräa „gehört" wurde, nämlich daß sie „Gott hoch priesen" (Apostelgeschichte 10,46). Die Verbindung ist hier gegeben

a) durch die Tatsache, daß in beiden Erfahrungen etwas Besonderes „gehört" *(akoúo)* wurde, und

b) durch das, was zu hören war, nämlich, was Gott durch Jesus Christus vollbracht hatte.

Beide Gruppen von Gläubigen erhielten die Gabe, in Fremdsprachen zu reden, und zwar in den zwei bedeutenden Städten Jerusalem und Cäsarea.

Jerusalem war die wohlbekannte jüdische Stadt, deren Bevölkerung zum Teil aus Minderheiten bestand, die in Fremdsprachen redeten. An den jährlichen Festtagen befanden sich in Jerusalem viele Menschen aus der ganzen jüdischen Diaspora, der damaligen zivilisierten Welt.

Cäsarea, am Mittelmeer gelegen, war die römische Hauptstadt von Judäa. Sie lag an einer großen Karawanenstraße zwischen Tyrus und Ägypten; aus diesem Grunde war Cäsarea ein berühmtes Hafen- und Handelszentrum. Kaiser Augustus hatte es Herodes dem Großen im Jahre 30 v. Chr. geschenkt. Herodes baute es um zu einem „Schaukasten" des Ostens. Die griechische Kultur und der römische Einfluß sorgten für eine bunte Bevölkerung. Es gab auch eine einflußreiche jüdische Minderheit in der Stadt.

Die Beherrschung von Fremdsprachen konnte den Gläubigen bei der Verkündigung des Evangeliums in Cäsarea sowie beim Versuch helfen, den durch diese Metropole Reisenden die Frohe Botschaft mitzuteilen.

---

[1] Bruce, „The Acts of the Apostles", S. 228.

Das Wesen der Zungenrede

Petrus, der Augenzeuge, betont in Apostelgeschichte 11,15, daß es sich bei beiden Erfahrungen (Apostelgeschichte 2 und 10) um das gleiche Phänomen handelte: „Als ich aber anfing zu reden, fiel der heilige Geist auf sie [in Cäsarea] ebenso wie am Anfang auf uns."

Petrus stellte die Verbindung zwischen beiden Ereignissen her, als er den Brüdern in Jerusalem davon berichtete. Er bestätigte, daß „Gott ihnen die gleiche Gabe gegeben hat wie [zu Pfingsten] auch uns, die wir zum Glauben gekommen sind an den Herrn Jesus Christus" (Vers 17). Petrus war überzeugt, daß die Gabe der Zungenrede in Cäsarea „die gleiche Gabe" (*tèn ísen doreán*) war wie die Gabe, die er und die Jünger zu Pfingsten empfangen hatten, nämlich auf übernatürliche Weise in Fremdsprachen zu reden.[1]

Der Zweck der Zungenrede

Daß auch die nichtjüdischen Gläubigen in Cäsarea ebenso die Gabe empfingen, in Fremdsprachen zu reden, diente den jüdischen Christen als unwiderlegbares äußeres Zeichen dafür, daß Gott die Heiden auf der gleichen Grundlage wie die Juden annahm;[2] denn der Heilige Geist wurde ja nur auf Gläubige ausgegossen.[3] Das Herabkommen des Heiligen Geistes auf die Nicht-Juden „macht deutlich, daß die Heiden ein Teil der Gemeinde sind und mit den jüdischen Christen auf der gleichen Ebene stehen".[4]

1 Munck, a.a.O., S. 95: „Das Sprechen in anderen Sprachen ist in Ausdrücken beschrieben, die denen in 2,11 ähnlich sind ..."

2 F. H. Chase, „The Credibility of the Acts of the Apostles", London, 1902, S. 79, schlug vor, die Ausgießung des Heiligen Geistes in Cäsarea als „das Pfingsten der heidnischen Welt" zu betrachten. Dies muß eingeschränkt werden. Trotz der vielen deutlichen Parallelen zwischen Pfingsten und Cäsarea ist die Ausgießung des Heiligen Geistes in Cäsarea der zu Pfingsten untergeordnet und deutet die Bedeutung von Pfingsten für die Errettung der Heiden an (vgl. N. B. Stonehouse, „Repentance, Baptism and the Gift of the Holy Spirit" in „Westminster Theological Journal", 13/1950-51, S.8). D. h., daß die Gläubigen aus den Heiden auch in dem großen Auftrag zur Evangelisierung der ganzen Welt eingeschlossen sind.

3 Siehe Fußnote 2 auf Seite 99.

4 Kistemaker, a.a.O., S. 399.

Dieses Auftreten der Zungenrede bedeutet auch, daß heidnische und jüdische Christen in gleicher Weise an der Aufgabe der Weltevangelisierung teilhaben. Beiden ist die gleiche geistliche Gabe verliehen worden, die Sprachbarrieren durchbricht und eine ungehinderte Weitergabe der Guten Nachricht an alle Menschen ermöglicht.

Schlußfolgerungen

Apostelgeschichte 10 vermittelt folgende Einsichten:

1. Die in der jüdischen Tradition entwickelten Schranken zwischen Juden und Heiden werden in der Gemeinde beseitigt. Der Heilige Geist sieht die Person nicht an.

2. Der Gottesfürchtige Kornelius erlebt mit seiner Hausgemeinschaft die Ausgießung des Heiligen Geistes genau so, wie Petrus und die jüdischen Gläubigen es zu Pfingsten erlebt haben. Beide Ausgießungen entsprechen einander, was ihren Ursprung, ihr Wesen und ihren Zweck betrifft.

3. Beim Zungenreden in Apostelgeschichte 2 und 10 handelt es sich um die gleiche Gabe, deren Zeuge Petrus war. Es ist die übernatürliche Fähigkeit, in einer Fremdsprache jedermann die Gute Nachricht verkündigen zu können.

4. Der Heilige Geist kam auf die gottesfürchtigen Heiden in Cäsarea hernieder, bevor sie getauft waren; damit wurde deutlich,

a) daß die Taufe des Heiligen Geistes und die Wassertaufe zusammenfallen können, und

b) daß die Beschneidung für neue Christen nicht mehr erforderlich ist: Was für Christen zählt, ist die Beschneidung des Herzens.

5. Lukas hat es nicht nötig, das Phänomen des Zungenredens zu erklären, weil Petrus selber die Verbindung zwischen dem Pfingsterlebnis und der Erfahrung in Cäsarea herstellte. Beide Phänomene sind identisch, in beiden Fällen handelt es sich um das Wirken des Heiligen Geistes unter den Gläubigen. Petrus zeigt, daß in Apostelgeschichte 2 und 10-11 das Kommen des Heiligen Geistes eine Gabe ist.

Kapitel 6

Die Zungenrede in Apostelgeschichte 19

Die Zungenrede kommt in der Apostelgeschichte zum dritten und letzten Mal in Kapitel 19,1-6 vor. Sie begegnet uns in Ephesus, wieder in einer größeren Stadt, allerdings in Kleinasien (der heutigen Türkei), also außerhalb Palästinas, wo Jerusalem und Cäsarea lagen. Diesmal tritt das Zungenreden im Zusammenhang mit der Heidenmission unter der Leitung des Apostels Paulus auf. In Apostelgeschichte 19 liegt also ein Orts- und Personenwechsel vor.

Der geschichtliche Hintergrund

Das Christentum scheint durch Aquila und Priscilla in Ephesus Fuß gefaßt zu haben. Sie waren treue Freunde des Paulus (Apostelgeschichte 18,1-3; 1. Korinther 16,9),[1] die Rom verlassen hatten, als alle Juden durch ein Edikt des römischen Kaisers Claudius von dort vertrieben wurden (ca. 49 n. Chr.).[2]

Auf seiner zweiten Missionsreise machte Paulus einen kurzen Besuch in Ephesus (Apostelgeschichte 18,18-21). Obwohl er bei einer früheren Gelegenheit vom Heiligen Geist daran gehindert wurde, nach Klein-Asien zu gehen (Apostelgeschichte 16,6), gibt es ge-

---

1 E. M. B. Green, „Ephesus" in „The New Bible Dictionary", J. D. Douglas (Hg.), Grand Rapids, MI, 1965², S. 381.

2 S. H. Horn, „Seventh day Adventist Bible Dictionary", Washington, D.C., 1960, S. 61; M. J. Schroyer,„Aquila and Priscilla" in „Interpreter's Dictionary of the Bible", Abingdon Press, Nashville, TN, 1962, Bd. 1, S. 176.

nügend Hinweise dafür, daß Paulus Ephesus für einen wichtigen Stützpunkt zur Verbreitung der Guten Nachricht hielt.

Auf seiner dritten Missionsreise kam Paulus wieder nach Ephesus und blieb zwei Jahre lang dort (Apostelgeschichte 19,8.10). Während dieser Zeit fand die Erfahrung der Zungenrede statt.

Ephesus war eine größere Stadt der Antike. Es hatte Pergamon bereits an Bedeutung überholt, als es die Römer zur Hauptstadt ihrer Provinz „Asien" an der Westküste der heutigen asiatischen Türkei machten.

Ephesus lag am Caysterfluß sowie an einer Kreuzung der Küstenstraße, die von Süden nach Norden führte. Diese Straße erstreckte sich östlich über Laodizea bis nach Phrygien, wo das pisidische Antiochien lag. Ephesus war ein führendes Handelszentrum. Nur drei Meilen von der Stadt entfernt lag ein großer Hafen. In früheren Zeiten hatte Ephesus direkt am Mittelmeer gelegen, aber zur Zeit des Paulus hatte Schlick den Hafen unschiffbar gemacht. Ephesus diente als großes Exportzentrum am Ende der asiatischen Karawanenstraße und als natürlicher Hafen für Schiffe aus Rom.

Die Stadt war durch die Göttin Diana berühmt geworden (Apostelgeschichte 19,27.35), ohne daß der Kaiserkult vernachlässigt worden wäre. Artemis, die Diana der Römer, war die Göttin der wilden Tiere und der wilden Natur, besonders wurde sie aber als Göttin der Fruchtbarkeit und der Geburt geehrt. Artemis bzw. Diana war die anatolische *Magna Mater*, die „Große Mutter", und ist auch als Cybele bekannt, die Göttin der Fruchtbarkeit und Befruchtung.

Der Tempel der Artemis war der bedeutendste Bau in Ephesus und gehörte zu den sieben Weltwundern der Antike. Es wird berichtet, daß 120 Jahre lang daran gebaut und daß er siebenmal zerstört und wieder aufgebaut wurde. Dieser Tempel hatte 127 Säulen, knapp 20 Meter hoch. Jede von ihnen stellte einen König dar. Die Gesamtmaße des Tempels waren 130 mal 69 Meter. Besucher und Spenden für den Tempel kamen aus ganz Kleinasien und darüber hinaus.

Das zweitgrößte Gebäude in Ephesus war das Amphitheater mit schätzungsweise 24.000 Sitzplätzen auf 66 Stufen. Die Bühne war 35 mal 21 Meter groß.

In Ephesus wohnten zur Zeit des Paulus schätzungsweise mehr als 200 000 Menschen, darunter eine große jüdische Kolonie.[1] Ephesus war darum als kommerzielles, politisches und religiöses Zentrum in der alten Welt von strategischer Bedeutung.[2]

Die „Jünger“ in Ephesus, die christliche Taufe und der Heilige Geist

Etwa um 54 n. Chr. kam Paulus zum zweiten Mal nach Ephesus,[3] nachdem er Gemeinden in Galatien besucht hatte. Diesmal traf er zwölf „Jünger“ an (Apostelgeschichte 19,1.7).

Das Wort „Jünger“ ist von erheblichem Interesse, weil diese zwölf Menschen „mit der Taufe des Johannes“ getauft worden waren (Apostelgeschichte 19,3). Lukas benutzt das Wort „Jünger“ in der Apostelgeschichte meist als Bezeichnung für die christlichen Gläubigen. Paulus muß sie für Christen gehalten haben; denn er fragte, ob sie den Heiligen Geist empfangen hätten, als sie „gläubig wurden“. Zweifellos waren es Gläubige, wenn auch mit einer nicht vollständigen Erkenntnis.

Diese christlichen Brüder[4] hatten noch nichts von der Existenz des Heiligen Geistes gehört (Vers 2). Das wurde deutlich, als sie

---

1 Josephus, a.a.O., Bd. 2, XIV. 10. 12,25.

2 Über Ephesus, siehe F. V. Filson, „Ephesus and the NT“ in „Biblical Archeologist“ 8/1945, S. 73-80; M. M. Parvis, „Archeology and St. Paul's Journeys in Greek Lands. Part IV: Ephesus“, ebd., S. 66-73.

3 William M. Ramsay, „St. Paul the Traveler and the Roman Citizen“, Grand Rapids, MI, 1965[3], S. 265f., 269-282. Er glaubt, daß Paulus frühestens im Oktober 53 n. Chr. in Ephesus angekommen sei. Ebenfalls für Herbst 53 setzt sich G. B. Caird ein („Chronology of the NT“ in „Interpreter's Dictionary of the Bible“, Bd. I, S. 607). Es gibt auch solche, die seine Ankunft in das Frühjahr 54 n. Chr. datieren, so G. Ogg, „Chronololy of the NT“ in „The New Bible Dictionary“, S. 228, und viele andere.

4 Viele Kommentatoren haben darauf hingewiesen, daß für Lukas der griechische Begriff *mathetés* (Jünger) ausnahmslos „Christen“ meint. Vgl. J. Wellhausen, „Kritische Analyse der Apostelgeschichte“, Berlin, 1914, S. 39; A. Loisy, „Les Actes des Apôtres“, Paris, 1920, S. 718; Zahn, a.a.O., S. 673; Lake and Cadbury, „The Beginnings of Christianity“, Bd. 4, S. 237; E. Käsemann, „The Disciples of John the Baptist in Ephesus“ in „Essays on New Testament Themes“, London, 1964, S. 136; Bruce, „The Acts of the Apostles“, S. 353; Haenchen, a.a.O., S. 530.

Paulus fragte, ob sie den Heiligen Geist empfangen hätten, „als sie gläubig wurden" (Vers 2).[1]

Als diese Gläubigen ihre völlige Unkenntnis über das Werk des Heiligen Geistes bekannten, fragte Paulus sie, welche Art Taufe sie denn empfangen hätten. So zu fragen, war richtig und begründet; denn im Neuen Testament „gehörte jemand, der die christliche Taufe nicht empfangen hatte, gar nicht zur Gemeinde".[2] Sie erwiderten, sie seien „auf die Taufe des Johannes" getauft (Vers 3). Daraufhin begann Paulus, ihnen die Beziehung zwischen der Taufe des Johannes und der christlichen Taufe zu erklären (Vers 4).

Die Taufe des Johannes war eine Vorwegnahme dessen, was Christus erst vollbringen würde. Die christliche Taufe beruht darauf, was Jesus Christus durch sein Leben auf Erden, seinen Tod und seine Auferstehung vollbracht hat. So führte Paulus diese „Jünger" zum vollständigen Glauben an Jesus Christus, auf den sie ihr Vertrauen setzten. Als diese zwölf Menschen die Belehrungen des Paulus hörten, verstanden sie die Gute Nachricht. Die Botschaft des Evangeliums drang voll in ihr Herz. Sie nahmen das Wort der Erlösung im Glauben an und ließen sich taufen.

---

[1] Diese Wendung ist eine Übersetzung des griechischen Aorist-Partizips *pisteúsantes*, welches nach J. H. Moulton („A Grammar of the New Testament Greek", Edinburgh, 1908[3], Bd. I, S. 131, Fn.) ein koinzidierendes Aorist-Partizip ist, das „dogmatisch wichtig" ist. [Das bedeutet, daß die Handlungen sowohl des Partizips als auch des Hauptverbs gleichzeitig verlaufen. Auch Blass-Debrunner-Rehkopf, a.a.O., S. 277f., §339,1 erwähnt diese grundsätzliche Möglichkeit.] Demnach käme der Heilige Geist auf sie, wenn sie zum Glauben fänden und getauft würden. Die Beziehung zwischen Glaube und Empfang des Heiligen Geistes kommt je nach Bibelübersetzung mehr oder weniger deutlich zum Ausdruck. Robertson („A Grammar of the Greek New Testament", S. 860f., 1113) erklärt, daß „die zwei Aorist-Formen auf *eine* bestimmte Gelegenheit verweisen", das Aorist-Partizip *pisteúsantes* drücke dabei „gleichzeitiges Handeln" aus. Diese grammatischen und syntaktischen Beobachtungen unterstützen nicht die Lehre der Pfingstler bezüglich „des zweiten Segens". Siehe Hoekema, „What About Tongue Speaking?", S. 66; M. F. Unger, „New Testament Teaching on Tongues", Grand Rapids, MI, 1972[2], S. 68-73.

[2] Käsemann, „The Disciples of John the Baptist in Ephesus", S. 144. Siehe auch F. W. Norris, „Christians only, but not the only Christians (Acts 19,1-7)" in „Restoration Quarterly" 28/1985-86, S. 97-105.

Auf Grund der Unterweisung durch Paulus waren diese gläubigen Brüder bereit, die einzig richtige und angemessene Taufe vollziehen zu lassen, die Taufe „auf den Namen des Herrn Jesus" (Vers 5).[1] „Die Taufe des Johannes weist auf Christus hin, aber die Taufe im Namen Jesu blickt auf Christi vollbrachtes Werk zurück".[2]

Nach der Taufe legte Paulus ihnen die Hände auf und „der heilige Geist kam auf sie" (Vers 6). Zwischen dem Händeauflegen auf diese zwölf Jünger in Ephesus durch Paulus und dem Händeauflegen auf die Bekehrten in Samarien durch Petrus und Johannes scheint es eine Parallele zu geben (Apostelgeschichte 8,17). Das Händeauflegen war nicht nur ein Symbol für die Taufe mit dem Heiligen Geist,[3] sondern hier war es – wie zuvor für die Gläubigen in Samarien – ein Zeichen dafür, daß auch sie den Missionsauftrag erhalten hatten.[4]

Genauso wie Jerusalem das Zentrum war, von dem aus die Mission voranschreiten sollte (Apostelgeschichte 1,8; 2,1ff.), so wurden die nichtjüdischen Gläubigen in Cäsarea in Judäa (1,8; 10,46f) sowie später auch die Gläubigen zu Samarien (1,8; 8,13ff.) in das Missionswerk einbezogen.

Nun sollte Ephesus durch die Gabe des Heiligen Geistes, der diesen zwölf Jüngern verliehen worden war, zu einer „weiteren entscheidenden Etappe in der Missionsgeschichte" werden.[5] Mit der Ausgießung des Heiligen Geistes schritt die Christenmission von Jerusalem-Judäa-Samarien und darüber hinaus (Ephesus) bis an das

---

1 Dies „den einzigen Bericht von Wiedertaufe, den wir im NT finden" zu nennen (so Bruce, „The Book of The Acts", S. 386), scheint eine zu starke Behauptung zu sein. Die Taufe des Johannes war gewiß eine Taufe durch Untertauchen, aber eine vorgreifende Taufe. Die von Paulus durchgeführte Taufe war nicht die „Wiedertaufe" eines Menschen, der bereits auf den Namen Jesu getauft worden war. Es war die erste christliche Taufe, die die „Jünger" erfahren haben. So kann man also nicht von einer Wiedertaufe in einem uneingeschränkten Sinne sprechen, weil die erste Taufe ihrem Wesen nach nicht mit der Taufe auf Jesus identisch war.

2 Kistemaker, a.a.O., S. 680.

3 White, „Das Wirken der Apostel", S. 283.

4 White, „Frühe Schriften von Ellen G. White", Wegweiser, Wien, 1993, S. 91f.

5 Lampe, „The Seal of the Spirit", S. 76.

Ende der Erde voran, wie es der auferstandene Herr vorausgesagt hatte (Apostelgeschichte 1,8).

In verschiedenen großen Zentren (Jerusalem, Cäsarea und Ephesus) offenbarte sich der Heilige Geist in besonderer Weise. Mit diesem Fortschritt der Weltevangelisation macht die Apostelgeschichte die Beständigkeit deutlich, mit der der Heilige Geist in der Urgemeinde gewirkt hat. F. F. Bruce erwähnt eindrucksvoll, daß Ephesus zum „neuen Mittelpunkt für die Heidenmission" wurde.[1]

Es gibt noch ein weiteres Bindeglied zwischen der Ausgießung des Heiligen Geistes in Ephesus (Apostelgeschichte 19,1-7) und den früheren Offenbarungen des Heiligen Geistes. Als der Heilige Geist zum erstenmal auf nichtjüdische Gläubige (außerhalb Samariens) herabkam, geschah dies in Verbindung mit dem Wirken eines Apostels.[2] Wie Petrus das Werkzeug für das Herabkommen des Heiligen Geistes auf Kornelius, seine Hausgemeinschaft und Freunde gewesen war (Apostelgeschichte 10,44-46), so vermittelte Paulus den zwölf Christen in Ephesus den Heiligen Geist (Apostelgeschichte 19,1ff.).[3]

Diese enge Beziehung zwischen der Ausgießung des Heiligen Geistes und dem Dienst der Apostel wird wie folgt zusammengefaßt: „Die vier in der Apostelgeschichte berichteten Ausgießungen des Heiligen Geistes werden durch die Apostel bestätigt: in Jerusalem durch die Zwölf, in Samarien durch Petrus und Johannes, in Cäsarea durch Petrus und in Ephesus durch Paulus."[4]

Es sollte deutlich gemacht werden, daß der Heilige Geist in [Jerusalem und] Cäsarea ohne Handauflegung verliehen wurde.

---

1 F. F. Bruce, „The Book of The Acts", Eerdmans, Grand Rapids, MI, 1988 (rev. Ausgabe), S. 365.

2 Als die Gläubigen in Samarien den Heiligen Geist empfingen, waren sowohl Petrus als auch Johannes daran beteiligt. Die bekehrten Samariter hatten jedoch als solche manches mit dem jüdischen Glauben gemeinsam, was man vom römischen Hauptmann Kornelius nicht sagen kann: dieser war ein echter Heide, wenn auch ein Gottesfürchtiger.

3 Lukas zeigt seinen Wunsch, Parallelen zwischen dem Dienst des Petrus und des Paulus aufzuzeigen. Bezüglich Petrus vgl. Apostelgeschichte 8,18ff.; 3,2ff.; 5,16; 12,7ff.; 9,36ff., bezüglich Paulus vgl. Apostelgeschichte 13,6ff.; 14,8ff.; 16,18; 16,25ff.; 20,9ff.

4 Kistemaker, a.a.O., S. 681.

Aus der Apostelgeschichte ist ersichtlich, daß der Heilige Geist auch ohne Handauflegung zuteil werden konnte (Apostelgeschichte 2,1ff.; 9,10ff.; 10,46ff.).[1] Es gibt keinen Hinweis darauf, daß alle Gläubigen in Ephesus die Gabe des Heiligen Geistes empfangen hätten, als Paulus seine Hände auf die zwölf Jünger legte.

Es ist daher keine biblische Lehre, daß der Heilige Geist nur durch Handauflegung verliehen werden kann. Im Neuen Testament fehlt auch jegliche Unterstützung für die Behauptung, daß die Zungenrede dem Empfang des Heiligen Geistes [in jedem Falle] folgt.[2]

Zungenrede und Prophetie

Die äußeren Zeichen für den Empfang des Heiligen Geistes in Ephesus waren die gleichen wie in Cäsarea und Jerusalem, d. h. jene, die den Heiligen Geist erhielten, „redeten in Zungen und weissagten“ (Apostelgeschichte 19,6).[3]

Zuerst müssen wir den Worten „redeten in Zungen“ unsere Aufmerksamkeit schenken. Dasselbe griechische Verb für „reden“ wird gebraucht, wie schon früher in der Apostelgeschichte, in Verbindung mit „Zungen“, und zwar in der Imperfektform des griechischen Verbs *laleîn*. Diese Zeitform weist auf die Absicht des Lukas hin, eine fortdauernde oder sich hinziehende Wirksamkeit dieser Gabe zu betonen.[4]

---

1 Siehe Bruce, „The Book of The Acts“, S. 182, Fußnote 35. Namhafte Befürworter vertreten die Ansicht, daß die Auflegung der Hände durch die Apostel notwendig war, um die Gabe des Heiligen Geistes zu empfangen. Diese Ansicht ist richtigerweise kritisiert worden von Lampe, „The Seal of the Spirit“, S. 69ff.

2 A. A. Hoekema, „Holy Spirit Baptism“, Eerdmans, Grand Rapids, MI, 1972, S. 44f.

3 Die „Bibel im heutigen Deutsch“ (Gute Nachricht) übersetzt: „Sie redeten in unbekannten Sprachen und verkündeten Weisungen von Gott.“ Dies ist reine Auslegung ohne irgendeine textliche Unterstützung. Das Wort „unbekannt“ steht in keinem einzigen griechischen Manuskript. Die letzte Redewendung „und verkündeten Weisungen von Gott“ ist eine freie Erweiterung des Ausdrucks „und weissagten“. Diese Bibel ist – wie andere Bibelausgaben – ein typisches Beispiel für eine dynamische Übersetzung, der es nicht um eine Übersetzung Wort für Wort geht, sondern um eine nicht wörtliche Übertragung der Gedanken [wobei die Auffassung des Übersetzers in die Übersetzung einfließen kann].

4 Moule, „An Idiom Book of NT Greek“, S. 8f.

Die Erfahrung der Zungenrede in Ephesus war kein einmaliges Ereignis.[1] Die mit der Gabe ausgerüsteten Menschen besaßen sie für den ständigen Gebrauch. Es war eine bleibende Gabe, so wie wir sie aus Apostelgeschichte 2 und 10 kennen.

Das Wort für „Zungen" ist wieder der Plural des gebräuchlichen griechischen Begriffes *glôssa*, dem wir in Markus 16,17; Apostelgeschichte 2,4.11 und 10,46 begegnet sind.[2] Lukas, der Gefährte des Paulus, berichtete von der Verleihung der Gabe des Zungenredens in Ephesus mit denselben Begriffen, die er zur Beschreibung der ersten Zungen-Erfahrung beim Pfingsterlebnis in Jerusalem und später in Cäsarea benutzte. Ohne Zweifel sollten seine Leser begreifen, daß die Gabe, die den Gläubigen in diesen drei Städten – Jerusalem, Cäsarea und Ephesus – geschenkt wurde, die gleiche war, nämlich das übernatürliche Reden in Fremdsprachen.[3]

Diese Schlußfolgerung gründet sich auf kontextbezogene, historische, sprachliche und phänomenologische Belege. Der Zweck der Gabe war die Befähigung, die Botschaft des Evangeliums in Ephesus und Kleinasien zu verbreiten. Wie bereits erwähnt, bezeichnet F. F. Bruce, der angesehene Kommentator der Apostelgeschichte, Ephesus als das Missionszentrum für die Heiden.[4]

Das zweite äußere Zeichen des Empfangs des Heiligen Geistes war die Fähigkeit „zu weissagen". Dieser neue Aspekt ist aus man-

---

1 Manche Übersetzer versuchen, die andauernde Aktionsart des Imperfekts wiederzugeben, indem sie übersetzen: „und sie begannen in Zungen zu sprechen."

2 Nach Blass-Debrunner-Rehkopf (a.a.O., S. 410, §480,3) liegt hier eine Auslassung des Adjektivs *hetérais* (andere) wie auch in Apostelgeschichte 10,4b vor. Das Adjektiv *hetérais* wird in Apostelgeschichte 10,46 und 19,6 nur schwach von alten Manuskripten unterstützt. Siehe Zahn, a.a.O., S. 361, Fußnote 84.

3 Diese Ansicht wird u. a. unterstützt von Zahn, a.a.O., S. 102; Davies, „Journal of Theological Studies", 3/1952, S. 228ff.; Unger, „NT Teaching on Tongues", S. 79; S. L. Johnson, „The Gift of Tongues and the Book of Acts" in „Bibliotheca Sacra", 10/1963, S. 311.

4 Ellen G. White („Das Wirken der Apostel", S. 282) sagt: „Daraufhin wurden sie [die Johannes-Jünger] auf den Namen Jesu getauft ... empfingen sie auch die Taufe des Heiligen Geistes, der sie befähigte, die Sprachen anderer Völker zu sprechen und zu weissagen. So wurden sie ausgerüstet, als Missionare in Ephesus und Umgebung zu wirken und darüber hinaus in ganz Kleinasien das Evangelium zu verkündigen."

cherlei Gründen von Bedeutung. Apostelgeschichte 19,6 ist die erste Textstelle im Neuen Testament, die die zwei geistlichen Gaben der Zungenrede und der Weissagung in engster Verbindung enthält, und das im Zusammenhang mit einer Gemeinde, in der Paulus umfassend arbeitete. Dadurch wird eine unmittelbare Beziehung zu 1. Korinther 14 ersichtlich, wo Paulus beides – Zungenrede und Weissagung – behandelt.

Es wäre jedoch falsch, zu schlußfolgern, daß Zungenrede und Weissagung nur durch Paulus miteinander verknüpft wären und deshalb Apostelgeschichte 19 und 1. Korinther 14 von anderen neutestamentlichen Stellen zu trennen seien, die von der Zungenrede handeln. Es ist bereits darauf hingewiesen worden, daß es bei der Zungenrede in Apostelgeschichte 10,46 inhaltlich darum ging, „Gott zu preisen".

Dies entspricht der Verkündigung „der großen Taten Gottes" nach Apostelgeschichte 2,11. Genauso wie Apostelgeschichte 10,46 mit dem Wunder der Fremdsprachen in Kapitel 2 zusammenhängt, so entspricht die Erfahrung des „Weissagens" *(eprophéteuon)*[1] in Apostelgeschichte 19,6 der zweifachen Erwähnung der „Weissagung" in Apostelgeschichte 2,17.18.

Nachdem wir den Zusammenhang zwischen dem Weissagen und der Verkündigung der großen Taten Gottes in anderen Kapiteln der Apostelgeschichte aufgezeigt haben, müssen wir dem Gedanken nachgehen, was mit „weissagen" ausgedrückt werden soll. Die enge Beziehung zwischen Zungenrede und Weissagung in Apostelgeschichte 19,6 könnte zu der Annahme verleiten, beides sei dasselbe.[2] Doch diese Auffassung ist – obwohl von verschiedenen vertreten – kaum glaubhaft. In 1. Korinther 12,28-30 und 14,1-5 unterscheidet Paulus deutlich zwischen beidem. Es gibt keinen Grund für die Vermutung, diese zwei Phänomene seien tatsächlich ein und diesselbe Gabe.[3]

---

[1] Dies ist eine Imperfektform des griechischen Verbes, die zeigt, daß diese Gabe auch von beständiger Natur war.

[2] So A. Loisy, a.a.O., S. 723.

[3] Mit Wayne A. Grudem, „The Gift of Prophecy in 1 Corinthians", University of America Press, Washington, DC, 1982, S. 174.

Lukas verweist auf zwei Gaben des Heiligen Geistes, nämlich Zungenrede und Weissagung. Beide erscheinen in den neutestamentlichen Listen der geistlichen Gaben getrennt. Sie sollten nicht einander gleichgesetzt und zu einer einzigen Gabe vereint werden.

Daß Weissagen auf prophetische Ekstase hinweist, ist eine andere Hypothese, die kurz erwähnt werden muß. Es gibt im Neuen Testament keinen erkennbaren, vernünftigen Beweis dafür, daß „weissagen" mit einer ekstatischen Erfahrung verbunden sei. Stellen wie 1. Korinther 12-14 und 2. Petrus 1,21 machen deutlich, daß christliche Weissagung nicht ekstatisch ist. Das Zungenreden in der Apostelgeschichte ist ebenfalls nicht-ekstatisch.[1]

Die Tätigkeit des „Weissagens" mag dahingehend verstanden werden, daß Gott durch den Heiligen Geist diesen Gläubigen die Fähigkeit gab, eine Offenbarung vom Heiligen Geist zu empfangen, damit sie die Gute Nachricht vollmächtig verkündigen konnten. Die Apostelgeschichte beweist, daß alle „Christen, die mit dem Heiligen Geist erfüllt wurden, Jesus Christus in verständlicher Form bezeugten".[2]

Folgt der Geistestaufe die Glossolalie?

Nachdem wir alle Textstellen über die Zungenrede in der Apostelgeschichte betrachtet haben, sind wir nun in der Lage, eine Frage zu stellen: Hat die Taufe des Heiligen Geistes Glossolalie zur Folge? Das ist es nämlich, was vieler Pfingstler, Neu-Pfingstler und Charismatiker heute behaupten.

Wir können dazu folgende Punkte festhalten:

1. Wie wir gesehen haben, kennt die Apostelgeschichte keine Glossolalie, wie sie heute praktiziert wird, nämlich als unverständliches Reden.

2. Die Taufe in Ephesus ist eine Taufe auf den Namen Jesu und nicht auf den Heiligen Geist. Nach der Taufe legte Paulus seine Hände auf die neugetauften Gläubigen, und sie empfingen den

[1] Terrance Callan, „Prophecy and Ecstasy in Greco-Roman Religion and 1 Corinthians" in „Novum Testamentum" 27/1985, S. 125-140; siehe auch Robert H. Gundry, a.a.O.; Grudem, a.a.O., S. 174-176.

[2] Kistemaker, a.a.O., S. 682

Heiligen Geist. Als Folge davon redeten sie in Zungen und weissagten.

Es ist daher nicht richtig zu sagen, daß der Geistestaufe nur die Zungenrede folgt. Korrekt wäre es zu sagen, daß der Geistestaufe beides folgt, die Zungenrede und das Weissagen. Warum sollte heute der Geistestaufe nur *eine* Gabe folgen? Andererseits verweist nichts in Apostelgeschichte 19 auf das, was man Geistestaufe nennen könnte. Die Gabe des Heiligen Geistes ist das Zeichen wahrer Bekehrung. Die Taufe geschieht durch Wasser.

3. Die Apostelgeschichte berichtet, daß bei verschiedenen Gelegenheiten eine große Anzahl von Menschen getauft wurden, ohne in Zungen zu reden. Wir denken dabei an die 3000 zu Pfingsten (2,41), an den äthiopischen Eunuchen (8,38.39), an Paulus selbst in Damaskus (9,18), an Lydia und ihre Hausgemeinschaft (16,15) und an den Kerkermeister zu Philippi mit den Seinen (16,33).

4. Es gab Menschen, die mit dem Heiligen Geist erfüllt waren, von denen aber nicht berichtet wird, daß sie in Zungen gesprochen hätten: Petrus und Stephanus vor dem Hohen Rat (4,8) und Paulus, als er dem Zauberer Elymas entgegentrat (13,9).

Schlußfolgerungen

Kurz zusammengefaßt, weist die Geistesgabe der Zungenrede in Apostelgeschichte 19,1-7 folgende Kennzeichen auf:

1. Die Gabe der Zungenrede trat in Ephesus, der bedeutendsten Stadt Kleinasiens, auf, so wie sie zuvor in Jerusalem und Cäsarea erschienen war. Jede dieser Städte war ein evangelistisches und missionarisches Zentrum.

2. Die Gabe der Zungenrede war ein hörbares äußeres Zeichen für den Empfang des Heiligen Geistes.

3. Die Gabe der Zungenrede kam durch den Apostel Paulus in gleicher Weise wie bei dem vorherigen Wirken des Heiligen Geistes durch Petrus und Johannes (Apostelgeschichte 8,14ff.; 10,45f.). Das verbindet die drei Leiter der ersten Gemeinde miteinander.

4. Die Gabe der Zungenrede war die übernatürliche Gabe, durch die getaufte Gläubige befähigt wurden, in Fremdsprachen zu reden.

5. Die geistliche Gabe, in Fremdsprachen zu reden, war nicht einmalig, sondern dauerhaft.

6. Die Gabe der Zungenrede wurde nicht jedem Gläubigen verliehen. In Ephesus gab es andere Gläubige, die diese Gabe nicht hatten.

7. Der Zweck dieser geistlichen Gabe bestand darin, die Empfänger zu befähigen, die Städte – einschließlich des Hinterlands – zu evangelisieren.

8. Die Gabe der Zungenrede und die Gabe der Weissagung erschienen in einem engen Zusammenhang – wie in Apostelgeschichte 2 und 1. Korinther 14.

Diese Merkmale zeigen die Vereinigung von Ideen, Auffassungen und Motiven, die die verschiedenen Textabschnitte über das Auftreten der Zungenrede in der Apostelgeschichte zu einer untrennbaren Kette miteinander verbinden.

Kapitel 7

Die Zungenrede in 1. Korinther 12-14

Wir haben bisher folgenden neutestamentlichen Stellen unsere Aufmerksamkeit gewidmet: Markus 16,17; Apostelgeschichte 2,1-14; 10 und 11; 19,1-6. Aber es gibt noch einen weiteren Abschnitt, in dessen Mittelpunkt die Zungenrede steht: 1. Korinther 12-14. Diese Kapitel erfordern ein sehr sorgfältiges Studium. Außerdem ist ihre Bedeutung am stärksten umstritten.

Allgemein behaupten Pfingstler und charismatische Christen, 1. Korinther 14 sei der Schlüssel zum Verständnis der heutigen Glossolalie. Gewöhnlich halten sie das, was Paulus in 1. Korinther 12-14 beschreibt, für eine Form ekstatischer Rede, die vom Heiligen Geist bewirkt werde. Sie ist sowohl für den Sprecher als auch für die Hörer unverständlich. Aus diesem Grunde bedarf es eines Auslegers. Ist kein Ausleger da, so ihre Meinung, dann soll man nach 1. Korinther 14 die Glossolalie als eine Form privat zu praktizierenden Gebets betrachten, das von Gott verstanden wird.

Klassische Pfingstler meinen, die Zungenrede von 1. Korinther 14 sei tatsächlich eine selten gebrauchte menschliche Sprache, die irgendwo auf der Welt gesprochen wird. Aber heute halten immer mehr Pfingstler und Charismatiker aufgrund der Studien, die Sprachwissenschaftler und andere Gelehrte[1] über die moderne Glossolalie betrieben haben, das biblische Phänomen für eine Spra-

[1] Weitere Einzelheiten über diese modernen Untersuchungen in Kapitel 1.

che der Engel. Zur Unterstützung dieser Ansicht verweisen sie vor allem auf 1. Korinther 13,1.

Es gibt eine zweite Hauptauslegung der biblischen Aussagen über das Reden in Zungen. Moderne, liberale Gelehrte der historisch-kritischen Schule werten 1. Korinther 14 als neutestamentlichen Beweis für eine unverständliche, ekstastische Rede, also für eine Art Folge von rhythmischen Lauten, angeblich in der Antike als Glossolalie bekannt.[1]

Diese Auslegung wird gewöhnlich in Verbindung mit vergleichenden religionswissenschaftlichen Studien vertreten. Dabei dient vergleichendes Material über antike heidnische Religionen als Hintergrund für die Auslegung des biblischen Phänomens des Zungenredens.[2]

Das bedeutet: Die historisch-kritischen Gelehrten legen die Bibel nicht mit der Bibel aus. Biblische Ereignisse – in diesem Fall das Zungenreden – deuten sie vielmehr auf der Grundlage rekonstruierter Zusammenhänge der gesellschaftlich-kulturellen Phänomene der antiken Welt zur Zeit der Bibel.[3]

Es gibt noch eine dritte Ansicht, die von der überwiegenden Mehrheit christlicher Ausleger unterstützt wird – von den frühen Kirchenvätern über die Reformation, einschließlich Johannes Calvins und anderer Reformatoren, bis zum Anfang des zwanzigsten Jahrhunderts. Zu dieser Ansicht bekennen sich ebenso qualifizierte Ausleger unserer Tage. Der Unterschied besteht darin, daß sie an

[1] Repräsentative Bibliographien sind in folgenden Dissertationen enthalten: N. I. J. Engelsen, „Glossolalia and Other Forms of Inspired Speech According to 1 Cor. 12-14“ (unveröffentlichte Ph. D. Dissertation), Yale University, 1970; William E. Richardson, „Liturgical Order and Glossolalia: 1 Corinthians 14,26c-33a and Its Implications“ (unveröffentlichte Ph. D. Dissertation), Andrews University, 1983.

[2] Siehe P. C. Miller, „In Praise of Nonsense“ in „Classical Mediterranean Spirituality“, A. H. Armstrong (Hg.), London, 1986; A. C. Thiselton, „The ‚Interpretation‘ of Tongues: A New Suggestion in the Light of Greek Usage in Philo and Josephus“ in „Journal of Theological Study“ 30/1979, S. 15-36.

[3] Ein gründliches Studium dazu findet sich im folgenden Werk einer ehemaligen, bedeutenden Gelehrten der historisch-kritischen Schule: Eta Linnemann, „Wissenschaft oder Meinung? Anfragen und Alternativen“, Hänssler Verlag, Stuttgart-Neuhausen, 1986.

der hohen Wertschätzung der Bibel und dem Grundsatz festhalten, daß die Bibel durch die Bibel ausgelegt werden muß.

Diese Ausleger verstehen 1. Korinther 12-14 mit der Betonung der Zungenrede als Hinweis auf die echte geistliche Gabe, die darin besteht, existierende, zuvor nicht erlernte Fremdsprachen sprechen zu können.[1] Sie sehen in 1. Korinther 14 eine Beschreibung des Mißbrauchs einer echten geistlichen Gabe, die eigennützig nur zur persönlichen Erbauung praktiziert wurde. Sie können nicht erkennen, daß Paulus eine heidnische Praxis in der Gemeinde Korinth gutheißt, sondern daß er Anweisungen darüber gibt, wie eine echte geistliche Gabe richtig zum Aufbau der Gemeinde als Leib Christi gebraucht werden soll.

Offensichtlich haben während der Gemeindeversammlungen in Korinth verschiedene Christen ihre übernatürliche Gabe, in fremden Sprachen zu reden, gleichzeitig gebraucht. Dies taten sie ohne Rücksicht auf die Gottesdienstordnung oder den Zweck, für den diese Gabe gegeben worden war, nämlich die Gute Nachricht in erster Linie Nichtgläubigen zu verkündigen.

Das gleichzeitige Sprechen verschiedener Sprachen von verschiedenen Christen hinterließ bei Nichtgläubigen, die in die Versammlung kamen, den Eindruck, die Zungenredner seien verrückt oder wahnsinnig. Bei seinem Versuch, diesen Mißbrauch zu korrigieren, betont Paulus, daß jede Gabe zum Aufbau der Gemeinde dient und nicht zum Eigennutz. So legt er Regeln für einen ordentlichen Gottesdienstablauf fest und fordert den Zungenredner auf, in der Gemeinde zu schweigen, wenn kein Übersetzer anwesend ist, der diese Sprache zum Nutzen derer übersetzen kann, die sie nicht verstehen. In diesem Fall möge er sozusagen zu sich selbst und zu Gott zu sprechen.

Die Meinungen zu diesen Hauptansichten gehen unter den Gelehrten und Lesern des Neuen Testamentes weit auseinander. Darum müssen wir sehr sorgfältig beachten, was Paulus tatsächlich geschrieben hat. Weil Paulus niemals genau erklärte, was mit der

---

[1] Eine repräsentative Liste von Gelehrten, die diese Ansicht vertreten, ist in der letzten Fußnote dieses Kapitels (S. 171f.) enthalten.

Zungenrede in 1. Korinther 12-14 gemeint ist, muß sich der Leser dem Studium dieses wichtigen Abschnittes mit Vorsicht und Offenheit widmen.

Eine gesunde Auslegung wird darauf achten, 1. Korinther 14 nicht von den Kapiteln 12 und 13 in demselben Brief und von dem Phänomen der Zungenrede im übrigen Teil des Neuen Testamentes zu isolieren. Sorgfältige Aufmerksamkeit muß auch den angeblichen Parallelen in den heidnischen Religionen der hellenistischen Welt geschenkt werden, auf die die modernen Gelehrten häufig verweisen; denn diese sind weithin herangezogen worden, um das Zungenreden in 1. Korinther 12-14 auszulegen.

Der geschichtliche Hintergrund

Bevor wir uns intensiv mit den Kapiteln 12 bis 14 im 1. Korintherbrief befassen, brauchen wir zur Orientierung Hintergrundinformationen über Korinth im allgemeinen und über die dortige christliche Gemeinde im besonderen.

Es ist bemerkenswert, daß die Zungenrede erneut in einer bedeutenden Hauptstadt aufgetreten ist. Korinth gehörte zu Europa und zählte zu den berühmten griechischen Städten der Antike. Es war die Hauptstadt der römischen Provinz Achaja. So ist Korinth – nach Ephesus, Cäsarea und Jerusalem – die vierte Hauptstadt, in der uns die Zungenrede in neutestamentlicher Zeit begegnet.

Die Stadt beherrschte die Handelsroute zwischen Nordgriechenland und der Peloponnes. Durch die Häfen von Lechaeum im Westen und Cenchreae im Osten wurde es zu einem Handelszentrum des Mittelmeers. Der Seehandel brachte großen Wohlstand und Luxus. Korinth wurde sprichwörtlich für sexuelle Freizügigkeit. Einige Jahrhunderte vor der Zeit des Paulus hatte man in den Tempel der Aphrodite 1000 weibliche Sklavinnen aufgenommen, die dem ausschweifenden Götzenkult geweiht waren.[1]

Korinth wurde 46 v. Chr. von Julius Cäsar erneut als römische Kolonie gegründet. Die Einwohner waren daher Römer, wahr-

[1] Strabo, „Geography“, VIII, vi, 20.

scheinlich Freigelassene aus Italien, doch die Bevölkerung wuchs durch Griechen und Levantiner, zu denen auch Juden gehörten.

Diese Bevölkerungsvielfalt spiegelte sich im religiösen Leben wider. In Korinth gab es viele Heiligtümer, fremden Göttern wie Isis und Serapis geweiht.[1] Besonders berühmt war auch der Tempel des Apollo. Ich habe Korinth bei mehreren Gelegenheiten besucht und diese Tempelruinen gesehen – ein eindrucksvoller Anblick!

Paulus kam auf seiner zweiten Missionsreise nach Korinth, wo er 18 Monate verbrachte (ca. 51-52 n. Chr.). Während dieser Zeit gründete er eine Gemeinde (Apostelgeschichte 18,1-18). Später arbeitete auch Apollos mit beachtlichem Erfolg in Korinth (Kap. 18,24.27.28; 19,1; 1. Korinther 3,4).

Nach der Abreise des Paulus tauchten in der Gemeinde Probleme lehrmäßiger und ethischer Art auf. Während seines Dienstes in Ephesus (ca. 54-57 n. Chr.) erhielt Paulus durch die „Leute der Chloe" (1. Korinther 1,11) Nachrichten über das Ausbreiten eines Parteigeistes in der Gemeinde. Die Korinther wandten sich außerdem mit bestimmten Fragen an Paulus, die ihm in schriftlicher Form mitgeteilt wurden (1. Korinther 7,1).

Paulus beantwortete diese Fragen der Reihe nach.[2] Die in diesen Abschnitten behandelten Angelegenheiten befassen sich mit Ehe und Scheidung (7,1-40), Götzenopferfleisch (8,1-13), geistlichen Gaben (12,1-14,40, der Gabensammlung für Jerusalem (16,1-4) und dem Dienst des Apollos (16,12). Der erste Brief des Paulus an die Korinther wurde wahrscheinlich im Frühjahr des Jahres 57 n. Chr. geschrieben.[3] Paulus beantwortete in 1. Korinther 7-16 wahrschein-

---

[1] H. S. Robinson, „Excavations at Ancient Corinth, 1959-1963" in „Klio", 46/1965, S. 289ff.

[2] Im Grundtext jeweils mit den Worten „Was aber ... betrifft ..." eingeleitet (Griech. 1. Kor. 7,1.25; 8,1; 12,1; 16,1 und 16,12). H. Conzelmann, a.a.O., S. 139; F. F. Bruce, „1 and 2 Corinthians", New Century Bible, London, 1971, S. 66.

[3] Dies ist das von den meisten anerkannte Datum, so u. a. von S. Horn, „Seventh-day Adventist Bible Dictionary", S. 224; D. Guthrie, „The Pauline Epistles. New Testament Introduction", London, 1963². Frühere Datierungen haben vorgeschlagen: C. K. Barrett, „The First Epistle to the Corinthians", New York, 1968, S. 8: „in den ersten Monaten des Jahres 54, oder möglicherweise sogar im Jahr 53";

lich noch andere Fragen, obwohl er die Antworten nicht mit den gleichen Worten einleitet.[1]

Überblick zu 1. Korinther 12-14

Zur Erinnerung für ein besseres Verständnis des Themas Zungenrede im 1. Korintherbrief: In der Gemeinde zu Korinth war ein Problem entstanden, das die geistlichen Gaben im allgemeinen betraf (Kap. 14). Paulus reagierte auf dieses Problem.

Wenn Paulus also die verschiedenen Gaben des Heiligen Geistes wertet (12,31), so geschieht dies innerhalb seiner Antwort auf die in Korinth vorliegende Problematik. Obwohl wir den genauen Wortlaut der Fragen nicht kennen, die Paulus gestellt wurden, so ging es höchstwahrscheinlich um den Rang der geistlichen Gaben (12,28), speziell um die Beziehung zwischen Weissagung und Zungenrede (14,1-40).

1. Korinther 12

Die Einleitung zu 1. Korinther 12-14, in der das Thema „geistliche Gaben" eingeführt wird (12,1)[2], erreicht ihren Höhepunkt in Vers 3, wo erklärt wird, was ein Mensch alles sagen kann, der „durch den Geist Gottes redet". Unmittelbar darauf spricht Paulus über die Quelle und den Inhalt dieses „Redens". Die Quelle ist der Heilige Geist. Obwohl die Zungenrede nicht direkt in der typischen Ausdrucksweise erwähnt wird, kann kaum daran gezweifelt werden, daß er sie im Sinne hatte.

Wenn Paulus über den heidnischen religiösen Hintergrund der Gläubigen in Korinth spricht, nämlich über den Götzendienst der

---

Conzelmann, a.a.O., S. 16, Fußnote 31: Frühjahr 55; Bruce, „1 and 2 Corinthians", S. 25: „wahrscheinlich 55 n. Chr."

1 So Bruce, „1 and 2 Corinthians", S. 66.

2 David L. Baker, „The Interpretation of 1 Corinthians 12-14" in „Evangelical Quarterly" 46/1974, S. 228, schreibt:: „*tòn pneumatikón* in 12,1 wird manchmal benutzt, um auf ‚geistliche Menschen' hinzuweisen, aber öfters bezieht es sich auf ‚geistliche Gaben' und, obgleich beide Übersetzungen möglich sind, begünstigt der Gebrauch in 14,1 und der Parallelismus zu *charismata* (bes. 12,31) letzteres ..."

heidnischen Religionen, benutzt er die Worte, „... zog es euch mit Macht zu den stummen Götzen“ (Vers 2).

Es gibt Meinungsverschiedenheiten darüber, was diese Worte bedeuten. Einige meinen, es handele sich um einen Hinweis auf die Anziehungskraft der Götzen, unter deren Herrschaft die korinthischen Gläubigen vor der Bekehrung wie deren Sklaven gelebt hatten.[1]

Andere Ausleger wollen hier einen Hinweis auf Ekstase oder Gefühlsüberschwang erkennen, die gewöhnlich verschiedenen heidnischen Kulten zugeschrieben werden.[2] Wie bereits früher aufgezeigt, ist heute bekannt, daß in den Religionen der Antike keine Glossolalie vorkam.[3] (Wir gehen später noch im Detail darauf ein.) Aus diesem Grund kann Paulus schlecht darauf Bezug genommen haben.

Noch einmal: Es gibt keinen Beweis für irgendein heidnisches, ekstatisches Phänomen, das mit der modernen Glossolalie in nichtchristlichen (und christlichen) Religionen vergleichbar wäre. Paulus unterscheidet sorgfältig zwischen der vom Heiligen Geist verliehenen Gabe und anderen Phänomenen, die in heidnischen Religionen auftreten.

In 1. Korinther 12,4-7 fährt Paulus fort, von der dreieinigen Quelle aller geistlichen Gaben zu sprechen: Geist – Herr – Gott. Hier formuliert Paulus ein erstes allgemeines Prinzip: Alle geistlichen Gaben müssen von dieser dreieinigen Quelle stammen, sonst ist für sie in der korinthischen Glaubensgemeinschaft kein Platz.

Zweck der geistlichen Gaben in der Gemeinde ist der „Nutzen aller“ (12,7). Keine Gabe ist für den privaten Gebrauch gedacht, sondern alle Gaben sind dazu bestimmt, der Glaubensgemeinschaft „zum Guten“ zu dienen (vgl. 1. Korinther 6,12; 10,23). Paulus kommt in Kap. 14 auf diese Betonung zurück,[4] wo er wiederholt und nachdrücklich hervorhebt, daß alle geistlichen Gaben der Erbauung der Gemeinde dienen müssen und nicht der Selbsterbauung.

---

1 K. Maly, „Mündige Gemeinde“, Katholisches Bibelwerk, Stuttgart, 1967, S. 186.

2 Siehe Walter F. Otto, „Dionysius“, Leipzig, 1939². Christian Wolff, „Der erste Brief des Paulus an die Korinther“ in „Theologischer Handkommentar zum Neuen Testament“ 7/II, Evangelische Verlagsanstalt, Berlin, 1982), S. 98f.

3 Siehe Kapitel 2.

4 Conzelmann, a.a.O., S. 246, stellt richtig heraus, daß Paulus in Vers 7 die Worte „zum Nutzen aller“ betont.

In Kap. 12,8-11 nennt Paulus neun Möglichkeiten, wie sich der Heilige Geist durch seine Gaben offenbart. Der Grundgedanke ist: Es gibt viele Gaben *(charismata)* des *einen* Heiligen Geistes. Die beiden letzten geistlichen Gaben sind „mancherlei Zungenrede" und die Gabe, „sie [die Zungen] auszulegen". Erwähnt Paulus diese zwei Gaben an letzter Stelle, weil die Zungenrede bei den Korinthern die meistgeschätzte Gabe war, oder weil sie die geringste geistliche Gabe ist?

Nachdem Paulus trotz der Vielfalt der Ämter und Dienste beim Thema Einheit des Leibes Christi verweilt (Verse 12-31), stellt er acht verschiedene Arten von Gemeindegliedern in den Mittelpunkt seiner Beweisführungen. Jedem von ihnen wurde eine besondere geistliche Gabe verliehen. Dabei fällt auf, daß die Zungenrede (Vers 28) und die Zungenauslegung (Vers 30)[1] wieder den Schluß bilden.

Paulus beendet diesen Teilabschnitt mit der Ermahnung, daß die Gläubigen nach den „größeren Gaben" streben sollen (Vers 31). Das sind die Gaben, die ganz oben auf der Liste stehen, was durch „erstens", „zweitens" und „drittens" zusätzlich betont wird (Vers 28). Diese Hervorhebung ist deutlich. Paulus versucht den Gläubigen in Korinth zu zeigen: Das, was ihnen am wichtigsten erscheint, nämlich die Zungenrede, steht in Wirklichkeit nicht an erster Stelle.

Mit seinen sieben Fragen (Verse 29-30) will Paulus den Korinthern das Prinzip der Verschiedenartigkeit der geistlichen Gaben der Gemeindeglieder sowie der Einheit der Quelle einprägen. Außerdem widerlegt er schon im Keim die Behauptung, alle geisterfüllten Menschen müßten in Zungen reden können.

Es ist erwähnenswert, daß in den vier Aufzählungen der geistlichen Gaben im Neuen Testament die Gabe der Zungenrede nur zweimal genannt wird (1. Korinther 12,10; 12,28.30), und zwar immer als letzte. Im Gegensatz dazu erscheint als *einzige* geistliche Gabe in allen vier Aufzählungen die „prophetische Rede"[2]. Einmal steht „prophetische Rede" an erster Stelle (Römer 12,6), zweimal an

[1] „Zungen"-Ausleger werden in der Liste nicht ausdrücklich genannt, aber in 12,30 erwähnt.

[2] Römer 12,6; 1. Korinther 12,10; 12,28.29; Epheser 4,11. [Im Grundtext steht *propheteia*, d. h. Prophetie/Weissagung.]

zweiter Stelle (1. Korinther 12,28.29; Epheser 4,11) und einmal in der Mitte der Aufzählung (1. Korinther 12,10).

Der erste Platz für die Gabe der Prophetie und der letzte Platz für die Gabe der Zungenrede und deren Auslegung – das kann wohl kaum bloßer Zufall sein. Zweifelsohne gehörte es zum wohlüberlegten Plan des Paulus, der Gabe der Zungenrede ihren angemessenen Platz in der Reihenfolge der geistlichen Gaben, die dem Aufbau der Gemeinde dienen sollen, zuzuweisen.

1. Korinther 13

In 1. Korinther 13 zeigt Paulus einen „noch besseren Weg". Es ist der Weg der „Liebe", und zwar der *agape*-Liebe. Das ist die höchste Liebe, es ist Liebe, die der Vater bewies, als er seinen einzigen Sohn gab (Johannes 3,16).

Im ersten Teil von 1. Korinther 13 wird die Überlegenheit (Verse 1-3), im mittleren die Notwendigkeit (Verse 4-7) und im letzten Teil die ewige Dauer dieser Liebe (Verse 8-13) hervorgehoben. Im Zusammenhang mit den Gaben des Heiligen Geistes, die unterschiedlich zugeteilt werden, weist Paulus darauf hin, daß die Liebe „die Frucht des Geistes" ist (Galater 5,22-23). Der fleißigste Einsatz jeder anderen geistlichen Gabe vermag die Liebe nicht zu ersetzen.

Es ist der Heilige Geist, der die Frucht der Liebe schenkt (Römer 5,5). Sie ist sogar noch größer Prophetie oder Zungenrede (1. Korinther 13,1). Beides wird eines Tages aufhören, die Liebe jedoch wird niemals enden (Vers 8).

1. Korinther 14

Paulus faßt die Aufforderung zu lieben in 1. Korinther 14,1 mit den Worten zusammen: „Strebt nach der Liebe!"

Die restlichen Verse dieses Kapitels befassen sich mit den Geistesgaben der Weissagung und der Zungenrede und drücken die Hoffnung aus, daß die Gläubigen sich ernsthaft um die Gaben des Geistes bemühen (14,1). Paulus setzt die Gabe der Prophetie absichtlich über die Gabe der Zungenrede.

1. Korinther 14 kann in zwei Hauptabschnitte unterteilt werden. Der erste Abschnitt behandelt das Thema Weissagung und Zungenrede (Verse 1-25), der zweite wendet sich dem Thema einer angemessenen Ordnung im Gottesdienst zu (Verse 26-40).

Dieses Kapitel enthält die gründlichste Belehrung des Apostels über die Zungenrede. Unsere Aufmerksamkeit gilt nun dem Studium dieses Themas in 1. Korinther 14. Aufgrund der eben vorgenommenen Berücksichtigung des Textzusammenhangs können wir jetzt besser prüfen, was Paulus in diesem umstrittenen Kapitel über die Zungenrede sagt. Nichts deutet in 1. Korinther 12-14 darauf hin, daß das Phänomen der Zungenrede in Korinth eine satanische Fälschung ist. Paulus zählt die Zungenrede zu den geistlichen Gaben, deren Quelle der Geist Gottes ist. Übrigens nimmt er in 1. Korinther 12-14 dreiundzwanzigmal Bezug auf die „Zungenrede“ bzw. auf das „Reden in Zungen“.[1]

Die Zungenrede-Terminologie in modernen Bibelübersetzungen

Wenn man heutige Bibelübersetzungen mit dem Wortlaut im Gruntext vergleicht, wird deutlich, wie komplex das Thema Zungenrede in 1. Korinther 14 ist. Immer wieder kommt es vor, daß Übersetzer Worte in die Übersetzung einfügen, die im Originaltext nicht vorhanden sind. Oder sie benutzen unterschiedliche Worte für ein und denselben griechischen Begriff im Grundtext. Es gibt noch weitere Variationen. Ihnen wollen wir uns jetzt widmen.

Für das Adjektiv „unbekannt“, das z. B. in der „Guten Nachricht“ oder in der Übersetzung „Hoffnung für alle“ steht (1. Korinther 14,2.4), gibt es im griechischen Grundtext keinen Beleg. Es ist vom Übersetzer hinzufügt worden. Andere Übersetzungen lassen dieses Adjektiv richtigerweise aus.[2]

---

[1] 1. Korinther 12,10a.b.28.30; 13,1.8; 14,2.4.5a.b.6.9.13.14.18.19.23.26.27.39.

[2] So z. B. die Luther-Übersetzung und die Elberfelder Bibel. Die „New English Bibel“ (NEB) gibt das griechische Wort „Zunge(n)“ mit „ekstatischer Äußerung/Rede/Sprache“ (1. Korinther 12,10.28; 14,6.9.13.19.26.27.39.) oder „in Eksta-

Diese und ähnliche Einfügungen stellen das Thema Zungenrede in ein Licht, das Paulus vielleicht beabsichtigt hat – oder auch nicht – und das von der jeweiligen Interpretation der modernen Gelehrten abhängt. Diese Einfügungen werden vom griechischen Originaltext nicht unterstützt und müssen daher als Interpretation des Übersetzers betrachtet werden.

Die 1986 revidierte Elberfelder Bibel – die den Ruf hat, die exakteste deutsche Übersetzung zu sein, und die dafür bekannt ist, daß sie den Originaltext am genauesten wiedergibt –, benutzt in 1. Korinther 12-14 immer dort das Wort „Sprache“, wo im Griechischen der Ausdruck *glôssa* steht. Mit anderen Worten: Diese Übersetzung sieht die Gabe der Zungen in 1. Korinther 12-14 als reale Sprache an.[1]

---

se reden/sprechen“ (1. Korinther 12,30; 13,8; 14,2.4.5a.b.23.) wider. Für die Worte „ekstatisch“ oder „Ekstase“ gibt es gleichfalls keine textliche Unterstützung (Robert H. Gundry, a.a.O.). Diese Worte sind eine zweifelhafte Interpretation für das Wort „Zunge(n)“.

Die englischsprachige Ausgabe der „Jerusalemer Bibel“ bietet eine andere Variante. Immer, wenn im Griechischen „Zunge(n)“ steht, übersetzt sie: „die Gabe von Zungen“. Die Worte „die Gabe von“ sind hinzugesetzt worden und der Unterschied zwischen der Benutzung des Wortes „Zunge“ im Singular und „Zungen“ im Plural bleibt in dieser Übersetzung unbeachtet. [Die deutschsprachige Ausgabe der „Jerusalemer Bibel“ benutzt den Begriff „Zungenrede“.]

1 Die „New International Version“ (NIV) verwendet in 1. Korinther 14 durchweg das Wort „Zunge(n)“, liefert aber die Randbemerkung „andere Sprache“ für die Verse 2.4.13.14.19.26.27, und „andere Sprachen“ für die Verse 5.6.18.22.23.39. Diese unterschiedliche Lesart von „Sprache(n)“ „unterstreicht das Verständnis der Zungenrede als ein Reden in berechenbarer, menschlicher Sprache, statt einer unsinnigen, ekstatischen Redeweise“. (C. M. Robeck, Jr., „Tongues, Gift of“ in „The International Standard Bible Encyclopedia“, G. W. Bromiley [Hg.], Eerdmans, Grand Rapids, MI, 1988, Bd. 4, S. 872)

Die „New Revised Standard Version“ (NRSV) gebraucht das Hauptwort „Sprache(n)“ in jedem einzelnen Fall in Apostelgeschichte 2, wo im Grundtext *glôssa*, „Zunge(n)“, steht. In 1. Korinther 14 jedoch gebraucht die NRSV das Wort „Zunge(n)“ überall dort, wo derselbe griechische Ausdruck erscheint. Dem Leser aber, der nicht mit der Materie vertraut ist, wird der Eindruck vermittelt, daß im Griechischen in den beiden Abschnitten Apostelgeschichte 2 und 1. Korinther 14 zwei verschiedene Begriffe gebraucht werden. Diese Übersetzung hinterläßt den Eindruck, daß Apostelgeschichte 2 und 1. Korinther 14 von zwei verschiedenen Gaben sprechen, die keine Beziehung zueinander haben.

Dieses Einfügen von Wörtern, die im Originaltext nicht zu finden sind, sowie das Ersetzen des Begriffes „Zunge(n)" durch andere Wörter bei modernen Übersetzungen, zeigt deutlich, daß 1. Korinther 14 ein problematisches Kapitel ist. Deshalb ist es keine tragfähige Vorgehensweise, das Phänomen des Zungenredens im Neuen Testament von den als schwierig anerkannten Textstellen in 1. Korinther 12-14 oder gar allein von 1. Korinther 14 aus verstehen zu wollen, nur weil dies das längste Kapitel zu diesem Thema ist. Dieser Teil der Heiligen Schrift ist nicht geeignet, als alleiniger Schlüssel für das neutestamentliche Thema des Zungenredens zu dienen.

Diese Übersicht über die Abweichungen innerhalb der verschiedenen Übersetzungen gibt auch einen Einblick in den Unterschied zwischen der „Wort für Wort"-Übersetzungsmethode und der „dynamischen" Übersetzungsmethode, bei der es um eine Übertragung des Gedankens geht und die dem Übersetzer viel Freiheit läßt.[1] Bei dieser zweiten Methode wird die Übersetzung mehr zu einer umfassenden Auslegung oder gar zu einem Mini-Kommentar. Wir tun deshalb gut daran, die Sprache von 1. Korinther 12-14 im griechischen Grundtext zu prüfen.

Die Zungenrede-Terminologie

Unterscheidet sich die Sprache, die Paulus benutzt, wenn er das Phänomen der Zungenrede beschreibt, von anderen Abschnitten des Neuen Testamentes über dasselbe Thema? Sind die Begriffe, die Paulus für die Zungenrede benutzt, identisch mit denen, die das religiöse, ektastische Reden in den umgebenden griechisch-heidnischen Religionen beschreiben? Schildert Paulus in 1. Korinther 12-14 ein Phänomen, daß die Christen in Korinth von ihren heidnischen Nachbarn angenommen haben?

Das sind Fragen, die sich nachdenkliche Leser bei der Beschäftigung mit diesen Kapiteln des 1. Korintherbriefes stellen. Es ist deshalb nötig, daß wir die Begriffe beachten, die Paulus benutzt, wenn

[1] Siehe E. A. Nida and C. R. Tabor, „The Theory and Practice of Translation", E. J. Brill, Leiden, 1969; Gerhard F. Hasel, „Understanding the Living Word of God", Pacific Press, Mountain View, CA, 1980, S. 100-105

er auf das Reden in Zungen verweist. Es ist auch wichtig, diese Begriffe mit denen zu vergleichen, die ansonsten im Neuen Testament vorkommen, sowie auch in den Kulturen, die die Gemeinde Korinth umgaben.

Das Wort „Zunge(n)" kommt in 1. Korinther 12 viermal vor,[1] zweimal in 1. Korinther 13[2] und siebzehnmal in 1. Korinther 14[3] – insgesamt also dreiundzwanzigmal.

Die wichtigste Tatsache ist folgende: In jedem Fall, ohne Ausnahme, ist das Wort für „Zunge" im Griechischen *glôssa.* Das ist genau der Begriff, den Markus für Jesu Ankündigung der „neuen Zungen" benutzt, und mit dem Lukas in der Apostelgeschichte vom Pfingsterlebnis und vom Auftreten dieser Gabe in Cäsarea und Ephesus berichtet.

Eine weitere Beobachtung erweist sich als zutreffend: Jedesmal, wenn die Worte „in Zungen reden" erscheinen,[4] ist das Verb „reden" eine Form desselben griechischen Wortes *laleîn.* Dieses aber ist gerade das Verb, welches Lukas in der Apostelgeschichte für „in Zungen *sprechen*" gebraucht, ebenso Markus in Kap. 16,17. Das bedeutet: Es besteht sprachlich völlige Übereinstimmung zwischen allen neutestamentlichen Abschnitten, die das Thema „Zungenrede" behandeln.

Es gibt einige Gelehrte, die das griechische Wort *glôssa* (Zungen) im Sinne von „veraltet", „fremd" oder „geheimnisvolle Äußerungen ekstatischer Natur" auslegen.[5] In der griechischen Sprache kann sich das Wort *glôssa* auf ein „veraltetes oder fremdes Wort" bezie-

1 Verse 10a.b.28.30.

2 Verse 1 und 8.

3 Verse 2.4.5a.b.6.9.13.14.18.19.23.26.27.39.

4 Zwölfmal: 1. Korinther 12,30; 13,1; 14,2.4.5a.b.6.13.18.23.27.39

5 Der Ausdruck *glôssa* wird als ekstatische, unverständliche Äußerung u. a. ausgelegt von: C. Clemens, „The ‚Speaking in Tonges' of the Early Christians" in „Expository Times" 10/1898-99, S. 344-352; Lindsay Dewar, „The Problem of Pentecost" in „Theology" 9/1924, S. 249-259; W. S. Thomson, „Tongues at Pentecost, Acts ii" in „Expository Times" 38/1926-27, S. 284-286; F. C. Synge, „The Spirit in the Pauline Epistles" in „Church Quarterly Review" 119/1934, S. 79-93; Ira J. Martin, „Glossolalia in the Apostolic Church" in „Journal of Biblical Literature" 63/1944, S. 123-130.

hen.[1] Das ist jedoch eine ganz andere Bedeutung als das, was die Verteidiger dieser Hypothese vertreten. Tatsache ist: Das Wort *glôssa* kommt im nichtbiblischen Griechisch bei weitem häufiger als Bezeichnung für eine verständliche Sprache vor, als in der Bedeutung fremde und veraltete Sprache.[2]

Welche Art von Beweis liefert die griechische Bibel (Septuaginta [AT] und Neues Testament) zugunsten dieser Hypothese, daß mit Glossolalie eine unverständliche Sprache gemeint sei? Wie bereits im 2. Kapitel dieses Buches belegt, zeigt eine Studie des Gebrauchs von *glôssa* im Neuen Testament, daß dieser Ausdruck nur für „Zunge“ als Sprachorgan gebraucht wird[3] bzw. für verständliche menschliche Sprache.[4]

Das gleiche gilt für den Gebrauch dieses Wortes in der Septuaginta. Selbst in Jesaja 29,24 und 32,4, wo *glôssa* auf ein unverständliches Stammeln hinzuweisen scheint, gibt es keinen Hinweis auf Ekstase oder etwas ähnliches.[5] Also „bezieht es sich auf Sprache“ auch in diesen beiden Fällen.[6] Deshalb besteht nur wenig Zweifel daran, daß die Art und Weise, wie der Begriff *glôssa* in der Bibel benutzt wird, den Gedanken ekstatischer Äußerungen nicht unterstützt.

Es ist darauf hingewiesen worden, daß das griechische Adjektiv *héteros* („andere“, siehe Apostelgeschichte 2,4) in 1. Korinther 12-14 fehlt. Aus diesem Grund argumentieren manche Gelehrte damit, daß die Sprache des Paulus sich von der Sprache des Lukas in der Apostelgeschichte unterscheidet. Ist dieses Fehlen des Adjektivs *héteros* so entscheidend, daß die zwei Zungenrede-Phänomene völlig voneinander getrennt werden müssen?

---

1 Liddell and Scott, „A Greek-English Lexicon“, Bd. I, S. 353. Zu diesem Punkt siehe F. Lübker, „Reallexikon des klassischen Altertums“, 1914[8], S. 418f.

2 Robert H. Gundry, a.a.O.

3 Lukas 1,64; 16,24; Markus 7,33.35; Apostelgeschichte 2,26; Römer 3,13; 14,11; Jakobus 3,5f.; 1. Johannes 3,18; 1. Korinther 14,9; 1. Petrus 3,10; Offenbarung 16,10.

4 Apostelgeschichte 2,6.11; Philipper 2,11; Offenbarung 5,9; 7,9; 10,11; 11,9; 13,7; 14,6; 17,15.

5 Gundry, a.a.O., S. 299-302.

6 J. Massyngbaerde Ford, „Toward a Theology of ‚Speaking in Tongues‘“ in „Speaking in Tongues. A Guide to Research on Glossolalia“, Watson E. Mills (Hg.), Eerdmans, Grand Rapids, MI, 1986, S. 277.

Wir dürfen nicht übersehen, daß *héteros* (andere) auch nicht in 1. und 2. Thessalonicher, Titus, Johannes (ausgenommen in 19,37), und in Markus (ausgenommen 16,12), im 1. und 2. Petrusbrief sowie im 1., 2. und 3. Johannesbrief vorkommt.

In Apostelgeschichte 2,4 war dieser Begriff im Zusammenhang mit der Zungenrede wichtig, weil dort dieses „in Zungen reden" als etwas „anderes" bezeichnet wird. Etwas „anderes" in dem Sinne, daß diejenigen, die diese Gabe zu Pfingsten empfangen haben, „in verschiedenen Sprachen redeten, die unterschiedlich waren von der Muttersprache des Sprechers und die sie zuvor nicht gekannt hatten".[1] Danach war es nicht mehr nötig, den Begriff *héteros* in Verbindung mit „in Zungen reden" zu verwenden.

Es muß betont werden, daß der griechische Ausdruck *glôssa laleîn*, wörtlich „in Zungen sprechen", auch in Apostelgeschichte 10,46 und 19,6 ohne Adjektiv erscheint. Dies kann ein Hinweis darauf sein, daß nach dem Pfingsterlebnis „in Zungen sprechen" so etwas wie ein Fachbegriff[2] mit einer festen Bedeutung wurde. Auf diese Weise war das Adjektiv „andere" mit gedacht, ohne daß es ausdrücklich wiederholt zu werden brauchte.

Sehr wahrscheinlich ist, daß die Wendung „in Zungen reden" ohne Artikel (im Griechischen) und ohne Adjektiv („neu" oder „andere") eine Kurzform des längeren Ausdrucks „in neuen/anderen Zungen reden" ist, die nur in Markus 16,17 und Apostelgeschichte 2,4 gebraucht wird.[3] So mag der Satz in Apostelgeschichte 10 und 19 und in 1. Korinther 12-14 eine Ellipse [Auslassung] darstellen, das heißt eine kürzere Form der ursprünglich längeren Wendung.

Engelsen vermutet, daß der ursprüngliche Ausdruck in der dunklen Vergangenheit liegt.[4] Wahrscheinlicher ist jedoch, daß der ursprüngliche Ausdruck in Markus 16,17 und Apostelgeschichte 2,4

---

1 H. W. Beyer, „héteros", a.a.O.

2 G. Delling, „Worship in the New Testament", Westminster Press, Philadelphia, 1962, S. 32: „*glóssais laleîn* ist eindeutig ein Terminus technicus (wird ohne Artikel gebraucht)."

3 Siehe A. Blass/F. Debrunner/F. Rehkopf, a.a.O., S. 254 §480 (3), über Apostelgeschichte 2,4.

4 Engelsen, „Glossolalia", S. 92-93.100.161.176.191.

zu finden ist, wo er in beiden Fällen durch ein Adjektiv näher gekennzeichnet ist.

Die Schlußfolgerung scheint unausweichlich, daß die christliche Zungenrede – kein ihr vergleichbares Phänomen ist in der antiken Welt bekannt – „offensichtlich mit Pfingsten begann".[1] Die Zungenrede zu Pfingsten ist also eine „neue Schöpfung"[2] des Heiligen Geistes.

Wir brauchen nicht zu wiederholen, was in Kapitel 2 hinsichtlich des einzigartigen Gebrauchs des Ausdrucks „in Zungen reden" im Neuen Testament festgestellt worden ist. Dieser Ausdruck fehlt in der griechischen Sprache außerhalb des Neuen Testaments völlig.

Aus diesem Grund sind verschiedene Hypothesen entwickelt worden, die nahelegen, daß das Phänomen der Zungenrede im 1. Korintherbrief Glossolalie im Sinne unverständlichen und unartikulierten Redens sinnloser Silben beschreibt. Zu den wichtigsten Erklärungsversuchen gehört eine Hypothese, die das neutestamentliche Phänomen anhand von religionsgeschichtlichen Parallelen deutet. Wir haben dieses Thema schon im zweiten Kapitel berührt, kommen aber später noch einmal darauf zurück.

Eine andere Hypothese besteht darin, das angebliche Auftreten der Glossolalie in Korinth anhand des griechischen Wortes *laléo* terminologisch zu erklären. Der Kirchenvater Origenes spekulierte bereits über eine Art „lallen". In jüngerer Zeit ist wieder vermutet worden, daß *laléo* auf eine Art von „lallen" oder etwas ähnliches hinweist, das in diesem Ausdruck steckt.[3]

Während die Befürworter dieser Hypothese verständlicherweise die Zungenrede als Glossolalie im Sinne eines unartikulierten, unverständlichen Sprechens zu erklären versuchen, geben sie gleich-

---

[1] L. Carlyle May, „A Survey of Glossolalia and Related Phenomena in Non-Christian Religions" in „Speaking in Tongues. A Guide to Research in Glossolalia", Watson E. Mills (Hg.), Eerdmans, Grand Rapids, MI, 1986, S. 54. May befaßt sich mit verschiedenen antiken Phänomenen, die er parallel zur Glossolalie sieht, ist aber nicht in der Lage, auch nur eine einzige direkte Analogie zu nennen.

[2] J. Goettmann, „La Pentecôte prémices la nouvelle création" in „Bible et vie chrétienne" 27/1959, S. 59-69.

[3] Siehe Richardson in Fußnote 1 auf Seite 116.

zeitig zu, daß Glossolalie nicht von dem Ausdruck „Zunge" *(glossa)* abgeleitet werden kann. Allerdings übersehen sie einige wichtige Fakten bezüglich des Gebrauchs von *laléo* in 1. Korinther 14.

Paulus benutzt *laléo* in Vers 9, wo er von „wissen" im Sinne einer geistigen Tätigkeit spricht. In Vers 29 wird die Anweisung gegeben, daß zwei oder drei „Propheten" „reden" *(laléo)* sollen – das tun sie in allgemein üblichen Sprachen. In den Versen 34 und 35 wird Frauen nicht erlaubt, zu „reden" *(laléo)*. Auch hier handelt es sich um gewöhnliches Reden in einer normalen menschlichen Sprache.

Also wird das Verb *(laléo)* von Paulus in 1. Korinther 14 in Verbindung mit der Zungenrede (Vers 9), der prophetischen Rede (Vers 29) und dem Reden von Frauen (Verse 34.35) verwendet. Dieser Zusammenhang verlangt, daß mit *laléo* das Reden in einer gewöhnlichen menschlichen Sprache gemeint sein muß.

Wir stimmen mit der Schlußfolgerung von J. M. Ford überein, daß „Pauli Benutzung von *laleîn* (Grundform von *laléo*) nicht dagegen spricht, daß Zungen eine menschliche Sprache sind".[1] Dies wird durch das Zitat aus Jesaja 28,11 in 1. Korinther 14,21 [Elberfelder Bibel] bestätigt: Die Lippen der Fremden, d. h. der Assyrer, werden „in andern Zungen" zum Volk Israel „reden" *(laléo)*. Damit sind Sprachen[2] gemeint, die von Menschen, die nur Hebräisch reden, nicht verstanden werden können.

Aufgrund dieser Überlegungen gibt es von der Terminologie her keinen zwingenden Grund für die Annahme, daß sich die in 1. Korinther 12-14 benutzten Begriffe über die Zungenrede vom Rest des Neuen Testaments unterscheiden. Genausowenig gibt es einen zwingenden Grund dafür, die Zungenrede in Korinth auf die Glossolalie im Sinne eines „gebrochenen Redens von Menschen in religiöser Ekstase"[3] oder dergleichen zu beziehen.

Wir kommen auf der Suche nach einer neutestamentlichen Definition für die Zungenrede zur klassischen Stelle zurück, nämlich

---

1 Ford, a.a.O., S. 277.

2 Theodor Zahn, „Die Apostelgeschichte des Lukas", Leipzig/Erlangen, 1922, S. 104.

3 Arndt, Gingrich and Danker, „A Greek-English Lexicon", S. 162; vgl. Bauer, a.a.O., Sp. 322.

Apostelgeschichte 2, und formulieren unser Zwischenergebnis folgendermaßen:

1. Es gibt nur eine vom Heiligen Geist verliehene Gabe der Zungenrede im Neuen Testament.

2. Im ganzen Neuen Testament handelt es sich um ein und dieselbe Gabe der Zungenrede. Dies wird bestätigt durch die einheitliche Terminologie, den großen Zusammenhang des Wirkens des Heiligen Geistes und die Einzigartigkeit der ersten christlichen Zungenrede.

3. Die Gabe der Zungenrede ist nicht ekstatischer Art.[1]

Die folgenden Teile dieses Kapitels über die Zungenrede in 1. Korinther 12-14 werden zeigen, ob diese These, die sich auf linguistische und terminologische Studien gründet, zutreffend ist.

Zungenrede und die Sprache der Engel

Eine Hypothese zur Interpretation der paulinischen „Zungenrede" benutzt 1. Korinther 13,1 als Schlüssel. Man behauptet, daß die Zungenrede die „Sprache der Engel ist, in der die Geheimnisse der himmlischen Welt offenbart werden".[2]

Versucht Paulus tatsächlich, Zungenrede mit Engelzungen gleichzusetzen? Seine Worte lauten: „Wenn ich mit Menschen- und mit

[1] David L. Baker („The Interpretation of 1 Corinthians 12-14" in „Evangelical Quarterly" 46/4 (1974), S. 230, Fußnote 23) meint, für Paulus habe die Zungenrede wahrscheinlich „das Reden in Fremdsprachen eingeschlossen". Er argumentiert gegen die ekstatische Natur der Zungenrede: „Aber die Regeln, die Paulus für den Umgang mit der Gabe in 1. Korinther 14,26-33 aufstellt, zusammen mit der Erfahrung derer, die sie ausüben, zeigt: es handelt sich um etwas, das unter der Kontrolle des einzelnen steht, und das aus diesem Grund nicht als ekstatisch beschrieben werden sollte." (S. 229f.)

[2] W. Bousset, so zitiert bei Behm, „glôssa", a.a.O., Bd. 1, S. 726, Fußnote 20. Reitzenstein unterstützt ebenfalls diese Ableitung und Verbindung, siehe Arndt, Gingrich and Danker, a.a.O. , S. 162. Siehe auch Stuart D. Currie, „Speaking in Tongues" in „Interpretation" 19/1965, S. 278f., abgedruckt in „Speaking in Tongues. A Guide ...", a.a.O., S. 91f.

Engelzungen redete und hätte die Liebe nicht, so wäre ich ein tönendes Erz oder eine klingende Schelle." (1. Korinther 13,1)

Was wissen wir über die Sprache der Engel? Nur an wenigen Stellen spricht die jüdische Literatur über die Sprache der Engel. Von dieser Sprache wird gesagt, sie sei ein Dialekt der Engel *(aggelikê dialékto)*[1], der im „Testament des Hiob" (ein apokryphes Buch aus dem ersten Jahrhundert vor oder nach Christus) vorkommt.[2]

In diesem Dokument gibt es einen Hinweis auf drei Töchter. Von der einen Tochter wird gesagt, daß sie eine „Äußerung in der Sprache *(dialektos)* der Engel" macht (48,3).[3] Weiter wird auf „den Dialekt von Archonten" [Mittlerwesen zwischen Gott und den Menschen] (49,2), den „Dialekt von den Cherubim" (50,2) und den „besonderen Dialekt" (57,2) hingewiesen, in dem jede Tochter spricht.[4]

Eins ist zu beachten: In diesem jüdischen Dokument steht jedesmal für „Sprache/Dialekt" das griechische Wort *diálektos*. Paulus allerdings gebraucht diesen Ausdruck in 1. Korinther 13,1 nicht, wenn er von den „Engelzungen" spricht, sondern *glôssa* (Zunge). So besteht in diesem einzigen Dokument aus der Antike, das auf die Sprache der Engel verweist, keine echte Parallele auf der Grundlage der Terminologie, geschweige denn inhaltlich.

Stuart Curries Studium der Engelsprache macht deutlich, daß es weder einen Beweis für den Gebrauch einer Engelsprache durch Menschen gibt, noch eine Anleitung, wie sie erkannt werden könnte.[5] Nach F. F. Bruce muß man nicht schlußfolgern, daß Paulus oder die Gemeinde zu Korinth behauptet hätten, mit Engelszungen sprechen zu können.[6]

---

1 See Currie, a.a.O., S. 93.

2 So R. Thornhill, „The Testament of Job" in „The Apocryphal Old Testament", H. F. D. Sparks (Hg.), Oxford University Press, Oxford, 1984, S. 618; R. P. Spittler, „Testament of Job" in „The Old Testament Pseudepigrapha", Bd. 1 „Apocalyptic Literature and Testaments", James H. Charlesworth (Hg.), Doubleday, Garden City, NY, 1983, S. 829.

3 Übersetzung von Thornton, S. 646. Die Übersetzung von Spittler (siehe vorige Fußnote) „sie sprach ekstatisch in dem Engelsdialekt" (S. 866), ist ungenau.

4 Diese Übersetzungen stammen von Spittler, S. 866f.

5 Currie, „Speaking in Tongues", S. 94.

6 So Bruce, „1 and 2 Corinthians", S. 125.

Wir müssen erkennen, daß Paulus in 1. Korinther 13,1 hypothetisch sprach[1] – so geht es aus dem Bedingungssatz im Griechischen hervor. Paulus gebraucht die Konditionalpartikel *eán* (wenn)[2], gefolgt von der Konjunktiv-Form *lalô*.[3] In der griechischen Sprache wird diese Art von Konditional-Satz nicht gebraucht, wenn es um die Wirklichkeit geht. Paulus scheint durch die Sprachfigur der Hyperbole (Übertreibung) sagen zu wollen, daß alle linguistischen Möglichkeiten – einschließlich der Engelsprache – bedeutungslos wären, wenn die Liebe fehlte. „Es wird angenommen, daß Paulus nicht in der Sprache der Engel redete ..."[4]

Die Sache, um die es bei diesem hypothetischen Konditionalsatz in 1. Korinther 13,1 geht, macht klar, daß man den Schlüssel zum Verständnis der „Zungenrede" nicht in diesem Vers finden kann. Daher werden es die modernen Glossolalisten schwer haben, diesen Satz aus syntaktischer, linguistischer und vergleichender Sicht als Beweis zur Identifizierung der Glossalie, die sie praktizieren, zu nennen.

Zungenrede als das Reden von Geheimnissen

Durch das ganze Kapitel 14 macht Paulus deutlich, daß er die prophetische Rede bevorzugt, indem er sie der Zungenrede gegenüberstellt. Im Vers 2 sagt er: „Denn wer in Zungen redet, der redet ... im Geist von Geheimnissen."[5]

---

1 A. Robertson and A. Plummer, „A Critical and Exegetical Commentary on the First Epistle to the Corinthians", T. & T. Clark, Edinburgh, 1914², S. 314.

2 Die Übersetzung „wenngleich ich spreche" wird nicht vom griechischen Konditionalsatz unterstützt, es sei denn, der Satz wird im Sinne eines Konjunktivs verstanden: „wenngleich ich sprechen sollte."

3 Conzelmann (a.a.O., S. 262, Fußnote 27) sagt, daß „die Sprache nicht eine Gleichstellung von Engelsrede und Zungenrede erfordert". E. Andrews (a.a.O., Bd. 4, S. 762) sagt im Hinblick auf diese angebliche Gleichsetzung: „Dies ist eine bedeutungslose Spekulation."

4 Ford, a.a.O., S. 277.

5 Es gibt eine interessante westliche Textvariante: „aber der Geist spricht." Diese Variante ist nicht ursprünglich, sondern sie spiegelt ein frühes Verständnis des Originaltextes. Siehe K. Aland, M. Black, B. Metzger and Allen Wikgren, „The

Paulus bleibt dabei, daß die Zungenrede in Korinth eine geistliche Gabe ist (1. Korinther 12,10.28.30), die vom Heiligen Geist verliehen wird.[1] Den Hinweis auf den „Geist" innerhalb dieses größeren Zusammenhangs bezieht man deshalb am besten auf den Heiligen Geist. In diesem Falle ist der Heilige Geist die Quelle für das Reden von „Geheimnissen".

Die „Geheimnisse", von denen der Zungenredner spricht, sind keine Geheimnisse im Sinne von „verborgenen Wahrheiten". Das von Paulus benutzte Wort „Geheimnisse" ist ein sehr bedeutendes Wort. Dies gilt für das gesamte Neue Testament.[2] Paulus erklärt sehr eingehend, was er mit „Geheimnissen" meint.

Das Wort „Geheimnis" (griechisch *mystérion*) wird verschiedene Male im 1. Korintherbrief verwendet (2,1.7; 4,1; 13,2; 14,2; 15,51), „doch am deutlichsten entfaltet wird es im Kolosser- und im Epheserbrief, wo es nicht weniger als zehnmal vorkommt".[3]

Es ist sehr aufschlußreich, festzustellen, wie Paulus dieses Wort verwendet – besonders im Plural (1. Korinther 14,2). Die Pluralform kommt im 1. Korintherbrief nur dreimal vor und sonst nirgendwo mehr im Neuen Testament. In 1. Korinther 4,1 (erstes Vorkommen)

Greek New Testament", Württembergische Bibelgesellschaft, Stuttgart, 1966, S. 608.

Die „New American Standard Bible" übersetzt:: „in *seinem* Geist spricht er Geheimnisse." Diese Übersetzung gibt die andere Möglichkeit in der Fußnote („oder: durch den Geist."), verwendet aber das Wort „Geist" als menschlichen Geist, durch den der Zungenredner spricht.

Die „King James Version" sagt einfach „im Geist" (in the spirit), (so auch die „New King James Version", die „Jerusalemer Bibel" und andere Übersetzungen [einschl. der Luther-Bibel]) und läßt somit offen, ob der menschliche oder der Heilige Geist gemeint ist. Die Übersetzung „im Geist" (in the spirit) ist möglich, die Übersetzung „in seinem Geist" (so die „New International Version") jedoch nicht; denn das Wort „sein" kommt im Grundtext nicht vor.

1 So richtigerweise Bruce, „1 and 2 Corinthians", S. 130; Barrett, „The First Epistle to the Corinthians", S. 315; F. D. Nichol (Hg.), „Seventh-day Adventist Bible Commentary", Bd. VI, S. 788: „Das heißt, unter dem Einfluß des Geistes ..."

2 G. Bornkamm, „*mystérion* in the New Testament" in G. Kittel, a.a.O., Bd. IV, S. 823-831.

3 G. W. Barker, „Mystery" in „The International Standard Bible Encyclopedia", G. W. Bromiley (Hg.), Eerdmans, Grand Rapids, MI, 1986, Bd. 3, S. 453.

betont Paulus ausdrücklich, daß er und seine Mitarbeiter als „Haushalter über Gottes Geheimnisse“ anerkannt werden sollten. Diese göttlichen „Geheimnisse“ enthalten den vollen „Umfang der christlichen Lehre“.[1]

Die zweite Stelle ist 1. Korinther 13,2. Hier geht es um „Geheimnisse“ im Zusammenhang der Aussage des Paulus, „wenn ich prophetisch reden könnte und wüßte alle Geheimnisse ... und hätte die Liebe nicht, so wäre ich nichts“. Es ist gesagt worden, „Paulus habe das Wort [Geheimnisse] für Gottes eschatologischen Ratschluß benutzt ...“[2] Das würde bedeuten, daß Gott seinen Beschluß bzw. seinen Plan, einst verborgen, durch Offenbarung bekannt gemacht hat.

„Geheimnis“ kommt im Singular in 1. Korinther 15,51 vor: „Siehe, ich sage euch ein Geheimnis: Wir werden nicht alle entschlafen, wir werden aber alle verwandelt werden; und das plötzlich, in einem Augenblick, zur Zeit der letzten Posaune.“ Mit „Geheimnis“ ist hier die Offenbarung der Tatsache gemeint, daß einige nicht sterben und alle in einem Augenblick verwandelt werden sollen, wenn Christus zum zweiten Mal erscheint.

In 1. Korinther 2,7 begegnet uns das Wort „Geheimnis“ zum ersten Mal in diesem Brief. Paulus bestätigt: „Sondern wir reden von der Weisheit Gottes, die im Geheimnis verborgen ist, die Gott vorherbestimmt hat vor aller Zeit zu unserer Herrlichkeit.“ Bei dieser ersten Erwähnung des Wortes „Geheimnis“ im ersten Korintherbrief benutzt Paulus dieses Wort im Rahmen seiner Argumention in Kapitel 2, um den gesamten, von Gott verborgenen Erlösungsplan mit diesem einen, inhaltsschweren Wort zusammenzufassen.[3]

Ein „Geheimnis“ ist ausnahmslos etwas, das mit Christus und der Verkündigung von Christus zu tun hat, und das durch Gott offenbart worden ist.[4] Dieser Aspekt, daß etwas offenbar bzw. enthüllt wird, ist untrennbar mit dem Begriff „Geheimnis“ verbunden.

---

[1] ebd.

[2] Wolff, a.a.O., S. 121.

[3] So R. E. Brown, „The Semitic Background of the New Testament Mysterion“ in „Biblica“ 39/1958, S. 437.

[4] Bornkamm, a.a.O., S. 819f.

Der Gebrauch dieses Wortes in 1. Korinther macht deutlich, daß „Geheimnisse“ etwas Positives sind. Geheimnisse waren einst bei Gott verborgen, sind aber inzwischen von ihm selbst offenbart worden. Mit der Singularform dieses Begriffes in anderen Briefen des Paulus verhält es sich genauso.

A. Robertson und A. Plummer bemerken zurecht, daß *mystérion* im Neuen Testament gewöhnlich „Wahrheit über Gott, einst verborgen, aber jetzt offenbart“[1] bedeutet. Hier in 1. Korinther 14,2 sind „Geheimnisse“ einst von Gott verborgene Wahrheiten über den Erlösungsplan, die jetzt in der ganzen Fülle bekannt bzw. offenbart werden.

Der Zungenredner wird durch den Heiligen Geist befähigt, diese „Geheimnisse“ zu verkündigen, d. h. von Gottes Wahrheit und der Botschaft über Christus zu reden, die einst verborgen war und nun in ihrer Fülle offenbart ist. Aber diese „Geheimnisse“ werden nicht „verstanden“.

Paulus will damit sagen: Mag auch der Zungenredner durch den Heiligen Geist wirklich „Geheimnisse“ oder Wahrheiten Gottes aussprechen, die einst verborgen waren und jetzt offenbart sind – wenn sie nicht verstanden werden, sind sie nutzlos.

Der Hauptgedanke in 1. Korinther 14,2 besteht darin, daß die Hörer einen Nutzen von der geistlichen Gabe der Zungenrede haben müssen. Wenn das Gesagte nicht verstanden wird, spricht der Zungenredner nur zu Gott, weil die Menschen nicht in der Lage sind, den Zungenredner zu verstehen, der die offenbarten „Geheimnisse“ verkündet.

Richtig verstanden sagt dieser wichtige Text 1. Korinther 14,2 einiges darüber aus, was die Zungenrede *nicht* ist:

- Dieser Text sagt nicht aus, der Zungenredner würde in seinem eigenen Geist nur zu Gott sprechen, was als Zweck der Zungenrede zu betrachten wäre.

- Dieser Text sagt nicht aus, daß die Zungenrede ekstatischer Natur sei, ein Hervorbringen unsinniger Silben, einfach deshalb, weil sie nicht von den Hörern verstanden werden konnte.

---

1 Robertson and Plummer, „First Epistle to the Corinthians“, S. 306.

- Dieser Text sagt nicht aus, beim Gesprochenen würde es sich um „Geheimnisse“ im Sinne unbekannter verborgener Dinge handeln, die unverständliches Plappern zur Folge hätten.

Wir haben gesehen, daß die „Geheimnisse“ wahre, übernatürliche (göttliche) Enthüllungen von Wahrheiten über Christus sind, die vorher verborgen waren. In 1. Korinther 4,1 bedeuten „Geheimnisse“ „das christliche Predigen durch die Apostel und Lehrer“.[1] In einem anderen Brief bittet Paulus die Epheser, für ihn zu beten, daß ihm „das Wort gegeben werde, ... das Geheimnis des Evangeliums zu verkündigen“ (Epheser 6,19).

1. Korinther 14,2 ist also kein Text, in dem angedeutet wird, daß mit der Zungenrede Glossolalie im Sinne von unverständlichem Reden unsinniger Silben gemeint ist, in dem „Mysterien“ im Sinne verborgener „Geheimnisse“ ausgesprochen werden, die nur Gott kennt. Dieser Text ist in Harmonie mit der Zungenrede als einem Sprechen in einer berechenbaren, bekannten menschlichen Sprache, durch die Gottes offenbarte „Geheimnisse“ den Menschen bekanntgemacht werden.

In Zungen reden und Zungen verstehen

Der Aspekt des Verstehens stellt sich als Thema von großer Bedeutung heraus, wenn es um die Ausführungen des Paulus über die Zungenrede in 1. Korinther 14 geht. In Vers 2 heißt es: „denn niemand versteht ihn“ (andere Übersetzungen: „niemand versteht sie“). Die Worte „ihn“ bzw. „sie“ stehen nicht im Original, sind also vom Übersetzer hinzugefügt worden.

Wir müssen sorgfältig untersuchen, was „verstehen“ bedeutet, und wer derjenige ist, der nicht versteht. Was die zweite Frage betrifft, macht der Text sehr deutlich, daß es die Hörer sind, die den Zungenredner nicht verstehen. Weil die Hörer ihn nicht verstehen, spricht der Zungenredner zu Gott und nicht zu Menschen. Er wird zwar gehört, aber nicht verstanden. Er spricht nur dann im Sinne

---

[1] Arndt, Gingrich and Danker, a.a.O., S. 530; vgl. Bauer, a.a.O., Sp. 1049

der Gabe der Zungenrede, wenn ihn die Menschen, die Hörer, auch verstehen.

Die Tatsache, daß die Menschen den Zungenredner nicht verstehen, bedeutet keineswegs, daß seine Rede ekstatisch oder stammelnd wäre, oder daß sie aus bedeutungs- und sinnlosen Silben bestehen würde. Sie besagt einfach, daß niemand unter den Anwesenden die fremde Sprache versteht, die der Zungenredner spricht. Aus diesem Grund besteht Paulus darauf, daß jemand anwesend sein muß, der „auslegen" kann (Verse 13.27). Dem Thema „Auslegung" wenden wir uns später im Detail zu.

Der Aspekt des Verstehens steht in Beziehung zu einem späteren Vers des Kapitels, verdient aber jetzt unsere Aufmerksamkeit. In 1. Korinther 14,9 steht: „Wenn ihr in Zungen redet und nicht mit deutlichen Worten, wie kann man wissen, was gemeint ist?"[1]

Von der „Rede" wird gesagt, sie sei nicht „verständlich" (Elberfelder) bzw. nicht „deutlich" (Jerusalemer). Das griechische Wort *eusemos*, das in diesem Vers benutzt wird, kommt an keiner anderen Stelle des Neuen Testaments vor. In der griechischen Sprache außerhalb des Neuen Testaments bedeutet es „leicht erkennbar, klar, eindeutig".[2]

Ist diese „Rede", von der Paulus spricht und die wortwörtlich übersetzt „Wort" *(lógos)* bedeutet, Glossolalie im Sinne eines „unverständlichen Stammelns unsinniger Silben, zufällig zusammengeratener sinnloser Kombinationen, die das menschliche Unterbewußtsein hervorruft?"[3] Ist die „Rede" bzw. das „Wort" nicht verständlich oder nicht deutlich, weil sie/es dem menschlichen Verständnis nicht zugänglich ist und nur von Gott verstanden werden kann? Wird sie/es nicht verstanden, weil die „Rede" bzw. das „Wort" selbst unverständlich ist?

1 Der genaueren Übersetzung des ersten Teils von Vers 9 nach der NRSV ist zu entnehmen, daß hier mit „Zunge" das Sprechorgan des Redners gemeint ist (Robertson and Plummer, „First Epistle to the Corinthians", S. 309), das die Worte hervorbringt.

2 Arndt, Gingrich and Danker, a.a.O., S. 326; vgl. Bauer, a.a.O., Sp. 645f.

3 William G. MacDonald, „Glossolalia in the New Testament" in „Speaking in Tongues. A Guide ...", S. 139.

Es geht also um die Unverständlichkeit der „Rede" bzw. des „Wortes". Es gibt keinen Beweis dafür, daß der von Paulus hier benutzte griechische Begriff *lógos*, der normalerweise „Wort"[1] bedeutet und in 1. Korinther 14,9 gewöhnlich mit „Rede" übersetzt wird, jemals die Nebenbedeutung von „unverständlich" gehabt hätte. Aufgrund der Verwendung des Begriffes *lógos* kann man annehmen, daß es sich bei dieser „Rede" bzw. bei diesem „Wort" um kein „unverständliches", verstümmeltes Reden handelt.

Daß die „Rede" bzw. das „Wort" unverständlich bleibt, liegt daran, daß der Hörer sie/es nicht als zu seiner eigenen Muttersprache gehörend wahrnimmt. Der „Klang" der Sprache (*phoné*, in den Versen 11-13 mit „Sprache"[2] übersetzt) wird zwar vernommen, aber es sei denn, die „Rede" bzw. das „Wort" wird – im Sinne von übersetzen – ausgelegt, andernfalls bleibt sie/es für den Hörer unverständlich und unbegreiflich.

Diese Erwägungen führen zu der Schlußfolgerung, daß das Nicht-verstehen-können am Hörer und nicht am Redner liegt. Was der Zungenredner sagt, ist weder verstümmeltes Plappern, noch sind es unsinnige Silben. Er spricht einfach eine Sprache, die der Hörer nicht versteht. Dies hilft uns zum besseren Verständnis dessen, was die Zungenrede eigentlich ist.

Das in 1. Korinther 14,2 mit „verstehen" übersetzte Verb ist das griechische Wort *akoúo*. Dieses griechische Wort hat spezielle Bedeutungen, die das Problem der Verständlichkeit erhellen. Es enthält nämlich den Gedanken, daß die Menschen zwar die „Rede" bzw. das „Wort" *(lógos)* und die „Sprache" *(phoné)* des Zungenredners hören, ihre Bedeutung jedoch nicht verstehen können.

Die griechische Formulierung – so die korrekte Schlußfolgerung – bedeutet nicht, „daß die Zungen unhörbar waren oder daß keiner zugehört hätte, sondern daß keiner sie verständlich fand".[3] Die Verständlichkeit des Gesprochenen scheint nicht vom „Klang" *(phoné)* oder der „Rede" bzw. dem „Wort" *(lógos)* abhängig zu sein, sondern von der Fähigkeit der Menschen, sie zu verstehen.

1 Arndt, Gingrich and Danker, a.a.O., S. 477-479; vgl. Bauer, a.a.O., Sp. 942-947.
2 So Arndt, Gingrich and Danker, a.a.O., S. 871; vgl. Bauer a.a.O., Sp. 1723.
3 Robertson and Plummer, „First Epistle to the Corinthians", S. 306.

Das gleiche griechische Verb *akoúo* (verstehen) wird in der Septuaginta, der ältesten Übersetzung des Alten Testaments in die griechische Sprache, in einer sehr bedeutenden Textstelle zusammen mit den Substantiven „Zungen" *(glôssa)* und „Sprache" *(phoné)* benutzt. Wir begegnen dieser Wortkombination in 1. Mose 11,1-9 in Verbindung mit der Sprachverwirrung beim Turmbau zu Babel. In der Septuaginta steht in Vers 7, daß Gott „ihre Zungen *(glôssa)* verwirrte, so daß keiner mehr die Sprache *(phoné)* seines Nachbarn verstehen *(akoúo)* konnte".[1]

Die Tatsache, daß Paulus die in seiner eigenen griechischen Bibel vorkommende Terminologie verwendet, dazu in der gleichen speziellen Form, macht deutlich: Daß die gesprochenen Worte nicht verstanden wurden, spricht nicht gegen die Tatsache, daß es sich dabei um menschliche Sprachen handelte.

Nach der Verwirrung der „Zungen/Sprachen" *(glôssa)* beim Turmbau zu Babel konnte einer die neue „Sprache" *(phoné)*[2] des anderen einfach nicht „verstehen" *(akoúo)*. Die Menschen hörten wohl etwas, konnten aber die Bedeutung der gesprochenen Sprache nicht begreifen. Diese Erfahrung macht deutlich, daß die Gabe der Zungenrede eine Umkehrung des von Gott beim Turmbau zu Babel bewirkten Wunders der Verwirrung der Zungen/Sprachen ist. Gott verlieh die Gabe der Zungenrede, um die Verkündigung des Evangeliums an die Völker aller Zungen/Sprachen zu erleichtern.

Es ergibt sich noch eine weitere Erkenntnis. Richtig verstanden lehrt 1. Korinther 14,2 nicht, daß die Zungenrede dazu bestimmt sei, mit Gott in Verbindung zu treten. Viele moderne Glossolalisten meinen, die Glossolalie sei eine auf Gott ausgerichtete Gabe, und berufen sich dabei auf 1. Korinther 14,2. Doch dieser Text unterstützt diese Auffassung nicht.

---

1 Alfred Ralphs (Hg.), „Septuaginta", Württembergische Bibelanstalt, Stuttgart, 1962, Bd. 1, S. 15: *„deûte kaí katabántes sugchéomen ekeî autôn ten glôssan, hína mè akoúsosin hékastos tèn phonèn toû plesíon."*

2 Der griechische Ausdruck *phoné* ist das Wort, das bei der Einführung der Erfahrung des Turmbaus zu Babel für „Sprache" in dem Satz benutzt wird: „Und die ganze Erde war von einer Lippe, und sie alle hatten eine Sprache *(phoné)*." (1. Mose 11,1 LXX)

Nach 1. Korinther 14,2 ist die Zungenrede die hörbare Mitteilung der göttlichen „Geheimnisse“ über den in Christus verkörperten Erlösungsplan, der jetzt von Gott durch den Heiligen Geist offenbart worden ist. Solange es keinen Ausleger gibt, der die Sprache *(phoné)* des Zungenredners den Menschen zugänglich macht, die das „Wort“ bzw. die „Rede“ *(lógos)* nicht verstehen, bleibt sie für die Hörer bedeutungslos.

Paulus macht klar, daß der Redner unter gewissen Umständen zu Gott spricht (14,2.28) – zum Beispiel dann, wenn Menschen denjenigen nicht verstehen, der in Zungen/Sprachen redet –, da Gott nicht auf die menschliche Sprache angewiesen ist. Er ist der Urheber aller geistlichen Gaben. Wenn keiner da ist, der den Redner versteht, wird dieser dennoch von Gott verstanden. Wiederum dürfen wir nicht vergessen, worauf es Paulus in 1. Korinther 14 ankommt: Die Zungenrede dient dem Aufbau der Gemeinde, nicht der persönlichen Erbauung.

Die Zungenrede und hellenistische Mysterienreligionen

Eine weitverbreitete Methode der modernen Bibelauslegung besteht darin, 1. Korinther 14 mit Hilfe religionsgeschichtlicher Parallelen aus den griechischen Mysterienreligionen auszulegen. Die historisch-kritischen Gelehrten versuchen auf diese Weise, 1. Korinther 14 auf der Grundlage bestimmter religiöser Phänomene im hellenistischen Umfeld aus der Zeit vor und bis nach Paulus zu deuten.

Vor langer Zeit hat R. Reitzenstein behauptet, „man muß zugeben, daß die ‚Offenbarungen des Geistes‘ in der Christenheit nicht einzigartig sind, sondern zur mystischen Ekstase des Hellenismus gehören. Es ist bezeichnend, daß Paulus die Gefahr so klar erkannte, die in der Übernahme dieser Form des [heidnischen] Kultes bestand, ohne es jedoch zu wagen, sie völlig zu beseitigen“.[1] Reitzenstein macht Paulus zu einem Menschen, der in Glaubensfragen Kompromisse schloß. War Paulus wirklich solch ein Mensch?

[1] R. Reitzenstein, „Poimandres“, Leipzig, 1904; Nachdruck Darmstadt, 1966, S. 58.

Ein Beitrag von Johannes Behm im „Theological Dictionary of the New Testament“ mag als weiteres typisches Beispiel dafür dienen, wie Parallelen gezogen werden, die begründen sollen, daß die Zungenrede in Korinth ein ekstatisches Sprechen war, das zur sie umgebenden Kultur in Beziehung stand. Er schreibt:

„Es handelt sich also bei der Glossolalie in Korinth um ein unverständliches ekstatisches Reden, in dessen Ausdrucksformen ein Stammeln von Wörtern oder Lauten ohne Zusammenhang und Sinn gehört, ein Phänomen, wie es ähnlich in mannigfachen Formen die Religionsgeschichte der verschiedensten Zeiten und Erdeteile bezeugt.“[1]

Behm verweist auf die griechische Religion, in der es angeblich „eine Kette von vergleichbaren Erscheinungen von dem enthusiastischen Kult des thraheschen Dionysos ... zur divinatorischen Mantik der delphischen Pythia, der Bakiden, Sybillen usw.“ gibt.[2] Er zitiert eine Anzahl von Texten in der griechischen Sprache. Obwohl er von „Parallelen“ und „vergleichbaren Phänomenen“ spricht, kommen in keinem der von ihm zitierten Beispiele die Worte „in Zungen reden“ vor. Stattdessen beziehen sich die zitierten Texte auf Mantik und verschiedene Formen von Wahrsagerei. Vergleicht Behm etwa Äpfel mit Birnen?

Der kürzlich erschienene Kommentar zum 1. Korintherbrief von Christian Wolff bezieht sich auf Beispiele der religiösen Ekstase in antiken Schriften wie zum Beispiel die des Euripides, Plato, Äschylos, Livius und Plutarch.[3] Wolff ist dennoch nicht in der Lage, auch nur ein einziges Beispiel von Glossolalie in der antiken hellenistischen Welt zu nennen.

Hans Conzelmann, der einen angesehenen Kommentar zum 1. Korintherbrief verfaßt hat, sagt, man müsse „auf der Grundlage religionsgeschichtlicher Parallelen vorgehen, wenn man das [Phänomen der Zungenrede] aufdecken will ... Diese Parallelen begegnen uns besonders in der mantischen Wahrsagung, und dort speziell in

1 Behm, „glôssa“, a.a.O., S. 722.
2 ebd.
3 Wolff, „Der erste Brief des Paulus an die Korinther“, S. 98f.

Verbindung mit Delphi".[1] Abgesehen von den auslegungstheoretischen Problemen, die sich bei dieser Methode ergeben, sind sich die Gelehrten nicht einig in bezug auf die Frage, ob die hellenistischen Parallelen in der mantischen Wahrsagung des Apollokultes zu Delphi oder im orgiastischen Kult des Dionysos zu suchen sind.

Gerhard Delling, der selber auf diese Methode zurückgreift, mahnt zur Vorsicht, wenn er sagt, daß „das entscheidende Material aus dem Neuen Testament kommen muß, um ein klares Bild zu erhalten. Im Hinblick auf *diese* Frage erlauben Parallelen aus anderen Religionen nur begrenzte Schlußfolgerungen um das Auftreten in den ersten christlichen Gemeinden zu bewerten".[2] Delling ist sich bewußt, daß die angeblichen Parallelen in Wirklichkeit nicht die gleichen Phänomene beschreiben.

H. Kleinknecht betrachtet die Zungenrede in Korinth als „Reflex pythischer Weissagung".[3] In Delphi stammelte die Priesterin Pythia sowohl obskure Worte als auch verständliche Prosa, wenn sie vom „Geist" ergriffen war und in Ekstase *(ékstasis)* geriet. Äußerlich zeigte sich während der pythischen Ekstase „aufgelöstes, sich sträubendes Haar, keuchender Atem, gewaltsames Erfüllt-, Ergriffen- und Hineingerissenwerden in einen bacchantischen Taumel ..."[4] Was die Pythia in Delphi von sich gab, wurde durch die Priester im Zustand der Selbstbeherrschung *(sóphron)* ausgelegt.[5]

Hätte Paulus in 1. Korinther 12-14 solche Phänomene beschrieben, müßte er dann nicht wenigstens den einen oder anderen Begriff aus den umgebenden Religionen übernommen haben? Der Kult zu Delphi wird durchweg als Werk der *Mantik* oder „Wahrsagerei" beschrieben. Paulus hat dieses Wort niemals benutzt. Er hat keins der bekannten Wörter verwendet, die zur Beschreibung dieser Tätigkeiten in hellenistischen Kulten dienten.

---

1 Conzelmann, a.a.O., S. 276.

2 Delling, „Worship in the New Testament", S. 32 (Hervorhebung von ihm).

3 H. Kleinknecht, „pneûma" in „Theological Dictionary of the New Testament", G. Kittel (Hg.), Bd. 4, S. 343; so auch S. Eitrem, „Orakel und Mysterien am Ausgang der Antike" in „Albae Vigiliae" 5/1947, S. 42.

4 Kleinknecht., a.a.O., Bd. 6, S. 343.

5 Plato, „Timaeus", 71e-72a.

Das körperliche Erlebnis der *Mantik* oder „Wahrsagerei" ist Ekstase *(ékstasis)*. Sobald ein Mensch von dieser Raserei ergriffen war, konnte er das, was er sah und sagte, nicht mehr beurteilen.[1] Im Gegensatz dazu zeigt Paulus, daß der Zungenredner immer die Selbstkontrolle behält.[2] Es sollten jeweils zwei oder drei nacheinander reden, dann sollte die Auslegung erfolgen. Die Zungenredner können still bleiben (1. Korinther 14,28) und die Zungenrede kontrollieren, so daß sie in einer geordneten Reihenfolge reden können (Vers 27).[3]

Verschiedene Schreiber des Altertums weisen auf Ekstase und Mantik hin. Weder ihre Auffassungen noch die von ihnen benutzten Begriffe kommen in den Kapiteln des Neuen Testaments vor, die sich mit der Zungenrede befassen.

Es finden sich sehr viele Definitionen der Ekstase.[4] Das Paradebeispiel ist die Bezugnahme des Plutarch auf das Orakel von Delphi.[5] Es wird oft behauptet, daß in dem Orakel von Delphi „eine

---

1 ebd., 71e-72: „Kein Mensch erlangt bei Verstand *(énnous)* prophetische Wahrheit und Inspiration. Empfängt er [der Wahrsager] jedoch das inspirierte Wort, dann fällt sein Verstand *[phronéseos]* in den Schlaf, oder er wird durch Unruhe oder irgendeine Form von Besessenheit *[enthousiasmón]* verändert. Sollte er aber das verstehen, woran er sich erinnern kann, daß es ihm gesagt worden ist – sei es in einem Traum *[ónar]* oder im wachen Zustand, durch Wahrsagerei *[mantikés]* oder in enthusiastischer Ekstase *[enthousiastikés]* – oder daß er es gesehen hat, dann muß sich zuerst seine Vernunft *[logismó]* erholen, bevor er fähig ist, rationell zu erklären *[semaínei]*, was alle diese Worte und Erscheinungen bedeuten und welche Anweisungen sie diesem Mann geben für Vergangenheit, Gegenwart oder Zukunft, es sei gut oder böse. Aber solange er in wilder Raserei *[manéntos]* fortfährt, kann er selber die Visionen, die er sieht, oder die Worte, die er äußert, nicht beurteilen ... Das ist der Grund, warum gewöhnlich Wahrsager oder Ausleger der wahren Inspiration bestimmt werden." Der größte Teil dieses griechischen Textes ist zu lesen bei Behm, „glôssa", a.a.O., Bd. 1, S. 722. Diese Übersetzung erfolgt aus dem Englischen. Die englischsprachige Vorlage folgt größtenteils der von Jowett, zitiert von F. C. Conybeare, „Tongues, Gift of" in „Encyclopaedia Britannica", New York, 1911[11], Bd. XXVII, S. 9f.

2 Ford, „Toward a Theology of ‚Speaking in Tongues'", S. 278.

3 So J. Moffatt, „The First Epistle of Paul to the Corinthians", London, 1938, S. 215.

4 Wayne A. Grudem, a.a.O., S. 150-152.

5 Plutarch, „Moralia", S. 432.438.758.

Wahrsagerin ... göttliche Inspiration suchte, die sie befähigte, in einer ekstatischen Weise zu reden".[1]

Diese Art von Aussagen ist typisch, man könnte die Aufzählung von Beispielen beliebig fortsetzen. Eine kürzliche Neubewertung und ein erneutes Studium des delphischen Orakels hat jedoch zu der ausgewogenen Schlußfolgerung geführt, daß „es keinen entscheidenden Beweis dafür gibt, daß die pythische Priesterin ihr Orakel je in einer Art und Weise gesprochen hat, die der Glossolalie ähnlich ist".[2]

Die Priesterin zu Delphi teilte ihre Orakel mündlich oder in geschriebener Form mit, entweder in Prosa oder Poesie.[3] Die Tatsache, daß diese Orakel als „dunkel" *(asaphé)* angesehen wurden, bedeutet nicht, daß eine Übersetzung nötig oder daß das Orakel in einer unverständlichen Sprache erfolgt wäre. Es bedeutet lediglich, daß es schwierig war, die wirkliche Bedeutung der Worte zu verstehen und deren Sinn in der konkreten Situation herauszufinden.[4]

Derartige Beispiele, die von verschiedenen Gelehrten als „Parallelen" aus der hellenistischen Welt genannt werden, bedürfen einer sorgfältigen Prüfung. Sie haben nichts mit Glossolalie zu tun, sondern mit prophetischen und mantischen Erscheinungen. Tatsache ist, daß es bis heute kein Beispiel aus der Alten Welt gibt, in dem die von Paulus oder anderen neutestamentlichen Schreibern im Zusammenhang mit der Zungenrede benutzten Ausdrücke verwendet werden.

Obwohl selbst neue, ernstzunehmende Quellen auf unverständliches, „ekstatisches Reden" als „Bestandteil der hellenistischen Religionen" hinweisen",[5] hat noch kein Gelehrter etwas ans Licht gebracht, was der modernen Glossolalie ähnelt oder gleicht, oder eine echte Parallele zur neustamentlichen Zungenrede darstellt. Den angeblichen Parallelen fehlen offensichtlich die wesentlichen Merkmale, die echte Parallelen auszeichnen würden.

---

[1] C. M. Robeck, Jr., „Tongues, Gift of" in „International Standard Bible Encyclopedia", G. W. Bromiley (Hg.), Eerdmans, Grand Rapids, MI, 1988, Bd. 4, S. 872.

[2] Forbes, a.a.O., S. 260.

[3] ebd., S. 262f.

[4] ebd., S. 268-270; siehe auch Joseph Fortenrose, a.a.O., S. 204-212.

[5] So noch Louw and Nida u. a., a.a.O., S. Bd. 1, S. 389f.

Unabhängig davon, ob man die Gabe der Zungenrede in 1. Korinther 12-14 als Glossolalie oder als Reden in zuvor nicht erlernten menschlichen Sprachen auslegt, bleibt die Gabe der Zungenrede im 1. Korintherbrief einzigartig in der Alten Welt. Deshalb kann sie unmöglich auf der Grundlage angeblich „vergleichbarer Phänomen“[1] interpretiert werden, die es in Wirklichkeit nicht gibt.

Paulus teilt die Ansicht griechischer Mysterienreligionen nicht, in denen „obskure“ Äußerungen der besessenen Person sogar für denjenigen unverständlich bleiben, der sie äußert.[2] Diese entscheidenden Unterschiede dürfen weder übersehen noch in den Hintergrund geschoben werden.

Eine ernst zu nehmende wissenschaftliche Methode wird stets für Ähnlichkeiten und Unterschiede sensibel sein, wenn Vergleiche angestellt werden. Schenkt man ihnen nicht die gebührende Beachtung, entsteht ein verzerrtes Bild. Deshalb möchten wir dem Leser beim Thema der Zungenrede nahelegen, hinsichtlich der angeblich entdeckten Parallelen in der antiken hellenistischen Welt oder in anderen Religionen vorsichtig zu sein.

Zungenrede und Gemeindeaufbau

Paulus verwendet drei Bilder aus dem Bereich der Kommunikation (1. Korinther 14,6-8), um die Praxis der Zungenrede in der korinthischen Gemeinde und den Nutzen, den sie für die Gemeinde haben soll, zu beschreiben.

Zuerst nimmt Paulus Bezug auf seinen eigenen Besuch bei den Gläubigen in Korinth: „Nun aber, liebe Brüder, wenn ich zu euch käme und redete in Zungen, was würde ich euch nützen, wenn ich nicht mit euch redete in Worten der Offenbarung oder der Erkenntnis oder der Prophetie oder der Lehre“? (Vers 6)

Die vierfache Aufzählung „Offenbarung, Erkenntnis, Prophetie und Lehre“ nennt grundlegende Wege, wie Gottes Wahrheit zu den Korinthern gelangt. Es ist gesagt worden, daß Offenbarung und

---

1 Siehe auch Kapitel 2.

2 Conzelmann, a.a.O., S. 276.

Prophetie ein Paar bilden, das auf „Erhalt oder Besitz von Informationen hinweist, (d. h. Menschen ‚empfangen' oder ‚haben' persönliche Offenbarungen, die nur Gott ihnen gibt: 1. Korinther 2,10; Philipper 3,15 ...)".[1] Das ist ein wichtiger Hinweis.

Das zweite Wortpaar, Erkenntnis und Lehre, „bezieht sich auf die Weitergabe der Informationen".[2] Paulus kommt hier auf die Zungenrede zurück, d. h. auf die Übermittlung dessen, was Gottes Offenbarung enthält. Wenn die Zungenrede nicht der Kommunikation dient, wie soll sie dann der Gemeinde nützen? Zungenrede ist zum Nutzen der Gemeinde bestimmt und nicht zum Nutzen für den, der in Zungen redet.

Der Hauptgedanke lautet: „Was nützt es euch?" Paulus besteht darauf, daß die Zungenrede der Gemeinde Nutzen zu bringen hat. Welche Hilfe bietet sie, wenn sie ein bloßes Reden ist, durch welches das erwünschte Ziel, ein Gewinn für die Gemeinde zu sein, nicht erreicht wird?

Durch die Zungenrede übermittelt der Sprecher „Offenbarung, Erkenntnis, Prophetie oder Lehre," das heißt, eine Botschaft Gottes zum Aufbau der Gemeinde. Damit das geschehen kann, muß die Zunge/Sprache, die der Zungenredner benutzt, verstanden werden; wird die Sprache nicht verstanden, dann ist ein Ausleger oder Übersetzer nötig, damit das beabsichtigte Ziel erreicht wird und die Zungenrede ihre vorgesehene Aufgabe erfüllen kann.

Die nächsten zwei Argumente des Paulus in 1. Korinther 14,7.8 haben mit Musikinstrumenten zu tun, die dazu dienen, eine Botschaft mitzuteilen.

Musikinstrumente, ob eine Flöte oder eine Harfe, können eine geordnete Abfolge unterschiedlicher Töne hervorbringen, d. h. eine erkennbare Melodie, die das Herz eines Menschen ansprechen kann. „Planlose Töne bedeuten nichts."[3] Ein Soldat muß erkennen

---

[1] Grudem, a.a.O., S. 138.

[2] ebd., S. 139 („eine Weissagung oder Lehre, die mündlich oder schriftlich durch Menschen bekanntgemacht wird: 1. Timotheus 1,18; 2. Petrus 1,21, Offenbarung 1,3; Markus 4,2; Apostelgeschichte 5,28; Römer 16,17; 2. Johannes 10").

[3] L. Morris, „The First Epistle of Paul to the Corinthians", Eerdmans, Grand Rapids, MI, 1963, S. 192.

können, ob die Trompete zum Vormarsch oder zum Rückzug geblasen wird, wenn sie von Nutzen sein soll.

Es geht also um Verständlichkeit oder Unverständlichkeit. Was kann an der Zungenrede selbst gut sein, wenn sie für jene unverständlich bleibt, für die sie bestimmt ist? Sie dient nicht dem ihr zugedachten Zweck. Das Reden in einer Zunge/Sprache erreicht nur dann seinen Zweck, wenn es verstanden wird.

Was diese Beispiele sagen wollen, ist deutlich: Die Bedeutung dessen, was gesprochen wird, muß aus den „Lauten" verständlich hervorgehen. Das Ziel ist, daß der Inhalt der Botschaft das Bewußtsein des Hörers erreicht und das entsprechende Handeln hervorruft. Doch diese Merkmale fehlen, wenn jemand „in Zungen", aber „nicht mit deutlichen Worten" redet (Vers 9). Diese „Rede" *(lógos)* ist nicht „deutlich" *(eúsemon)*, „eindeutig" oder „leicht erkennbar".[1]

Es ist darauf hingewiesen worden, daß dieses Zungenreden „nicht bloß ein Stammeln war, vielmehr redete die inspirierte Person in der Gemeinde zu Korinth in einer Sprache, die für fast alle unverständlich war".[2]

Weil sie von anderen nicht verstanden werden konnte, war der gewünschte Erfolg der Zungenrede nicht möglich. Derjenige, der in Zungen redete, sprach deshalb „in den Wind" (Vers 9). Letzteres ist ein Sprichwort[3] und bedeutet, daß ein solches Reden ohne Nutzen für die Hörer ist, wenn kein Ausleger vorhanden ist. „Der andere wird dadurch nicht erbaut" (Vers 17). Der einzige, der erbaut wird, ist der Redner selbst (Vers 4), aber dies ist nicht der Zweck, für den die Gabe der Zungenrede verliehen wurde.

Die dritte Illustration entnimmt Paulus dem Bereich der menschlichen Kommunikation (Verse 10-12).

In der Handelsmetropole Korinth mit ihren beiden angrenzenden Häfen wurden vielerlei Sprachen gesprochen, und der „Sprachunterschied war oft eine Barriere für gemeinsames Handeln. Mehr noch, es war wohl bekannt, wie ärgerlich es für zwei

---

[1] Arndt and Gingrich, „Greek-English Lexicon", S. 326; vgl. Bauer, a.a.O., Sp. 645f.

[2] Delling, a.a.O., S. 33.

[3] Ovid, „Am". I. 6, 42: „dare verba in ventos." Vgl. A. Otto, „Sprichwörter der Römer", Leipzig, 1890, S. 364.

intelligente Personen sein konnte, wenn sie einander nicht verstehen konnten“.[1]

Paulus schreibt: „Es gibt so viele Arten von Sprachen[2] in der Welt, und nichts[3] ist ohne Sprache *[áphonon]*[4].“ (Vers 10) Nach diesem Text gibt es so viele Arten von Sprachen, Lauten und Dialekten in der Welt, daß keiner alle kennt. Auf der Grundlage dieses Bildes fährt Paulus fort: Wenn ein Mensch nicht die Bedeutung der Sprache, in der er angesprochen wird, kennt, „werde ich dem Redenden ein Barbar sein und der Redende wird für mich ein Barbar“ (Vers 11 Elberfelder Bibel).[5]

Die Bezeichnung „Barbar“ ist ein lautmalerischer Ausdruck für eine Person, die eine fremde Sprache spricht. Es handelt sich also um einen Nichtgriechen, um einen Fremden.[6] Der Gedanke ist,

---

1 Robertson and Plummer, „First Epistle to the Corinthians“, S. 310.102.

2 Das griechische Wort hier ist *phoné*, das von vielen mit „Sprache“ übersetzt wird (RSV, NAB, NASB; Conzelmann, Barrett, Bruce, H. Lietzmann and W. G. Kümmel, „An die Korinther I, II“, Tübingen, 1969, S. 71). Jedoch ist die Bedeutung „Sprache“ zweifelhaft in dem einzigen anderen NT-Text, 2. Petrus 2,16: Arndt and Gingrich, „A Greek-English Lexicon“, S. 879. Normalerweise bedeutet dieser Begriff „Klang, Ton, Geräusch, Stimme“. Mit dieser Bedeutung wird es konsequent gebraucht in den häufigen neutestamentlichen Abschnitten. In der LXX heißt es in 1. Mose 11,7 im Zusammenhang mit der Sprachenverwirrung: „Geh zu, laßt uns herniedergehen, und dort verwirren ihre Sprachen *[glôssan]*, damit sie nicht des anderen Rede *[phonén]* verstehen.“

3 Der griechische Ausdruck *kaì oudén* ist ungenau. Nach einigen Kommentatoren wollte Paulus, daß dort *éthnos* (Rasse) verstanden wird (vgl. Lietzmann and Kümmel, a.a.O., S. 71; Conzelmann, a.a.O., S. 274, Fußnote 8), wo *génos* (Arten) nicht paßt. Das trifft zu; denn „es wäre kaum möglich zu sagen, daß es nichts ohne Stimme gibt“ (Robertson and Plummer, a.a.O., S. 310). Barrett, „The First Epistle to the Corinthians“, S. 319, folgt ebenfalls Lietzmann, Kümmel, Conzelmann.

4 Dieser Ausdruck ist eine Paranomasie [Wiederholung desselben Wortstammes in geringer Entfernung; Wortspiel zur Betonung] zu dem Begriff *phoné*. Einige deuten ihn aufgrund von Vers 11 im Sinne von „unverständlich“, allerdings kommt dieser Gedanke nur im darauffolgenden Satz vor.

5 [Luther-Bibel: „Wenn ich nun die Bedeutung der Sprache nicht kenne, werde ich den nicht verstehen, der redet, und der redet, wird mich nicht verstehen.“]

6 H. Windisch, „bárbaros“ in „Theological Dictionary of the New Testament“, G. Kittel (Hg.), Eerdmans, Grand Rapids, MI, 1964, Bd. 1, S. 544-551.

daß die Sprache eines Griechen für jeden, der sie nicht verstand, „Griechisch" war und umgekehrt; die Sprache eines Fremden war „Griechisch" für den Griechen, der die Sprache des Fremden nicht kannte.

Diese Bemerkung des Paulus erinnert an Ovids selbstbemitleidende Klage, während er im Exil am Schwarzen Meer lebte: „Ich bin hier ein Barbar, weil mich keiner versteht, und die stupiden Getäer lachen über mein Latein."[1] Dieser Vergleich mit dem „Fremden" zeigt noch einmal, daß Paulus in 1. Korinther 14 mit „Zunge" einfach „Sprache" meint.

Die Illustration des Paulus verdeutlicht, daß keine Sinn-volle Kommunikation möglich ist, wenn einer in einer Sprache spricht, die der Hörer nicht versteht. Dies wendet er auf die Situation in der Gemeinde zu Korinth an. Er erkennt den Eifer der Korinther für die geistlichen Gaben *(pneumáton)*[2] an (Vers 12). Er selbst hatte sie gerade aufgefordert: „Bemüht euch um die Gaben des Geistes" (Vers 1)!

Wenn jedoch keine Sinn-volle Kommunikation wie Offenbarung, Erkenntnis, Prophetie oder Lehre stattfindet (Vers 6), dient sie nicht dem beabsichtigten Zweck, die Gemeinde zu erbauen (Vers 12).

Paulus verdammt nicht die Zungenrede, doch er weist auf die Grenzen dieser Gabe hin, wenn sie nicht verstanden wird und daher nicht dem ihr zugedachten Ziel des Gemeindeaufbaus dient.

Der Apostel betont mehrmals, daß die geistlichen Gaben – ganz gleich ob Zungenrede, Prophetie oder die anderen Gaben – *eine* wichtige Funktion haben, nämlich die Gemeinde zu erbauen (Verse 3.5.12.26).

Paulus wiederholt nicht nur die Argumente der Verse 1-5, sondern er ermahnt die Gemeindeglieder auch, sich selbst und die eigene Erbauung zurückzustellen und statt dessen die Gemeinde zu fördern und aufzubauen.

---

1 Ovid, „Tristia", V. x. 37f.

2 Dieser Plural wird hier für *pneumatikon* in 14,1 gebraucht. Der Ausdruck in 14,12 „betont ein wenig mehr die Wahrheit, daß die Gaben, nach denen die Korinther so eifrig strebten, ihren Ursprung im Heiligen Geist haben", schreibt L. Morris, a.a.O., S. 194.

Die Zungenrede als Zeichen für Ungläubige

In 1. Korinther 14,20-25 kommt Paulus zum erstenmal auf den Eindruck zu sprechen, den Ungläubige erhalten, wenn sie in eine Gemeindeversammlung kommen und hören, wie Gemeindeglieder gleichzeitig in Zungen reden. Die Reaktion der Ungläubigen wird nicht positiv sein. „Wenn nun die ganze Gemeinde an einem Ort zusammenkäme und alle redeten in Zungen, es kämen aber Unkundige oder Ungläubige hinein, würden sie nicht sagen, ihr seid von Sinnen?" (Vers 23) Paulus beschreibt anscheinend einen gedachten Fall, um die Sache zu illustrieren.[1]

Daß „alle" in Zungen reden (Vers 23), kann kaum bedeuten, daß jedes Glied der Korinther-Gemeinde in Zungen reden konnte; denn auch in bezug auf die Gabe der Prophetie in Vers 24, wird von „allen" gesprochen.[2] Wenn das Wort „alle" einfach bedeutet, daß viele in Zungen reden, dann verbleibt der Eindruck, daß verschiedene Glieder in Zungen sprachen; was sie sagten, konnten „Unkundige" oder „Ungläubige" aber nicht verstehen, weil durch das gleichzeitige Reden in fremden Sprachen ein zu großes Durcheinander entstand.[3]

Die in Vers 23 „Unkundige" *(idiôtai)* Genannten sind weder Christen aus anderen Gemeinden, noch Personen, die in der Gemeinde zu Korinth unterrichtet werden.[4] Der Zusammenhang macht deutlich, um welche Gruppe es sich handelt; denn sie werden neben den „Ungläubigen" *(ápistoi)* genannt. Dieser Ausdruck erklärt sich selber. Da die „Unkundigen" zusammen mit den „Un-

---

1 Der griechische Bedingungssatz („wahrscheinlicher eine zukünftige Bedingung") macht klar, daß wir immer zwischen der Tatsache selbst und der *Beschreibung* der Tatsache unterscheiden müssen. Der Bedingungssatz befaßt sich nur mit der Beschreibung der Tatsache. Siehe Robertson, „Grammar of the Greek New Testament", S. 1005.

2 So richtig Robertson and Plummer, „First Epistle to the Corinthians", S. 317.

3 [Tatsächlich bestätigt Paulus an anderer Stelle (1. Korinther 12,10.29.30), daß alle Gemeindeglieder weder die Gabe der Prophetie noch der Zungenrede haben. Die Gaben sind vielmehr nach dem Willen des Heiligen Geistes unterschiedlich verteilt (1. Korinther 12,11).]

4 Mit Lietzmann und Kümmel, a.a.O., S. 73, und gegen J. Weiss.

gläubigen“ erwähnt werden, so scheinen die „Unkundigen“ ebenfalls Nichtchristen zu sein.[1] Das Wort „Unkundiger“[2] ist die neutrale Beschreibung eines Menschen, der kein Christ ist, während die Bezeichnung „Ungläubiger“ die persönliche Haltung dem Evangelium gegenüber verrät.[3]

Diese „Unkundigen“ oder „Ungläubigen“ können Griechen oder Nichtgriechen sein. Diese beiden Wörter stellen nicht im einzelnen fest, ob es sich nur um Griechen oder auch um nichtgriechische Fremde handelt. Man muß sie auch nicht den „Fremden“ aus Vers 11 *(bárbaros)* gleichsetzen.

Was Paulus sagen will, ist klar: Wenn Nichtgläubige zur Versammlung kommen und die Gemeindeglieder in Zungen oder Sprachen reden hören, die sie nicht verstehen, könnten sie zu dem Schluß kommen, daß die Redner „verrückt“ (Jerusalemer) oder „von Sinnen“ (Luther/Elberfelder) seien.

Das griechische Wort für „verrückt“ bzw. „von Sinnen“ ist *maínesthe*. Es kann sich auf eine Person beziehen, die unglaubliche, überraschende Nachrichten überbringt (Apostelgeschichte 12,15). Sie wird dann als „verrückt“ bzw. „von Sinnen“ bezeichnet. Paulus antwortete bei seiner Verteidigung vor Festus, daß er nicht „von Sinnen“ sei (Apostelgeschichte 26,25). Diese Beispiele, in denen der gleiche Ausdruck vorkommt, machen deutlich, daß dieses Wort nicht auf eine Geisteskrankheit hinweist.

Es gibt eine zweifache Verbindungslinie zwischen diesen Textstellen in 1. Korinther 14,22-23 und Apostelgeschichte 2,13. Die erste betrifft die Reaktion der Ungläubigen bei der Begegnung mit dem Phänomen der Zungenrede. In Apostelgeschichte 2,13 warfen einige unter den Hörern den in fremden Sprachen Redenden vor, sie seien betrunken. Das behaupteten jene, die nicht verstehen konnten (und/oder nicht verstehen wollten), was die Jünger am Pfingsttag sagten.

---

1 Vgl. H. Schlier, „idiótes“ in „Theological Dictionary of the New Testament“, G. Kittel (Hg.), Eerdmans, Grand Rapids, MI, 1965, Bd. 3, S. 217.

2 Englische Bibel: „Außenseiter“.

3 So Lietzmann und Kümmel, Schlier, Conzelmann, Barrett u. a.

Hier in 1. Korinther 14,23 warnt Paulus, daß es auf die Ungläubigen einen nachteiligen Eindruck machen könnte, wenn sie zwar zuhören, in einem chaotischen Gottesdienst aber nichts verstehen.

Man kann sich das Bild, das Paulus von einem solchen Gottesdienst zeichnet, in etwa so vorstellen: Ein Gemeindeglied spricht zum Beispiel in der koptischen Sprache. Es sind aber keine „Unkundigen“ oder „Ungläubigen“ anwesend, die ebenfalls koptisch sprechen. Woher soll ein anderssprachiger Gast wissen, was gesagt worden ist (1. Korinther 14,9), und inwiefern soll diese Zungenrede auf koptisch der Sache Gottes dienen? Würde ein anderer Zungenredner aufstehen und gleichzeitig auf nabatäisch sprechen, ein dritter auf parthisch usw., was für einen Eindruck würde dies auf die ungläubigen Besucher machen, die keine dieser Sprachen verstehen? Würden sie nicht daraus schlußfolgern, diese Menschen seien „verrückt“?

Der Maßstab, nach dem Paulus die geistlichen Gaben, speziell die Zungenrede, bewertet, ist der Aufbau bzw. die Erbauung der Gemeinde. Da ein solches Auftreten der Zungen/Sprachen, wie Paulus es beschreibt, keine positiven Auswirkungen auf die Ungläubigen erzielen würde, würden diese Gottesdienstbesucher weder „überführt“ noch „ins Gericht genommen“, noch würde „das Verborgene“ ihres „Herzens offenbar“ (Verse 24.25). So würde der Zweck der Zungenrede im Sinne des Gemeindeaufbaus nicht erreicht. Der ungläubige Besucher würde nicht „niederfallen auf sein Angesicht, Gott anbeten und bekennen, daß Gott wahrhaftig unter euch ist“ (Vers 25).

Dieses Ergebnis aber ist das entscheidende Ziel der Zungenrede und deren eigentlicher Zweck: Die „Unkundigen“ oder „Ungläubigen“ sollen bekehrt werden, Gott anerkennen und ihn anbeten. Wenn sie aber nicht verstehen, was gesagt wird, wozu soll das ganze gut sein? Wie kann das gottgewollte Ziel dann erreicht werden? Wie kann die Gemeinde auferbaut werden?

Paulus betont ausdrücklich, daß dies alles durch die Gabe der Prophetie erreicht wird, aber auch durch die Zungenrede vollbracht werden sollte. Das Hauptkriterium ist und bleibt der Aufbau der Gemeinde. Paulus scheut keine Mühe, um deutlich zu machen, daß die Zungenrede zum Wohl der Gemeinde ist bzw. zu sein hat. Die Zungenrede soll dazu beitragen, daß die Gemeinde ihren Missionsauftrag erfüllt.[1] Sie muß zum Wachstum der Gemeinde beitragen.

Die zweite direkte Verbindung der Zungenrede in 1. Korinther 14 mit Apostelgeschichte 2,1-13; 10,45.46 und 19,1-6 hat mit dem eigentlichen Ziel der Sprachenrede zu tun. Sie soll der Mission und dem evangelistischen Streben der Gemeinde dienen, nämlich als Zeugnis und zur Bekehrung der „Unkundigen" oder „Ungläubigen". Aus diesem Grund besteht Paulus darauf, daß die Zungenrede kein Zeichen für Gläubige ist (Vers 22).

Die Zungenrede wird nicht als private, persönliche Angelegenheit verliehen. Vielmehr ist sie eine geistliche Gabe, deren eigentlicher Zweck nur erreicht werden kann, wenn sie „Unkundige" und „Ungläubige" zur Bekehrung und Anbetung des wahren Gottes führt und so die Gemeinde gebaut wird.

Paulus macht klar: „Darum ist die Zungenrede ein Zeichen nicht für die Gläubigen, sondern für die Ungläubigen; die prophetische Rede aber ein Zeichen nicht für die Ungläubigen, sondern für die Gläubigen." (Vers 22) Der griechische Text ist noch genauer. Er sagt nicht, daß „Zungen ein Zeichen *sind*", sondern daß sie „*zum* Zeichen sind", d. h. Zungen dienen dem Zweck, ein Zeichen zu sein.[2]

Das Wort „Zeichen" *(semeîon)* hat im Neuen Testament eine besondere Bedeutung. In erster Linie handelt es sich um eine Art Symbol, hinter dem eine besondere Botschaft steht, die übermittelt werden soll (vgl. Johannes 20,30-31). Die Gabe der Zungenrede hat ein spezielles Ziel und eine spezielle Aufgabe als Zeichen für „Ungläubige", die sowohl Juden (Apostelgeschichte 18,1-17; 1. Korinther 14,21) als auch Heiden sein können.[3] Obwohl Paulus nicht

---

1 Conzelmann, a.a.O., S. 285, erklärt in bezug auf Kap. 14,21 und die Zungenrede folgendes: „Wurde die Ekstase bisher esoterisch betrachtet, als Vorgang in der Gemeinde und hinsichtlich ihrer Wirkung auf diese, so jetzt [V. 22] auf ihre Wirkung für die Mission hin."

2 Robertson and Plummer, „First Epistle to the Corinthians", S. 317. [Elberfelder: „Daher sind die Sprachen zu einem Zeichen ..."]

3 W. G. Bellshaw, „The Confusion of Tongues" in „Bibliotheca Sacra" 4/1963, S. 148f., beschränkt dies zu eng nur auf die Juden.

ausdrücklich erwähnt, um welche Art von „Zeichen“ es geht, hilft uns der Zusammenhang, Aufgabe und den Zweck zu erkennen.

1. Korinther 14,22 ist eng mit dem vorausgehenden Vers verbunden. In Vers 21 zitiert Paulus frei aus Jesaja 28,11[1]: „Im Gesetz steht geschrieben: »Ich will in andern Zungen und mit andern Lippen reden zu diesem Volk, und sie werden mich auch so nicht hören, spricht der Herr.«“ Was will Paulus mit diesem Zitat aus dem Alten Testament sagen?

Diese Frage zu beantworten, würde ein detailliertes Studium erfordern, was aus Platzgründen hier nicht möglich ist. Der Zusammenhang in Jesaja macht deutlich, daß die Menschen, durch die Gott „in andern Zungen“ zum Volk reden will, Assyrer sind.

Für „andere Zungen“ steht im Griechischen *heteroglóssois*.[2] Zur Zeit des Paulus war damit eine „Fremdsprache“[3] gemeint, und so ist der Begriff auch hier zu verstehen. Die „anderen Zungen“ und die „anderen Lippen“ sind mit den Worten Wayne Grudems „die Lippen und Zungen der fremden (assyrischen) Angreifer“,[4] die von den Hörern nicht verstanden wurden. Die hebräischen Hörer kannten diese „Fremdsprachen“ der eindringenden assyrischen Armee nicht.

Dieses Zitat macht einige wichtige Punkte klar, die wir nicht übersehen sollten. Es bezieht sich an erster Stelle auf „Fremdsprachen“ als Kommunikationsmittel, das die Hörer nicht verstehen. Dieser Vergleich ist aufschlußreich; denn er scheint zu besagen, daß in Korinth das gleiche geschah. Die Zungenredner sprechen „Fremdsprachen“, aber sie erzielen nicht die gewünschte Wirkung, da sie von den Hörern nicht verstanden werden.

Paulus stellt fest, daß Gott in der Vergangenheit andere Sprachen mit einer bestimmten Absicht gebraucht hat. Er benutzte damals die Assyrer, um zu den Israeliten zu sprechen. Sie wurden

---

1 Das Zitat stimmt nur lose mit dem hebräischen Text oder der LXX überein. In bezug auf diesen offenkundig schwierigen Abschnitt siehe Grudem, a.a.O., S. 185-205.

2 Unkorrekt mit „strange tongues“ (fremdartige Zungen) in einigen Übersetzungen wiedergegeben (NASB, NRSV u. a.)

3 Arndt, Gingrich and Danker, a.a.O., S. 314.

4 Grudem, a.a.O., S. 190.

aber von diesen nicht verstanden. Sie brauchten einen Übersetzer. Jetzt benutzt Gott die Gabe der Zungen/Sprachen, um die Ungläubigen davon zu überzeugen, daß die Evangeliumsbotschaft das Siegel des Himmels trägt.[1]

Der zweite Punkt ist höchst bedeutsam. Behm sagt: „Die *glôssai* [Zungen] gelten auch als Wunderzeichen von überwältigender Kraft."[2] Für einige unter den „Ungläubigen", die überführt und überzeugt werden sollen und für die dieses Zeichen der Zungenrede bestimmt ist, wird es ein Zeichen der Errettung sein, während es für andere, die sich weigern zuzuhören, ein Zeichen des Gerichts sein wird.[3] Dieses gegensätzliche Ergebnis auf Seiten der Ungläubigen hängt davon ab, wie sie auf die Botschaft reagieren, die ihnen durch die Zungenrede vermittelt wird.[4]

Wieder scheint es hier eine Verbindung zur Zungenrede in Apostelgeschichte 2 zu geben. Viele wurden errettet, während sich andere weigerten zuzuhören und sich voller Spott gegen die Zungenredner wandten.

Aufgabe und Ziel der Zungenrede werden erneut betont: Die Zungenrede soll zum „Zeichen" dienen, wodurch Ungläubige mit der Guten Nachricht bekannt gemacht werden. In der Art und Weise, wie sie auf das reagieren, was sie hören, offenbaren sie sich selbst: Entweder werden sie gläubig oder sie verwerfen die Einladung des Evangeliums.

Es ist die Absicht der Gabe der Zungenrede falsche Reaktionen zu vermeiden (1. Korinther 14,23). Damit diese geistliche Gabe wirkungsvoll zur Geltung kommen kann, sind gewisse Grundvorausset-

---

1 Mit „The Seventh-day Adventist Bible Commentary", Bd. VI, S. 791 .

2 Behm, „glôssa", a.a.O., Bd. 1, S. 722.

3 Man muß sich davor hüten, diese „Zeichen"-Funktion nur negativ als ein „Zeichen des Gerichts" zu sehen (so Robertson and Plummer, Lietzmann und Kümmel, Barrett, Bruce u. a.). Conzelmann, a.a.O., S. 285, zeigt an, daß Paulus nur *einen* Gedanken aus dem Zitat entnommen hat, nämlich, daß die Zungen „Zeichen" für die Ungläubigen sind.

4 J. M. P. Sweet („A Sign for Unbelievers: Paul's Attitude to Glossolalia" in „Speaking in Tongues. A Guide ...", a.a.O., S. 144-146) meint, Paulus habe ein Stück frühchristlicher antijüdischer Polemik übernommen. Aber es ist sehr schwierig, darüber Gewißheit zu erhalten.

zungen – z. B. in bezug auf Ordnung – zu erfüllen. Eine von ihnen ist die Übersetzung. Diesem Aspekt wollen wir uns nun zuwenden.

Zungenrede und Zungenauslegung

Wenn die Zungenrede für Gemeindeglieder und für ungläubige Gäste unverständlich bleibt, für die sie doch hauptsächlich bestimmt ist, wie kann sie dann dem missionarischen Aufbau der Gemeinde dienen? Die konsequente Anwort des Paulus lautet: Wenn keiner in der Gemeinde versteht, was in Zungen geredet wird, dann lege ein anderer es aus (1. Korinther 14,27).

Dieser Rat ist deutlich. Wenn die Zungenrede der Gemeinde – besonders den ungläubigen Besuchern – nützen und dem Gemeindeaufbau dienen soll (Verse 3.5.12.26), dann muß derjenige, der in Zungen redet, darum beten, daß er (Verse 13.15) oder ein anderes Gemeindeglied (Verse 27.28) die Zungenrede „auslegen" kann.[1] Tatsächlich ist auch die „Auslegung" eine geistliche Gabe (1. Korinther 12,10.30).[2]

Im Zusammenhang mit unserem Versuch herauszufinden, was mit der Zungenrede in 1. Korinther 12-14 gemeint ist, müssen wir auch der Frage nachgehen, was Paulus mit „Auslegung" meint. In 1. Korinther 12-14 verwendet er dafür viermal das griechische Verb *diermeneúein* (1. Korinther 12,30; 14,5.13.27).

Dieses Verb wird außerhalb des Neuen Testamentes in 2. Makkabäer 1,36 (LXX) gebraucht. Es bedeutet dort, einen hebräischen Ausdruck ins Griechische „übersetzen".[3] Im Neuen Testament wird

---

1 Die RSV vermittelt in Kap. 14,5 den Eindruck, daß zwei unterschiedliche Personen gemeint sind, und zwar der Zungenredner und der Übersetzer. Aber der Grundtext zeigt, daß das Subjekt von *diermeneue* („übersetzen") nicht ein ergänztes *tìs* ist, sondern „derjenige, der in einer Zunge spricht". Hier übersetzen die KJV, NEB, NAB, NASB, etc., korrekt: „einer, der in Zungen spricht, es sei denn er [der in Zungen spricht] übersetzt es auch." Siehe G. Henrici, „Kritisches Exegetisches Handbuch über den ersten Brief an die Korinther", Göttingen, 1888[7], S. 396; Conzelmann, a.a.O., S. 277.

2 H. Weder, „Die Gabe der *hermeneía* (1. Kor. 12 und 14)" in „Wirkungen hermeneutischer Theologie", H. F. Geisser and W. Mostert (Hg.), Köln, 1983.

3 A. Rahlfs (Hg.), „Septuaginta", Württembergische Bibelanstalt, Stuttgart, 1962[7], S. 1102.

das gleiche Wort im Sinne von „übersetzen" gebraucht (Apostelgeschichte 9,36).[1] Innerhalb und außerhalb des Neuen Testamentes bedeutet dieses Verb, eine normale Sprache in eine andere, normale und bekannte Sprache zu „übersetzen".[2]

Zweimal verwendet Paulus das griechische Substantiv *hermeneía* (Übersetzung) in 1. Korinther 12-14 (12,10, 14;26). Dieses Hauptwort kommt sonst nirgends im Neuen Testament vor. Zweimal erscheint es in der Septuaginta: einmal weist es klar auf „Übersetzung" hin (Vorrede zu Sirach 5),[3] und einmal bedeutet es „Satire" (Sirach 47,18).

Einmal benutzt Paulus das griechische Substantiv *diermeneutés* (1. Korinther 14,28), was gewöhnlich mit „Ausleger" übersetzt wird. Es ist ein Wort, das in der griechischen Sprache außerhalb des Neuen Testamentes nicht bekannt war und das erst Jahrhunderte später bei byzantinischen Schreibern auftaucht. W. Bauer gibt als Bedeutung für 1. Korinther 14,28 „Übersetzer" an.[4] In der Septuaginta erscheint in 1. Mose 42,23 das sinnverwandte Wort *hermeneutés*, das ebenfalls „Übersetzer" bedeutet.[5]

Ein Studium des griechischen Verbes *hermeneueîn* und verwandter Ausdrücke in der Septuaginta sowie im Neuen Testament[6] macht – abgesehen von der siebenmaligen Benutzung in 1. Korinther 12-14 – deutlich, daß es sich in 19 der 21 Fälle auf „Über-

---

1 Arndt, Gingrich and Danker, „A Greek-English Lexicon", S. 194 [vgl. Bauer, a.a.O., Sp. 385]. Polybius (ca. 210-120 v. Chr.), der größte Historiker des Hellenismus, benutzt das gleiche Verb in der Bedeutung „übersetzen" (III. 22,3). In dem berühmten Aristeas-Brief wird gesagt, daß die LXX aus dem Hebräischen „übersetzt" worden ist. Er gebraucht dafür dasselbe griech. Wort (Zeilen 15, 308, 310).

2 ebd.

3 Dies ist wieder die klare Bedeutung in dem Brief des Aristeas (11. 3,11. etc.).

4 W. Bauer, a.a.O., Sp. 613.

5 Siehe z. B. [S. Bagster], „The Septuagint Version of the Old Testament with an English Translation", S. Bagster and Sons, London, 1879, S. 57.

6 Wir müssen auch *hermeneúo* betrachten, das in allen Fällen in der LXX und im NT mit der Bedeutung „übersetzen" gebraucht wird (Hiob 42,17b; 2. Esdra 4,7; Johannes 9,7; Hebräer 7,2; Arndt, Gingrich and Danker, „A Greek-English Lexicon", S. 310, vgl. Bauer, a.a.O., Sp. 613), und das verwandte *methermeneúo*, das immer „übersetzen" bedeutet in der LXX und im NT (Vorrede zu Sirach 9; Matthäus 1,23; Markus 5,41; 15,22.; Johannes 1,38.42; Apostelgeschichte 4,36; 13,18; Arndt, Gingrich and Danker, a.a.O., S. 498, vgl. Bauer, a.a.O., Sp. 986).

setzung“ bzw. „übersetzen“ bezieht.[1] Dieser Beweis[2] rechtfertigt die Schlußfolgerung, daß die von Paulus benutzten Ausdrücke für das „Auslegen“ der Zungenrede „sehr für die Übersetzung einer fremden Sprache“ sprechen.[3]

Die Schlußfolgerung, daß es sich bei der „Auslegung“ um die „Übersetzung“ der Zungenrede handelt, wird außerdem durch das Zitat aus Jesaja 28,11 in 1. Korinther 14,21 unterstützt. Wie wir bereits gesehen haben, würden die Assyrer in „fremden Sprachen“ (Elberfelder) zu den Israeliten sprechen, weil diese die einfachen, klaren Botschaften der Propheten in ihrer eigenen hebräischen Sprache zurückgewiesen hatten.

Dazu kommt 1. Korinther 14,10.11. Das Beispiel von Menschen, die den Sprecher einer Fremdsprache nicht verstanden, betont, daß es sich um Fremdsprachen handelt. Selbst ein Gelehrter wie Behm, der meint, daß es sich „bei der Glossolalie in Korinth um ... ein unverständliches ekstatisches Reden handelt“,[4] muß zugeben, „der Glossolale [Zungenredner] ... erweckt den Eindruck eines in fremden unverständlichen Sprachen Redenden (14,10f.21)“.[5] Das ist nicht nur ein Eindruck, sondern ein sehr starkes Argument, das Paulus durch die gewählten Begriffe liefert.

Es ist noch hinzuzufügen, daß in der Apostelgeschichte nirgendwo das Problem der „Auslegung/Übersetzung“ vorkommt, das in 1. Korinther 12-14 so wichtig ist. Zu Pfingsten war keine Übersetzung nötig, weil unter den Hörern jene waren, die die Gute Bot-

1 Einmal wird Bezug genommen auf eine Satire oder bildhafte Aussage (Sirach 47,17), ein anderes Mal ist die Bedeutung „erklären“ (Lukas 24,27).

2 Dieser Punkt wurde in jeder einzelnen Studie von Gelehrten verschiedener Überzeugungen beachtet, weil er sehr wichtig ist.

3 J. G. Davies, „Pentecost and Glossolalia“ in „Journal of Theological Studies“, 3/1952, S. 230. [Vgl. auch Eintrag 2040 im lexikalischen Sprachschlüssel der Elberfelder Studienbibel, Brockhaus, Wuppertal, 1994: „*hermeneia* – Übersetzung (nur in 1. Korinther. 12,10; 14,26) ... Das hier verwendete griech. Wort läßt darauf schließen, daß es bei der Übersetzung der Zungenrede nicht um die Auslegung eines Sammelsuriums von Lauten geht, sondern eine richtige, existierende Sprache gesprochen wird, die der buchstäblichen Übersetzung bedarf.“]

4 Behm, „glôssa“, a.a.O., Bd. 1, S. 722.

5 a.a.O., S. 721f.

schaft dank der Gabe der Zungenrede in ihrer Muttersprache hörten. In 1. Korinther 12-14 ist die Situation anders, nicht weil die Christen in Korinth in unverständlicher Glossolalie gesprochen hätten,[1] sondern weil dort keine Hörer waren, die die Sprachen der Zungenredner verstanden.

Der Zungenredner, der eine Sprache spricht, die von den Hörern nicht verstanden wird, benötigt einen Übersetzer. Obwohl Lukas in der Apostelgeschichte bei seinen Berichten über die Zungenrede nicht auf die Wortfamilie verweist, die mit *hermeneía* (Übersetzung) verbunden ist, benutzt er dennoch ein Wort aus dieser Gruppe für den Gedanken der Übersetzung von einer Sprache in die andere. Apostelgeschichte 9,36 erwähnt „eine Jüngerin mit Namen Tabita, das heißt übersetzt *[diermeneúo]*: „Reh". So unterstützt die Apostelgeschichte den Gedanken, daß der auf *hermeneía* basierende Wortstamm „auslegen" im Sinne von „übersetzen" bedeutet.

Aufgrund unserer Untersuchungen angeblicher Parallelen zwischen der Zungenrede und den Phänomenen in den griechischen Religionen sind wir zu der Erkenntnis gekommen, daß es keine wirklichen Parallelen zu dem neutestamentlichen Phänomen gibt.

Einerseits ist keine Glossolalie im Sinne unverständlichen Redens in diesen Religionen bekannt. Keinem einzigen Gelehrten ist es bisher gelungen, einen Beweis dafür zu erbringen. Andererseits ist aber auch nicht bekannt, daß es in diesen Religionen ein übernatürliches Sprechen von normalen Fremdsprachen, wie in Apostelgeschichte 2 berichtet, gegeben hätte.

Unsere Untersuchung des Begriffs „Auslegung" im Neuen Testament und darüber hinaus unterstützt die Schlußfolgerung, daß es bei der Zungenrede in Korinth um das übernatürliche Sprechen nicht erlernter Fremdsprachen geht.

An dieser Stelle bietet es sich an, noch einmal auf den Wahrsager oder Mantiker[2] zu sprechen zu kommen, der rätselhaft spricht

1 Dies ist die Hypothese von R. P. Spittler, „Interpretation of Tongues, Gift of" in „Dictionary of Pentecostal and Charismatic Movements", Stanley M. Burgess and Gary B. McGee (Hg.), Zondervan, Grand Rapids, MI, 1988, S. 469.

2 In griechischen ekstatischen Religionen *mántis* genannt. Dies ist der Ausdruck, den Plato gebraucht („Timaeus" 71e).

und scheinbar unfähig ist, das zu bewerten, was er sieht und sagt. Zu ihm gehört eine Person, *sóphron* genannt[1]. Das ist jemand, der im Besitz der Selbstbeherrschung ist, ihm zur Seite steht, betet[2] und dann anfängt, die „Exegese" („Auslegung", griechisch *exegêtai/ességesis*) der Äußerungen und Visionen zu geben.[3]

Es gibt allerdings einen entscheidenden Unterschied in der Sprache des Paulus: Der von ihm für „Übersetzung" bzw. „Auslegung" gewählte Begriff kommt in den ekstatischen Religionen der griechischen Welt nicht vor.

Wenn Paulus von „Übersetzung" oder „Auslegung" spricht, benutzt er nicht den Ausdruck *exegesis*, der im Zusammenhang mit den Phänomenen dieser Religionen steht. Deutet der Unterschied zwischen der Terminologie der griechischen ekstatischen Kulte und der Terminologie des Paulus nicht an, daß er über etwas grundsätzlich anderes als die Phänomene der ekstatischen heidnischen Religionen spricht? Man kann sich nur äußerst schwer dieser Schlußfolgerung entziehen.

Zungenrede und Prophetie

Es mag hilfreich sein, zuerst zu untersuchen, wie sich die Sprache und der Schwerpunkt von Paulus von den Phänomenen heidnischer religiöser Kulte seiner Zeit unterscheiden, wenn wir uns mit dem Thema Prophetie beschäftigen.

Im Kult von Delphi und im Kult des Dionysos wird mantisches Wahrsagen dem Prophezeien gleichgesetzt.[4] Paulus dagegen unterscheidet sehr deutlich zwischen „Prophetie" und „Zungenrede". Es handelt sich um zwei völlig unterschiedliche geistliche Gaben (1. Korinther 12,8-11.28-31; 14,1-5).[5]

---

1 ebd., 72a.

2 ebd.: *prosékein.*

3 Pollux, „Onomastikon", 8, 124: *„exegetaì d' ekaloûnto hoi tà perì tôn diosemiôn kaì tà tôn állon hierôn didáskontes.*" Pollux [genauer: Iulius Polydenkes] von Naucratis in Ägypten war 178 n. Chr. Rethorik-Professor in Athen.

4 Vgl. Behm, „glôssa", a.a.O., Bd. 1, S. 722ff.

5 Grudem, a.a.O., S. 176.

Auch im Hinblick auf den Empfang des Geistes *(pneûma)* läßt sich ein deutlicher Unterschied feststellen. Im Dionysioskult kommt der „heilige" *(hierón)* Geist, „wenn der Gott völlig in den Körper eingeht [und] er verleiht die ekstatische Macht, um die [in der Zukunft] kommenden Dinge zu erklären".[1] Im 1. Korintherbrief dagegen – wie auch in all seinen Briefen – gebraucht Paulus für den Geist Gottes ein anderes Wort für „heilig" *(hágion)*.[2] Indem er ein anderes Adjektiv benutzt, macht Paulus einen Unterschied zwischen dem Heiligen Geist und dem heidnischen Geist.

Das Ziel der orgiastischen, bacchantischen Nächte besteht darin, „von Sinnen zu sein" *(maínesthai)*.[3] Das ist das Gegenteil von dem, was Paulus beim Zungenredner für wünschenswert hält (1. Korinther 14,23). Wir müssen klar und deutlich feststellen: Jene, die 1. Korinther 14 mit Hilfe ekstatischer Kulte des Hellenismus zu deuten versuchen, sind gezwungen, die Phänomene des heidnischen, mantischen „Weissagens"[4] auf die Zungenredner in Korinth zu übertragen – entgegen den von Paulus betonten Unterschieden. Dabei sind beide Phänomenen vollständig unterschiedlich und haben nichts miteinander zu tun.

Die Bezeichnung für die unkontrollierten Phänomene des Gottes Apollo am Heiligtum von Delphi ist „göttliche Raserei" *(theía manía)*.[5] In diesem Zustand mantischer Raserei wird der Wille der Götter in orakelhaften, obskuren Worten, aber dennoch in normaler Sprache mitgeteilt. Gleiches gilt für die weissagenden Sibyllen. Wenn diese Frauen plötzlich in Trance fielen, veränderte sich ihre Farbe, sie hatten flatternde Haare, einen keuchenden Atem, Schaum vor dem Mund, wilde Gebärden[6] und äußerten mystische Worte in orakelhafter Form. Diese heidnischen, ekstatischen Phä-

1 Euripides, „Bacchae", S. 298-300. Euripides lebte von 480-406 v.Chr.

2 So auch in 1. Korinther 6,19; 12,3 (vgl. 10,1-22; 12,4-13).

3 Delling, a.a.O., S. 39.

4 Vgl. Reitzenstein, „Poimandres", S. 219ff.; H. Weinel, „Die Wirkungen des Geistes und der Geister", Vandenhoeck & Ruprecht, Göttingen 1899), S. 72ff.; Lietzmann und Kümmel, a.a.O., S. 68ff.

5 Vgl. K. Latte, „The Coming of the Pythia" in „Harvard Theological Review" 33/1940, S. 9-18.

6 Siehe die Beschreibung von Vergil, „Aeneis", vi. 46, 98.

nomene sind Teil der heidnischen „Prophetie" oder Wahrsagerei. Doch liegt weder ein Bericht noch eine Andeutung über das Auftreten der Glossolalie in diesen heidnischen Religionen vor.

Hinsichtlich des tranceähnlichen Zustands der Pythia im Orakel von Delphi sagt E. R. Dodds, daß „der Gott in sie eindrang und ihre Sprechorgane benutzte als seien es seine eigenen, genauso wie bei der sogenannten ‚Kontrolle' durch ein modernes spiritistisches Medium".[1] Das Bild vom Orakel zu Delphi, das dieser Gelehrte zeichnet, gleicht der Besessenheit durch ein Medium im Spiritismus. Dies hat natürlich nichts gemeinsam mit dem, was wir im Neuen Testament im allgemeinen oder in 1. Korinther 12-14 im besonderen vorfinden.

N. Engelsen, der wiederum anderen folgt,[2] behauptet, daß sich Zungenrede und Prophetie in Korinth nicht unterscheiden. Dies ist wichtig für ihn, weil es im Griechisch der Antike kein spezielles Wort für eine unverständliche, inspirierte Sprache gibt.

Engelsen behauptet daher, daß zu christlichen und vorchristlichen Zeiten verständliche und unverständliche inspirierte Rede nicht voneinander unterschieden wurde.[3] Er folgert außerdem, daß die Zungenrede in Korinth das Ergebnis eines Trancezustandes war. Das aber heißt, daß es sich bei der dortigen Zungenrede um eine ekstatische Erfahrung mit unverständlichem Reden im Sinne der Glossolalie gehandelt habe.[4]

Diese Schlußfolgerungen Engelsens sind durch Studien widerlegt worden, die deutlich machen, daß neutestamentliche Prophetie nicht das Ergebnis eines Trance-Zustands ist.[5] Es muß beachtet werden, daß Paulus auch die Zungenrede nicht mit einem derartigen Zustand verknüpft. Er vermeidet jegliche diesbezügliche Ver-

---

1 E. R. Dodds, „The Greeks and the Irrational", University of California Press, Berkeley, 1959, S. 70.

2 G. Bornkamm, „Faith and Reason in Paul" in „Early Christian Experience", Harper & Row, New York, 1969, S. 38, u. a.

3 Engelsen, „Glossolalia", S. 189.

4 ebd., S. 20-21.60.139-140.204-205.

5 Grudem, a.a.O., S. 155-176; Terrance Callan, „Prophecy and Ecstacy in Greco-Roman Religion und in 1 Corinthians" in „Novum Testamentum" 27/1985, S. 125-140.

bindung. Prophetie und Zungenrede – beides sind geistliche Gaben, zwar voneinander getrennt, doch aus derselben Quelle, nämlich dem Heiligen Geist. Prophetie ist die Gabe, nach der die Korinther mehr als nach der Zungenrede streben sollten (1. Korinther 14,1).

Zungenrede und Gebet

Die Worte „reden mit meinem Verstand" in 1. Korinther 14,19 verdienen besondere Beachtung. Der Gegensatz in Vers 19 besteht nicht zwischen „reden mit dem Verstand" und „reden mit dem Geist",[1] sondern zwischen „reden mit dem Verstand" und „reden in Zungen".[2]

Das Wort „Verstand" (*noûs*) bezieht sich auf Denken, Urteilsvermögen und willensorientierte Aspekte des menschlichen Bewußtseins, auf einen Teil des menschlichen Intellekts also.[3] Es ist ganz offensichtlich, was Paulus damit sagen wollte: Er wollte in einer Versammlung lieber wenige vernünftige und sinnvolle Worte zur Erbauung der Gemeindeglieder sagen als viele Worte in einer „Zunge" oder „Sprache" sprechen, die ihnen nichts mitteilen konnte, weil sie nicht verstanden wurde.

In 1. Korinther 14,14 sagt Paulus: „Wenn ich in Zungen bete, so betet mein Geist; aber was ich im Sinn habe, bleibt ohne Frucht." Hier und im folgenden Vers werden „Sinn" und „Geist" gegenübergestellt. Die Worte „mein Geist" (Vers 14) und „Geist" *(pneûma)* in Vers 15 versteht man am besten als „der Heilige Geist, der mir gegeben ist".[4] Es ist der göttliche Geist, der im einzelnen Menschen wirkt.[5]

Beten in „Zungen" wird in gleicher Weise wie Zungenreden vom Geist gewirkt und ist eine Gabe desselben Geistes. Das gleiche gilt für das Singen (Vers 15). „Beten" und „singen" in „einer Zunge" – beides stammt vom Heiligen Geist. Der Heilige Geist verleiht die

1 G. Bornkamm, „Gesammelte Aufsätze", München, 1959, Bd. II, S. 134.
2 So richtig Barrett, „First Epistle to the Corinthians", S. 322.
3 R. C. Dentan, „Mind" in „Interpreter's Dictionary of the Bible", 1962, Bd. 3, S. 383.
4 So Barrett, a.a.O., S. 320; vgl. Bruce, „1 and 2 Corinthians", S. 131.
5 Wolff, a.a.O., S. 133.

„Zunge/Sprache“, und durch sie verleiht er die Fähigkeit zum Beten und Singen.

Die beiden Texte, die wir gerade betrachten (Verse 14.15), beschränken die Zungenrede nicht auf Beten und Singen. Aber diese Texte bestätigen ebensowenig, daß Beten und Singen durch Zungenrede nur für den Zungenredner selbst bestimmt gewesen wäre.

Vom Heiligen Geist inspirierte Zungenrede, die nicht ausgelegt bzw. übersetzt wird, mag den Zungenredner erbauen (Vers 4), aber in der Gemeindeversammlung, wo sich diese Gabe offenbart, sollen die Menschen, die in Zungen/Sprachen „beten“ und „singen“, es so tun, daß andere gesegnet werden und ihre Zustimmung durch ihr „Amen“ zum Ausdruck bringen können (Vers 16). Wenn aber ein Mensch, der den Gottesdienst besucht, „nicht weiß, was du sagst“ (Vers 16), dann wird das Ziel der Zungenrede nicht erreicht, d. h. „der andere wird dadurch nicht erbaut“ (Vers 17). Die Erbauung der Gemeinde ist in jedem Fall das Wichtigste.

Was bedeutet es, wenn ein Zungenredner in Zungen/Sprachen betet oder singt, und der „Sinn“ „ohne Frucht bleibt“? (1. Korinther 14,14). Paulus betont nachdrücklich: „Ich will beten mit dem Geist [d. h. im Heiligen Geist, der in ihm ist] und will auch beten mit dem Verstand; ich will Psalmen singen mit dem Geist [d. h. im Heiligen Geist, der in ihm ist] und will auch Psalmen singen mit dem Verstand.“ (Vers 15).

Für „Verstand“ steht in diesen Texten der Begriff *noûs*, ein inhaltsreiches Wort mit 24 Bedeutungen, wovon Paulus 21 in seinen Briefen benutzt. Was er in den Versen 14-15 sagen will, ist folgendes: Die Person, die in Zungen/Sprachen redet, ist „nicht von Sinnen“. Es ist vielmehr so, „daß der Glossolale [Zungenredner] nach Paulus seinen *noûs* (Verstand), auch wenn das *pneûma* (Geist) ihn gepackt hat, behält: der *noûs* (Verstand) ist unwirksam, aber nicht abwesend“.[1]

Betont Paulus nicht den Gedanken, daß der Verstand voll funktionsfähig sein muß, wenn eine vollständige Kommunikation stattfinden soll? Folgendes ist dabei zu beachten: „Man darf nicht über-

1 F. Behm, „noûs“, a.a.O., Bd. 4, S. 957, Fußnote 37.

sehen, daß reden mit dem Verstand auch ein Werk des Heiligen Geistes ist.[1] Es besteht deshalb kein Widerspruch zwischen dem Wirken des Heiligen Geistes und der Denkfähigkeit des Menschen.

Der Zusammenhang der Verse 14 und 15 ist wieder von größter Bedeutung für das Verständnis dieser Texte. Es wäre unweise, sie mittels philosophischer oder hellenistisch-religiöser Hintergründe deuten zu wollen.[2] In Vers 13 schreibt Paulus: „Wer also in Zungen redet, der bete, daß er's auch auslegen könne." Paulus sagt, daß die Zungenrede vom Heiligen Geist kommt. „Denn wenn ich in Zungen bete, so betet mein Geist [der Heilige Geist, der in mir ist]; aber was ich im Sinn habe, bleibt ohne Frucht."

Damit der Sinn (bzw. der Verstand) fruchtbar sein kann, muß offensichtlich eine Auslegung/Übersetzung erfolgen. Durch Auslegung/Übersetzung wird die Gemeinde erbaut (Vers 12). Genau das ist auch der Punkt in Vers 16, wo der Mensch ohne diese Gabe „Amen" sagen soll, es aber nicht kann, „da er doch nicht weiß, was du sagst". Wenn aber eine „Übersetzung" für die Zunge/Sprache vorhanden ist, wird „der andere ... dadurch erbaut" (Vers 17). Der Zusammenhang zeigt, worum es immer noch geht: Das Gesagte soll verstanden werden und dem Aufbau der Gemeinde dienen.

Zungenrede und ein geordneter Gottesdienst

Es gilt zwei Fehler zu vermeiden, die bezüglich der Zungenrede immer wieder begangen werden: Der eine besteht darin, die Bedeutung der Zungenrede überzubetonen.

Es ist ganz natürlich, daß Pfingstler und Neu-Pfingstler durch das gemeinsame Band der Glossolalie miteinander verbunden sind. Sie

---

1 G. Harder, „Reason, Mind, Understanding" in „The New International Dictionary of New Testament Theology", C. Brown (Hg.), Zondervan, 1978, Grand Rapids, MI, Bd. 3, S. 129.

2 Behm, „noûs", a.a.O., S. 956: „Jede Beziehung in dem philosophischen oder mystisch-religiösen Terminus *noûs* [Verstand] fehlt." Später sagt er: Der Schluß ist nicht zulässig, „daß Paulus selbst nach der Weise der hellenistischen Mystik *noûs* [Verstand] und *pneûma* [Geist] terminologisch gleichgesetzt habe". (S. 957).

setzen die biblische Zungenrede mit der Glossolalie gleich und legen eine ungewöhnliche Betonung auf das Praktizieren der Glossolalie. Diese Betonung steht allerdings nicht im Einklang mit dem Neuen Testament, wo die biblische Gabe der Zungenrede recht selten vorkommt.

Der andere Fehler liegt in der entgegengesetzten Neigung, die Abschnitte des Paulus und des Lukas über die Zungenrede im Neuen Testament abzuwerten,[1] um die heutige charismatische Erneuerungsbewegung und das Pfingstlertum anzugreifen.

Wer die Heilige Schrift ernst nimmt und sorgfältig studiert, wird sich beider Gefahren bewußt sein und versuchen, den Bibeltext für sich sprechen zu lassen. Wir haben aus unterschiedlichen Blickwinkeln und Perspektiven – linguistisch, terminologisch, kontextbezogen, exegetisch, vergleichend usw. – gesehen, daß man Paulus am besten versteht, wenn man Zungenrede und Glossolalie nicht gleichsetzt. Die vielfältigen Gründe dafür sind in den vorangehenden Kapiteln und Abschnitten dargelegt worden.

Paulus betont wiederholt, daß die Zungenrede vom Heiligen Geist ausgeht, so wie alle anderen geistlichen Gaben auch (1. Korinther 12,10.11.28.30; 14,1ff.).

Der Apostel betrachtet aus mehreren Gründen das Zungenreden in Korinth nicht als eine Fälschung.[2] Erstens hätte Paulus gerne, daß alle Gläubigen in Korinth in Zungen reden können (1. Korinther 14,5b). Sein Maßstab zur Bewertung von Prophetie und Zungenrede ist der Aufbau der Gemeinde (Verse 4.5.26). Als zweites gebietet Paulus: „Wehrt nicht der Zungenrede" (Vers 39).[3] Er warnt vor Mißbrauch und stellt Regeln für einen angemessenen Gebrauch an.

Im zweiten Teil von 1. Korinther 14 kommt Paulus auf ein sehr wichtiges Thema zu sprechen. Die Gabe der Zungenrede sollte in

---

1 Zu diesen Extremen siehe Sweet, a.a.O., S. 240-245.164.

2 H. Chadwick, „All Things to All Men" in „New Testament Studies" 1/1954-55, S. 268.

3 Bezüglich der textlichen Probleme, die sich aus den Varianten ergeben, siehe Conzelmann, a.a.O., S. 291, Fußnote 62. Der Text von P^{46} mit *en* vor *glóssais* ist der ursprüngliche.

geregelter Form zum Tragen kommen und nicht für selbstsüchtige Zwecke mißbraucht werden. Falls es bei öffentlichen Versammlungen, wo ungläubige Besucher anwesend sind, keinen Ausleger/Übersetzer gibt, ist es am besten, wenn der Zungenredner „in der Gemeinde schweigt", weil er sonst nur „für sich selber und für Gott redet" (Vers 28).

Dieses Eintreten für einen geordneten Gottesdienst bedeutet nicht, daß die Ausübung dieser Gabe durch ein Verbot gehindert werden soll. Paulus bleibt dabei, daß die rechte Zungenrede einen rechtmäßigen Platz in der Gemeinde hat – vorausgesetzt, sie wird bibelgemäß praktiziert und dient dem gottgewollten Zweck.

Drittens dankt Paulus Gott dafür, daß er mehr in Zungen redet als die Korinther selbst (Vers 18).

Dieser positive Hinweis beweist, daß Paulus, der Apostel der Heiden, selbst die Gabe der Zungenrede besaß. Man wird unvermeidlich sofort an Petrus, den Apostel der Juden, erinnert. Er besaß ebenfalls diese Gabe, die erstmalig zu Pfingsten offenbar wurde (Apostelgeschichte 2,2ff.14ff., 10,46; 11,15). Ist dies nicht ein weiteres Bindeglied zwischen der Gabe der Zungenrede in Apostelgeschichte 2 und in 1. Korinther 14?

Hätte Paulus in 1. Korinther 14 eine gefälschte Gabe im Sinn, dann wäre es widersinnig zu behaupten, daß diese Gabe vom Heiligen Geist kommt, erstrebenswert ist, und daß er selbst sie besitzt. Genau so abwegig ist die Erklärung, Paulus würde sich – von einer „inspirierten Diplomatie" getrieben – auf eine Ebene mit den Korinthern stellen, um sie auf eine höhere Stufe zu holen. Ohne Zweifel möchte Paulus sie zu einem geordneten, angemessenen Gebrauch der Gabe der Zungenrede führen.

Obwohl Paulus mehr in Zungen sprach als alle Korinther, und obwohl er als Missionar für viele Menschen und Völker großen Nutzen von dieser Gabe hatte, sagte er: „Ich will in der Gemeinde lieber fünf Worte[1] reden mit meinem Verstand, damit ich auch andere unterweise, als zehntausend Worte in Zungen." (Vers 19) Ob-

---

[1] Die Nummer „fünf" ist eine typisch runde Zahl. Siehe Strack and Billerbeck, „Kommentar zum NT", Bd. 3, S. 461.

wohl Paulus mehr Gelegenheit hatte, in Zungen zu reden,[1] besteht für ihn das Wichtigste darin, „andere in der Gemeinde“ zu unterweisen.

Dies ist eine Anwendung des Kriteriums „Was baut die Gemeinde auf?“ Paulus wußte, daß zehntausend Worte einer Gemeinde nichts nutzen, wenn sie nicht verstanden werden. Eine kurze, aber verständliche Botschaft hingegen trägt dazu bei, das Ziel einer jeden Rede in der Gemeinde zu erreichen, nämlich sie aufzubauen.

Paulus zeigt, daß die Gabe der Zungenrede in Korinth echt ist, aber mißbraucht wird; denn sie erfüllt nicht die ihr zugedachte Aufgabe, die Gemeinde zu erbauen. Darum führt Paulus Prinzipien ein, die einen geordneten Gottesdienst sicherstellen und aufrechterhalten (Verse 26-28):

1. Alles, was getan wird, hat dem Aufbau der Gemeinde zu dienen (Vers 26). Das ist das Grundprinzip der ganzen Unterweisung bezüglich der Zungenrede in 1. Korinther 14.
2. Es sollten nur zwei oder drei Zungenredner sprechen, „höchstens drei“ (Vers 27). Die Einschränkung auf drei weist darauf hin, daß es eine größere Anzahl von Zungenrednern in Korinth gegeben hat.
3. Die Zungenredner sollten gemäß Vers 27 der Reihe nach, „einer nach dem andern“, zu Wort kommen. Paulus legt fest, daß eine Reihenfolge einzuhalten ist, und verbietet ein gleichzeitiges Reden in Zungen. Es darf also nicht mehr als ein Zungenredner zur gleichen Zeit sprechen.
4. Es sollte ein Ausleger/Übersetzer anwesend sein, so daß die Zunge/Sprache in der Gemeinde übersetzt werden kann, damit alle dadurch gesegnet und belehrt werden (Vers 27).
5. Wenn kein Übersetzer zur Verfügung steht, sollte der Zungenredner in der Gemeinde schweigen, und für sich selbst und für Gott reden (Vers 28).

[1] 1. Korinther 14,18 lautet im Griechischen nicht so, als ob Paulus „in mehr Zungen“ spricht, sondern daß er in Zungen „mehr als ihr alle zusammen“ oder „mehr als irgendeiner von euch“ sagt. Die letztere Übersetzung genügt für das Argument des Paulus.

Offensichtlich soll ein geordneter Gottesdienst zu einer anbetenden Haltung der gesamten Gemeinde beitragen; denn der Gott, der angebetet wird, ist ein Gott der Ordnung (Vers 40). Er ist ja „nicht ein Gott der Unordnung, sondern des Friedens“ (Vers 33). Diese Anweisung für einen geordneten Gottesdienst gilt für alle Gemeinden der Heiligen (Vers 33), d. h. für alle christlichen Gemeinden in der Frühzeit und für alle zukünftigen Gemeinden. Die Lehre des Paulus ist immer noch gültig und besitzt auch heute noch biblische Autorität.

Schlußfolgerungen

Das Studium der Kapitel 12 bis 14 im 1. Korintherbrief, das wir in diesem Kapitel unter Berücksichtigung des Textzusammenhangs durchgeführt haben, unterstützt voll die Identität von Terminologie und Gebrauch der Zungenrede im gesamten Neuen Testament.

Dieses Studium hat gezeigt, daß es richtig ist, die Zungenrede als ein und dieselbe geistliche Gabe im gesamten Neuen Testament zu betrachten. Es ergibt wirklich Sinn, die Zungenrede überall im Neuen Testament als dieselbe Gabe anzusehen, und zwar als das übernatürliche Sprechen nicht erlernter Fremdsprachen.[1]

[1] Wir nennen stellvertretend folgende Namen als Beispiel dafür, daß Gelehrte verschiedener religiösen Überzeugungen und theologischen Gedankenschulen des zwanzigsten Jahrhunderts die Position vertreten haben, daß Paulus in 1. Korinther 12-14 Fremdsprachen meint, wenn er von der Zungenrede spricht:

H. Bertrams, „Das Wesen des Geistes nach der Anschauung des Apostels Paulus“ in „Neutestamentliche Abhandlungen“, Münster, 1913, Bd. IV/4, S. 39.

W. Reinhard, „Das Wirken des Heiligen Geistes nach den Briefen des Apostels Paulus“ in „Freiburger Theologische Studien“ 22/1918, Freiburg, S. 120.133.

H. Horton, „The Gifts of the Spirit“, Nottingham, 1934, S. 150.

J. D. Davies, „Pentecost and Glossolalia“ in „Journal of Theological Studies“ 3/1952, S. 228-231.

W. Rees, „1 and 2 Corinthians“ in „A Catholic Commentary on Holy Scripture“, Dom B. Orchard (Hg.), Nelson, London, 1953, S. 1095f.

S. L. Johnson, Jr., „The Gift of Tongues and the Book of Acts“ in „Bibliotheca Sacra“ 10/1963, S. 340.

Charles W. Carter, „I Corinthians and Ephesians“ in „The Wesleyan Bible Commentary“, Charles W. Carter (Hg.), Eerdmans, Grand Rapids, MI, 1965, Bd. 5, S. 214-222.

Es gibt unbestreitbare Verbindungen, die das ganze neutestamentliche Phänomen der Zungenrede untrennbar miteinander verknüpfen.

1. Jesus sagte voraus, daß Gläubige „in neuen Zungen reden" werden (Markus 16,17). Dies ging nicht nur zu Pfingsten in Jerusalem in Erfüllung, sondern auch in Hauptzentren wie Cäsarea in Judäa, Ephesus in Klein-Asien und Korinth in Griechenland. Jede dieser Städte hatte Einwohner und Besucher, die durch Sprachbarrieren voneinander getrennt waren. Menschen aus vielen Ländern und mit unterschiedlichen Muttersprachen reisten durch diese Orte.

Jesus befahl seinen Jüngern nicht nur, allen Menschen das Evangelium zu verkündigen, sondern verlieh ihnen durch den Heiligen Geist auch die Gabe, auf übernatürliche Weise in Fremdsprachen zu reden. Dadurch konnten sie das Ziel leichter erreichen, Menschen mit unterschiedlichem Sprachhintergrund den Weg Christi zu lehren.

2. Nach Markus 16,17 sagte Jesus, das Reden „in neuen Zungen" würde – unter anderem – ein „Zeichen" *(semeîon)* für die Hö-

---

S. Aalen, „Zungenreden" in „Biblisch-historisches Handwörterbuch", B. Reicke und L. Rost (Hg.), Vandenhoeck & Ruprecht, Göttingen, 1966, Bd. 3, S. 2249f.

R. H. Gundry, „‚Ecstatic Utterance' (N.E.B.)?" in „Journal of Theological Study" 17/1966, S. 299-307.

W. Harold Mare, „1 Corinthians" in „The Expositor's Commentary of the Bible", Frank E. Gaebelein (Hg.), Zondervan, Grand Rapids, MI, 1976, Bd. 10, S. 271-281.

J. Massyngbaerde Ford, „Toward a Theology of ‚Speaking in Tongues'" in „Theological Studies" 32/1971, S. 3-29, auch abgedruckt in „Speaking in Tongues. A Guide to Research on Glossolalia", Watson E. Mills (Hg.), Eerdmans, Grand Rapids, MI, 1986, S. 263-294.

Norman Hillyer, „1 and 2 Corinthians" in „The Eerdmans Bible Commentary", D. Guthrie and J. A. Motyer (Hg.), Eerdmans, Grand Rapids, MI, 1987[3], S. 1067. 1069f.: „ekstatische Rede in einer sonst unbekannten Sprache."

G. F. Rendall, „Ich rede mehr als ihr alle in Zungen", Schwengeler Verlag, Stuttgart, o. J.

Ralph Shallis, „Zungenreden aus biblischer Sicht", Verlag und Schriftenmission der evangelischen Gesellschaft für Deutschland, Wuppertal, 1987[2]

u. a.

rer der Evangeliumsbotschaft sein, da es dem gewöhnlichen, natürlichen Verlauf widerspricht. Dieses „Zeichen“ sollte dazu dienen, die Ungläubigen vom göttlichen Ursprung des Missionsauftrags zu überzeugen.

Paulus erklärt in 1. Korinther 14,22: „Darum ist die Zungenrede ein Zeichen *(semeîon)* nicht für die Gläubigen, sondern für die Ungläubigen.“ Er betont, daß die Gabe der Zungenrede die Ungläubigen mit überwältigender Kraft überzeugen soll, daß die Verkündigung des Evangeliums das Siegel des Himmels trägt. Jeder, der überzeugt wird, kann Errettung erlangen; wer diese Offenbarung verspottet, richtet sich selbst.

3. In Apostelgeschichte 2,13 spotteten einige geringschätzig über die Jünger, die in fremden Zungen redeten, und beschuldigten sie der Trunkenheit. Diese Reaktion ist mit dem Eindruck verbunden, den ein Ungläubiger bzw. Unkundiger gewinnen würde, wenn er eine ungeordnete, in Zungen redende Gemeindeversammlung in Korinth besuchte. Paulus sagt, wenn die Zungenrede von einem Besucher nicht verstanden wird, würde dieser den Redner vermutlich für verrückt halten (1. Korinther 14,23). Es könnten falsche Eindrücke entstehen, und das echte Auftreten der Gabe, in Fremdsprachen zu reden, könnte mißverstanden werden.

4. Dies führt uns zu einem anderen Glied der Kette, die das neutestamentliche Phänomen der Zungenrede verbindet und vereint, nämlich zu ihrem Zweck. Der auferstandene Herr verband die Zungenrede mit dem Auftrag, die Welt zu evangelisieren (Markus 16,15-18). Zu Pfingsten lagen die Erstlingsfrüchte dieser Verheißung vor, als der jungen Gemeinde 3000 Menschen hinzugefügt wurden (Apostelgeschichte 2). Dann kam die Gabe der Zungenrede auf die Heidenchristen in Cäsarea und Ephesus, die mit in den Evangeliumsauftrag eingeschlossen wurden (Apostelgeschichte 10,45.46; 19,1-6).

In 1. Korinther 14 betont Paulus immer wieder, daß die Zungenrede zur Erbauung der Gemeinde einzusetzen ist (Verse 4.5.12.26). Deshalb sagt er, daß diese Gabe für die Ungläubigen bestimmt ist. Auch diese sollten in die Gemeinschaft der Gläubigen hineingezogen werden, und alle sollten in ihren christlichen Erfahrungen wachsen und sich für die Verbreitung des Evangeliums einsetzen.

5. Lukas berichtet in Apostelgeschichte 19,6, daß die zwölf „Jünger" in Ephesus – nachdem sie sich bekehrt und den Heiligen Geist empfangen hatten – befähigt wurden, in Zungen zu reden und zu prophezeien. Es ist von Bedeutung, daß hier in Ephesus die Gaben der Zungenrede und der Prophetie mit Paulus in Verbindung gebracht werden. Das steht im direkten Einklang mit 1. Korinther 14, wo Paulus wiederholt über beides spricht.

Die Verbindung zwischen Prophetie und Zungenrede wird durch die Tatsache hergestellt, daß beide in Ephesus und Korinth eine Offenbarung des Heiligen Geistes sind. Die enge Verbindung zwischen Zungenrede und Prophetie ist auf die erste Offenbarung des Heiligen Geistes zu Pfingsten zurückzuführen, wo Petrus sich zweimal auf das „Weissagen" bezieht (Apostelgeschichte 2,17.18). Paulus macht es sehr klar, daß die Gabe der Zungenrede und die Gabe der Prophetie zwei unterschiedliche geistliche Gaben sind.

6. Es kann kaum Zufall sein, daß Petrus und Paulus, die beiden Großen der Frühgemeinde und Verkündiger der Guten Nachricht an die Juden bzw. an die Heiden, in der Apostelgeschichte mit der Erscheinungsform der Zungenrede verknüpft sind, über die Paulus erneut in 1. Korinther 12-14 spricht. Gott gebrauchte solche Gelegenheiten und das Ansehen dieser Pfeiler der Frühgemeinde, um die Gute Nachricht mit der Zungenrede, die übernatürlich vom Heiligen Geist gewirkt war, auszubreiten.

7. Interne Hinweise in 1. Korinther 14 führen eindeutig in die Richtung, daß die Zungenrede gleichzusetzen ist mit der vom Heiligen Geist verliehenen übernatürlichen Befähigung, fremde Sprachen zu sprechen, die man zuvor nicht gelernt hat; so ist sie zweifelsfrei in Apostelgeschichte 2 identifiziert worden. Die auffallende Einheitlichkeit der Terminologie und der linguistische Gebrauch des Ausdrucks „in Zungen reden" in der Apostelgeschichte und in 1. Korinther 12-14 stellen diese Identifizierung auf eine sichere Grundlage.

8. Weitere Bindeglieder zwischen Markus, der Apostelgeschichte und 1. Korinther ergeben sich aus der Art, der Funktion, dem Zweck und den Personen, die mit dem Zeichen-Charakter dieser Geistesgabe zu tun haben.

Auf der Grundlage des Neuen Testaments wird das Phänomen der Zungenrede in diesen drei Dokumenten des Neuen Testamentes – dem Markusevangelium, der Apostelgeschichte und dem 1. Korintherbrief – als eine einzige, einheitliche Geistesgabe dargestellt. Sie besteht darin, in ungelernten Sprachen zu reden, und wurde zum Zweck der Evangelisierung der Welt verliehen.

Diese Gabe sollte veranschaulichen, daß Gott auf der Seite der jungen Gemeinde steht, damit sie beginnt, die Barrieren zwischen Juden und Heiden niederzureißen. Die Zungenrede stellte nur eine der vielen Gaben und Möglichkeiten zum Aufbau der Gemeinde als Leib Christi dar.

Unsere detaillierte und verzweigte Untersuchung des Themas Zungenrede im Neuen Testament hat gezeigt, daß diese Gabe den Gläubigen durch den Heiligen Geist für einen bestimmten Zweck gegeben wurde; und es ist Seine Bestimmung, daß sie in dieser Weise gebraucht werden sollte.

Wir haben auch gesehen, daß die Gabe der Zungenrede im Neuen Testament nicht jedem verliehen wurde, sondern nur jenen, die der Heilige Geist erwählte. Es gibt kein Gebot, wonach jeder Gläubige in Zungen reden muß. Es gibt auch keine Aussage im Neuen Testament darüber, daß die Zungenrede der Schlüssel zu größerer geistlicher Kraft sei.

„Das Zungenreden wird aufhören“ schrieb Paulus (1. Korinther 13,8). Es ist viel darüber diskutiert worden, was diese Worte wohl bedeuten sollen. Man hat argumentiert, daß die Zungenrede nur in neutestamentlicher Zeit benötigt wurde (B. B. Warfield), und daß die Zungenrede von selbst aufhören würde (M. F. Unger). Daneben gibt es den von verschiedenen Lagern unterstützten Kompromißvorschlag, daß die zeitgenössische Glossolalie weder gesucht noch verboten werden sollte.

Wer irgendeine Form zeitgenössischer Glossolalie als die neutestamentliche Gabe der Zungenrede hinstellt, muß vorher beweisen, daß die Glossolalie der neutestamentlichen Definition und Beschreibung der Zungenrede entspricht – auch hinsichtlich ihres Ursprungs, ihrer Quelle, ihres Zweckes, ihrer Natur, ihrer Ordnung, ihrer Auswirkungen usw.

Der Beweis für diese Identifizierung kann nicht durch persönliche Erfahrung oder kirchliche Anerkennung erbracht werden, sondern muß sicher gegründet sein auf dem Gesamtzeugnis der Heiligen Schrift zu diesem Thema. Die Gläubigen in Beröa „forschten täglich in der Schrift, ob sich's so verhielte“ (Apostelgeschichte 17,11). Jeder verantwortungsbewußte Christ wird ebenso handeln und an dem festhalten, was auf dem Grund der Heiligen Schrift sicher gegründet ist.

Bibliographie

Aalen, S.: „Zungenreden“ in „Biblisch-historisches Handwörterbuch“, B. Reicke und L. Rost (Hg.), Vandenhoeck & Ruprecht, Göttingen, 1966, Bd. 3, Sp. 2249f.

Adler, N.: „Das erste christliche Pfingstfest, Sinn und Bedeutung des Pingstberichtes, Apostelgeschichte 2,1-13“ in „Neutestamentliche Abhandlungen“ 18/1938, Aschendorff, Münster.

Aland, K., M. Black, B. Metzger and Allen Wikgren: „The Greek New Testament“, Württembergische Bibelgesellschaft, Stuttgart, 1966.

Andrews, E.: „Tongues, Gift of“ in „Interpreter's Dictionary of the Bible“, Abingdon Press, Nashville, 1962, Bd. 4, S. 671f.

Anisimov, A. F.: „The Shaman's Tent of the Evenks and the Origin of the Shamanistic Rite“ in „Studies in Siberian Shamanism“, Henry M. Michael (Hg.), Artic Institute of North America, Toronto, 1963.

Arndt, W. F. and F. W. Gingrich: „A Greek-English Lexicon of the New Testament“, University of Chicago Press, Chicago, 1957.

———, F. W. Gingrich and Frederick W. Danker: „A Greek-English Lexicon of the New Testament and Other Early Christian Literature“, Eerdmans, Grand Rapids, MI, 1979[2].

Bagster, S.: „The Septuagint Version of the Old Testament with an English Translation“, S. Bagster and Sons, London, 1879.

Baker, David L.: „The Interpretation of 1 Corinthians 12-14“ in „Evangelical Quarterly“ 46/1974, S. 224-234.

Barker, G . W.: „Mystery“ in „The International Standard Bible Encyclopedia“, G. W. Bromiley (Hg.), Eerdmans, Grand Rapids, MI, 1986, Bd. 3, S. 451-455.

Barret, C. K.: „A Commentary on The First Epistle to the Corinthians“, Harper & Row, New York, 1968.

———, „Luke the Historian in Recent Study“, Epworth Press, London, 1970[2].

Bauer, Walter: „Griechisch-deutsches Wörterbuch zu den Schriften des Neuen Testaments und der frühchristlichen Literatur“, Kurt und Barbara Aland (Hg.), Walter de Gruyter, Berlin/New York, 1988.

Bauernfeind, Otto: „Die Apostelgeschichte“, A. Deichert, Göttingen, 1939.

Beare, Frank W.: „Speaking in Tongues: A Survey of the New Testament Evidence“ in „Journal of Biblical Literature“ 83/1964, S. 229-246.

Beel, A.: „Donum linguarum iuxta Act. Apost. ii. 1-13“ in „Collationes Brugensis“ 35/1935, S. 417-420.

Behm, Johannes: „noûs“ in „Theologisches Wörterbuch zum NT“, G. Kittel (Hg.), Kohlhammer, Stuttgart, Studienausgabe 1990, Bd. 4, S. 956f.

———, „apophthéggomai“ in ebd., Bd. 1, S. 448.

———, „glôssa“ in ebd., Bd. 1, S. 719-726.

———, „kainós“ in ebd., Bd. 3, S. 450ff.

Bellshaw, W. G.: „The Confusion of Tongues“ in „Bibliotheca Sacra“ 120/1963, S. 145-153.

Bengel, John Albert: „Gnomon of the New Testament“, A. R. Fausset (Hg.), T. & T. Clark, Edinburgh, 1877.

Bertrams, H.: „Das Wesen des Geistes nach der Anschauung des Apostels Paulus“ in „Neutestamentliche Abhandlungen“, IV/4, Aschendorffsche Verlagsbuchhandlung, Münster, 1913.

Beyer, H. W.: „héteros“ in „Theological Dictionary of the New Testament“, G. Kittel (Hg.), Eerdmans, Grand Rapids, MI, 1964, Bd. 2, S. 702- 704.

Bittlinger, Arnold: „The Church is Charismatic“, World Council of Churches, Geneva, 1981.

Blaiklok, E. M.: „The Acts of the Apostles“, Tyndale Press, London, 1959.

Blass, F., A. Debrunner and R. W. Funk: „A Greek Grammar of the New Testament and Other Early Christian Literature“, University of Chicago Press, Chicago, 1961.

Bornkamm, G.: „Gesammelte Aufsätze“, Chr. Kaiser Verlag, München, 1959.

———, „*mysterion* in the New Testament“ in „Theological Dictionary of the New Testament“, G. Kittel (Hg.), Eerdmans, Grand Rapids, MI, 1967, Bd. 4, S. 817-824.

———, „Faith and Reason in Paul“ in „Early Christian Experience“, Harper & Row, New York, 1969, S. 29-46 .

Bratcher, R. G. and E. A. Nida: „A Translator's Handbook on the Gospel of Mark“, E. J. Brill, Leiden, 1961.

Brown, D.: „The Acts of the Apostles, Chapter ii, The Day of Pentecost“ in „Expositor“ 1/1875, S. 393-408.

Brown, R. E.: „The Semitic Background of the New Testament Mysterion" in „Biblica" 39/1958, S. 426-448.

Bruce, F. F.: „The Acts of the Apostles. The Greek Text with Introduction and Commentary", Tyndale Press, London, 1951².

———, „Commentary on the Book of Acts", Marshall, Morgan and Scott, London, 1968.

———, „1 and 2 Corinthians", New Century Bible, Oliphants, London 1971.

Bruner, Frederick D.: „A Theology of the Holy Spirit: The Pentecostal Experience and the New Testament Witness", Eerdmans, Grand Rapids, MI, 1970.

Burgess, Stanley M. and Gary B. McGee (Hg.): „Dictionary of Pentecostal and Charismatic Movements", Zondervan, Grand Rapids, MI, 1988.

Burton, E. de W.: „Syntax of the Moods and Tenses in NT Greek", T. & T. Clark, Edinburgh, 1898.

Cadbury, H. J.: „The Book of Acts in History", Harper, New York, 1955.

———, „Acts and Eschatology" in „The Background of New Testament and its Eschatology", W. D. Davies and D. Daube (Hg.), Cambridge University Press, Cambridge, 1956, S. 300-321.

Caird, G. B.: „Chronology of the New Testament" in „Interpreter's Dictionary of the Bible", Abingdon Press, Nashville, 1962, Bd. 1, S. 599- 607.

Callan, Terrance: „Prophecy and Ecstasy in Greco-Roman Religion and in 1 Corinthians" in „Novum Testamentum" 27/1985, S. 125-140.

Chadwick, H: „All Things to All Men" in „New Testament Studies" 1/1954-1955, S. 261-275.

Chase, F. H.: „The Credibility of the Acts of the Apostles", Macmillan, London, 1902.

Clemen, C.: „The ‚Speaking in Tongues' of the Early Christians" in „Expository Times" 10/1898-1899, S. 344-352.

Conybeare, F. C.: „Tongues, Gift of" in „Encyclopedia Britannica", Cambridge University Press, Cambridge/New York, 1911¹¹, Bd. 27, S. 9f.

Conzelmann, H.: „Der erste Brief an die Korinther", Vandenhoeck & Ruprecht, Göttingen, 1969.

Cranfield, C. E. B.: „The Gospel According to St. Mark" in CGTC, Cambridge University Press, Cambridge, 1963.

Currie, Stuart D.: „Speaking in Tongues: Early Evidence Outside the New Testament Bearing on Glóssas Laleîn" in „Interpretation" 19/1965, S. 274-294.

Damboriena, S., S. J.: „Tongues as of Fire. Pentecostalism in Contemporary Christianity", Corpus Books, Washington, 1969.

Davies, J. D.: „Pentecost and Glossolalia“ in „Journal of Theological Studies“ 3/1952, S. 228-231.

Delling, Gerhard: „Worship in the New Testament“, Westminster Press, Philadelphia, 1962.

Dentan, R. C.: „Mind“ in „Interpreter's Dictionary of the Bible“, Abingdon Press, Nashville, 1962, Bd. 3, S. 383f.

Dewar, Lindsay: „The Problem of Pentecost“ in „Theology“ 9/1924, S. 249-259.

Dibelius, M.: „Studies in the Acts of the Apostles“, SCM Press, London, 1956.

Dodd, C. H.: „The Apostolic Preaching and its Development“, Hodder and Stoughton, London, 1936.

Dodds, E. R.: „The Greeks and the Irrational“, University of California Press, Berkeley, 1959.

Duin, Julia: „Catholic Renewal Charismatic Communities Split by Controversy“ in „Christianity Today“ v. 16.9.1991, S. 55.

Dupont, Jacques: „The Sources of Acts“, Herder & Herder, New York, 1964.

Edgar, Thomas R.: „The Cessation of Sign Gifts“ in „Bibliotheca Sacra“ 145/1988, S. 371-386.

Edwards, H. E.: „The Tongues at Pentecost: A Suggestion“ in „Theology“ 16/1928, S. 248-252.

Eitrem, S.: „Orakel und Mysterien am Ausgang der Antike“ in „Albae Vigiliae“ 5/1947, S. 42-58.

Engelsen, N. I. J.: „Glossolalia and Other Forms of Inspired Speech According to 1 Cor. 12-14“ (unpublished Ph. D. dissertation), Yale University, 1970.

Farmer, W. F.: „The Last Twelve Verses of Mark“, Cambridge University Press, London/New York, 1974.

Faupel, David W.: „The American Pentecostal Movement“, Society for Pentecostal Movement, Wilmore, KY, 1972.

Feine, S., J. Behm and W. G. Kümmel: „Introduction to the New Testament“, Abingdon Press, Nashville, 1966.

Filson, F. V.: „Ephesus and the New Testament“ in „Biblical Archeologist“ 8/1945, S. 73-80.

Finn, T. M. „The God-Fearers: Some Neglected Features“ in „Journal for the Study of the New Testament“ 32/1988, S. 17-26.

Foakes-Jackson, F. J.: „The Acts of the Apostles“, Hodder and Stoughton, London, 1945.

Forbes, Christopher: „Early Christian Inspired Speech and Hellenistic Popular Religion“ in „Novum Testamentum“ 28/3 (1986), S. 257-270.

Ford, J. Massyngbaerde: „Toward a Theology of ‚Speaking in Tongues'" in „Speaking in Tongues. A Guide to Research on Glossolalia", Watson E. Mills (Hg.), Eerdmans, Grand Rapids, MI, 1986, S. 263-294.

Fortenrose, Joseph: „The Delphic Oracle", The University of California Press, Berkeley, 1978.

Gasque, W. Ward: „A History of Criticism of the Acts of the Apostles", Mohr, Tübingen, 1975.

Gelpi, Donald: „Pentecostalism: A Theological Viewpoint", Paulist Press, Mahwah, NJ, 1971.

Gempf, Conrad H. (Hg.): „The Book of Acts in the Setting of Hellenistic History", Mohr, Tübingen, 1989.

Glassman, Eugene H.: „The Translation Debate. What Makes a Bible Translation Good?", InterVarsity Press, Downers Grove, IL, 1981.

Goettmann, J.: „La Pentecôte prémices de la nouvelle création" in „Bible et Vie Chrétienne" 27/1959, S. 59-69.

Goodman, Felicitas D.: „Glossolalia" in „The Encyclopedia of Religion", Mircea Eliade (Hg.), Macmillan Publishing Company, New York, 1987, Bd. 5, S. 563-566 .

———, „Speaking in Tongues: A Cross-Cultural Study of Glossolalia", University of Chicago Press, Chicago, 1972.

Goodwin, Charles E.: „A Guide to the Study of the Holiness Movement", Scarecrow Press, Hamden, NJ, 1974 .

Green, E. M. B.: „Ephesus" in „The New Bible Dictionary", J. D. Douglas (Hg.), Wm. B. Eerdmans, Grand Rapids, MI, 1965[2], S. 380-382.

Grudem, Wayne A.: „The Gift of Prophecy in 1 Corinthians", University of America Press, Washington, DC, 1982.

Grundmann, W.: „Der Pfingstbericht der Apostelgeschichte in seinem theologischen Sinn" in „Studia Theologica", F. L. Cross (Hg.), Akademie Verlag, Berlin, 1964, Bd. 2, S. 584-594.

Gundry, Robert H.: „‚Ecstatic Utterance' (N.E.B.)?" in „Journal of Theological Study" 17/1969, S. 299-307.

Guthrie, D.: „The Pauline Epistles. New Testament Introduction", Tyndale Press, London, 1963[2].

———, „The Gospel and Acts. New Testament Introduction", Tyndale Press, London, 1965.

Haenchen, Ernst: „Die Apostelgeschichte", Vandenhoeck & Ruprecht, Göttingen, 1977[7]

Harder, G.: „Reason, Mind, Understanding" in „The New International Dictionary of New Testament Theology", C. Brown (Hg.), Zondervan, Grand Rapids, MI, 1978, Bd. 3, S. 122-134.

Harper, Michael: Editorial in „Renewal“ 6-7/1974, quoted in Williams, Cyril G., „Tongues of the Spirit. A Study of Pentecostal Glossolalia and Related Phenomena“, University of Wales Press, Cardiff, 1981, S. 103.

Harrisville, Roy A.: „Speaking in Tongues“ in „Speaking in Tongues. A Guide to Research on Glossolalia“, Watson E. Mills (Hg.), Eerdmans, Grand Rapids, MI, 1986, S. 39-43.

Hasel, Gerhard F.: „Understanding the Living Word of God“, Pacific Press, Mountain View, CA, 1980.

———, „Biblical Interpretation Today“, Biblical Research Institute, Washington, DC, 1985.

———, „The Totality of Scripture versus Modernistic Limitations“ in „Journal of the Adventist Theological Society“ 2/1 (1991), S. 30-52.

Hoekema, A. A.: „What About Tongue Speaking?“, Eerdmans, Grand Rapids, MI, 1966.

———, „Holy Spirit Baptism“, Eerdmans, Grand Rapids, MI, 1972.

Hollenweger, Walter: „The Pentecostals: The Charismatic Movement in the Churches“, Augsburg, St. Louis, 1972.

Holtzmann, H. J.: „Die Apostelgeschichte“ in HKNT, J. C. B. Mohr, Tübingen, 1901.

Hommel, E.: „Ein uralter Hochzeitsgebrauch im Neuen Testament“ in „Zeitschrift für die Neutestamentliche Wissenschaft“ 23/1924, S. 305-310.

Horn, S. H.: „Seventh-day Adventist Bible Dictionary“, Review and Herald, Washington, DC, 1960.

Hort, F. J. A.: „The New Testament in the Original Greek, With Introduction and Appendix“, Macmillan, London, 1892.

Horton, Harold: „The Gifts of the Spirit“, J. F. Lamb, Nottingham, 1934.

House, Colin: „Defilement by Association: Some Insights from the Usage of *koinós/koinóo* in Acts 10-11“ in „Andrews University Seminary Studies“ 21/1983, S. 143-154.

Hull, J. A. E.: „The Holy Spirit in the Acts of the Apostles“, World Publishing Co., Cleveland, 1968.

Hunter, Harold: „Tongues Speech: A Patristic Analysis“ in „Journal of the Evangelical Theological Society“ 23/2 (1980), S. 125-137.

J. B. T.: „Tongues, Speaking with“ in „Harper's Bible Dictionary“ Paul J. Achtemaier (Hg.), Harper & Row Publisher, San Francisco, 1985, S. 1081f.

Jaeschke, H.: „Laleîn bei Lukas“ in „Biblische Zeitschrift“ 15/1971, S. 109-114.

Jaquith, J. R.: „Toward a Typology of Formal Communicative Behaviors: Glossolalia“ in „Anthropological Linguistics“ 9/8 (1967), S. 1-8.

Johnson, S. L.: „The Gift of Tongues and the Book of Acts“ in „Bibliotheca Sacra“ 120/1963, S. 309-311.

Jones, Charles Edwin: „A Guide to the Study of the Pentecostal Movement“, 2 Bde., Scarecrow Press, Hamden, NJ, 1983.

Käsemann, E.: „The Disciples of John the Baptiste in Ephesus“ in „Essays on New Testament Themes“, SCM Press, London, 1964, S. 136-148.

Kiessling, E.: „Wörterbuch der griechischen Papyrusurkunden“, A. M. Hakkert, Amsterdam, 1969.

Kildahl, John S.: „The Psychology of Speaking in Tongues“, Harper & Row, New York, 1972.

Kistemaker, Simon J.: „New Testament Commentary. Exposition of the Acts of Apostles“, Baker, Grand Rapids, MI, 1990.

Kleinknecht: „pneûma“ in „Theological Dictionary of the New Testament“, G. Kittel (Hg.), Eerdmans, Grand Rapids, MI, 1968, Bd. 6, S. 332-359.

Knox, W. L.: „The Acts of the Apostles“, Cambridge University Press, Cambridge, 1948.

Kretschmar, G.: „Himmelfahrt und Pfingsten“ in „Zeitschrift für Kirchengeschichte“ 66/1954-1955, S. 209-253.

Lagrange, M. J.: „Evangile selon Saint Marc“, J. Gabalda, Paris, 1929[5].

Lake, K. and H. J. Cadbury (Hg.): „The Beginnings of Christianity“, Macmillan, London, 1933.

Lampe, W. H.: „The Seal of the Spirit“, Longmans, London, 1951.

Lampe, G. W. H.: „A Patristic Greek Lexicon“, Clarendon Press, Oxford, 1962.

Latte, K.: „The Coming of the Pythia“ in „Harvard Theological Review“ 33/1940, S. 9-18.

Liddell, H. G. and R. Scott: „A Greek-English Lexicon“, Clarendon Press, Oxford, 1940.

Lietzmann, H. und W. G. Kümmel: „An die Korinther I, II“, Mohr, Tübingen, 1969.

Lohse, E.: „Die Bedeutung des Pfingstberichtes im Rahmen des lukanischen Geschichtswerkes“ in „Evangelische Theologie“ 13/1953, S. 422-436.

———, „pentekosté“ in „Theological Dictionary of the New Testament“, G. Kittel (Hg.), Eerdmans, Grand Rapids, MI, 1968, Bd. 6, S. 44-53.

Loisy, A.: „Les Actes des Apôtres“, E. Nourry, Paris, 1920.

Louw, Johannes S., Eugene A. Nida u.a.: „Greek-English Lexicon of the New Testament Based on Semantic Domain“, United Bible Societies, London/New York, 1988.

Lübker, F.: „Reallexikon des klassischen Altertums“, B. G. Teubner, Leipzig, 1914[8].

Lyonnet, S.: „De glossolalia Pentecostes euisque significatione“ in „Verbum Domini“ 24/1944, S. 65-75.

MacDonald, William G.: „Glossolalia in the New Testament“ in „Speaking in Tongues. A Guide to Research on Glossolalia“, Watson E. Mills (Hg.), Eerdmans, Grand Rapids, MI, 1986.

Malony, H. Newton and A. Adams Lovekin: „Glossolalia. Behavioral Science Perspectives on Speaking in Tongues“, Oxford University Press, New York, 1985.

Maly, K.: „Mündige Gemeinde“, Katholisches Bibelwerk, Stuttgart, 1967.

Mann, C. S.: „Appendix III. Pentecost in Acts“ in Munck, J., „The Acts of the Apostles“, Anchor Bible, Doubleday, Garden City, NY, 1967, S. 271-275.

Martin, Ira J.: „Glossolalia in the Apostolic Church“ in „Journal of Biblical Literature“ 63/1944, S. 123-130.

———, „Glossolalia, the Gift of Tongues: A Bibliography“, Pathway Press, Cleveland, TN, 1970.

May, L. Carlyle: „A Survey of Glossolalia and Related Phenomena in Non Christian Religions“ in „Speaking in Tongues. A Guide to Research on Glossolalia“, Watson E. Mills (Hg.), Eerdmans, Grand Rapids, MI, 1986, S. 53-82.

McDonnell, K.: „Catholic Pentecostalism: Problems in Evaluation“ in „Dialog“ 5:4/1970, S. 35-54.

Meyer, Heinrich A. W.: „Kritisch-Exegetisches Handbuch über den ersten Brief an die Korinther“, Vandenhoeck & Ruprecht, Göttingen, 1888[7].

Mills, Watson E.: „Glossolalia: An Introduction“ in „Speaking in Tongues: A Classified Bibliography“, Society for Pentecostal Studies, Wilmore, KY, 1974.

———, „Glossolalia: An Introduction“ in „Speaking in Tongues. A Guide to Research on Glossolalia“, Watson E. Mills (Hg.), Eerdmans, Grand Rapids, 1986.

Moffatt, J.: „The First Epistle of Paul to the Corinthians“, Hodder and Stoughton, London, 1938.

Morris, L.: „The First Epistle of Paul to the Corinthians“, Eerdmans, Grand Rapids, MI, 1963.

Moule, C. F. D.: „The Post-Resurrection Appearances in the Light of Festival Pilgrimages“ in „New Testament Studies“ 4/1957-1958, S. 58-61.

———, „An Idiom-Book of NT Greek“, Cambridge University Press, 1959[2].

Moulton, James Hope: „A Grammar of the New Testament“, T. & T. Clark, Edinburgh, 1908[3].

Moulton, James Hope and George Milligan: „The Vocabulary of the Greek Testament Illustrated from the Papyri and Other Non-Literary Sources", Hodder & Stoughton, London, 1952.

Munck, J.: „The Acts of the Apostles", Anchor Bible, Doubleday, Garden City, NY, 1967.

Munz, R.: „Über glôtta und diálektos" in „Glotta" 11/1921, S. 85-94.

Nestle, E.: „Novum Testamentum Graece", Württembergische Bibelanstalt, Stuttgart, 1973[18].

Neubauer, A.: „The Dialects of Palestine in the Time of Christ" in „Studia Biblica" 1/1885, S. 51-58.

Newman, Barclay M. and Eugene A. Nida: „A Translator's Handbook on the Acts of the Apostles", United Bible Societies, London, 1972.

Nida, Eugene A.: „Glossolalia: A Case of Pseudo-Linguistic Structure", unpublished paper delivered at the 39th annual Meeting of the Linguistic Society of America in New York, Dec. 28, 1964.

———, and C. R. Tabor: „The Theory and Practice of Translation", E. J. Brill, Leiden, 1969.

Norris, F. W.: „Christians only, but not the only Christians (Acts 19:1-7" in „Restoration Quarterly" 28/1985-1986, S. 97-105.

Ogg, G.: „Chronology of the NT" in „The New Bible Dictionary", J. D. Douglas (Hg.), Wm. B. Eerdmans, Grand Rapids, MI, 1965[2], S. 223-228.

Osborne, G. R.: „Tongues, Speaking in" in „Evangelical Dictionary of Theology", Walter A. Elwell (Hg.), Baker, Grand Rapids, MI, 1984, S. 1100-1103.

Otto, A.: „Die Sprichwörter und sprichwörtlichen Redensarten der Römer", B. G. Teubner, Leipzig, 1890.

Otto, Walter F.: „Dionysius, Mythos und Kultus", V. Klostermann, Frankfurt, 1938[2].

Parham, Sarah E.: „The Life of Charles F. Parham. Founder of the Apostolic Faith Movement", Tri-State Printing Co., Joplin, MO, 1930.

Parvis, M. M.: „Archeology and St. Paul's Journeys in Greek Lands. Part IV: Ephesus" in „Biblical Archeologist" 8/1945, S. 66-73.

Preisigke, Friedrich: „Wörterbuch der griechischen Papyrusurkunden", Selbstverlag, Heidelberg und Berlin, 1924-25.

Ralphs, Alfred (Hg.): „Septuaginta", 2 Bde., Württembergische Bibelanstalt, Stuttgart, 1962.

Ramsay, William M.: „St. Paul the Traveler and the Roman citizen", Baker, Grand Rapids, MI, 1965[3].

Ranagan, Kevin and Dorothy: „Catholic Pentecostals", Paulist Press, Mahwah, NJ, 1971.

Reinhard, W.: „Das Wirken des Heiligen Geistes nach den Briefen des Apostels Paulus“ in „Freiburger Theologische Studien“ 22/1918, Herder, Freiburg.

Reitzenstein, R.: „Poimandres“, Teubner, Leipzig, 1904. Nachdruck Teubner, Stuttgart, 1966.

Richardson, William E.: „Liturgical Order and Glossolalia: 1 Corinthians 14:26c-33a and Its Implications“, unpublished Ph. D. dissertation, Andrews University, Berrien Springs, MI, 1983 [vgl. ders., „Der Heilige Geist und die Zungenrede“, Advent-Verlag, Lüneburg, 1995].

Robeck, C. M., Jr.: „Tongues, Gift of“ in „International Standard Bible Encyclopedia“ G. W. Bromiley (Hg.), Eerdmans, Grand Rapids, MI, 1988, Bd. 4, S. 871-874.

Robertson, A. and A. Plummer: „A Critical and Exegetical Commentary on the First Epistle to the Corinthians“, T. & T. Clark, Edinburgh, 1914[2].

———, „A Grammar of the Greek NT in the Light of Historical Research“, Hodder and Stoughton, London, 1914.

Robinson, Edward: „Greek and English Lexicon of the New Testament“, rev. Auflage, Harper & Brothers, New York, 1858.

Robinson, H. S.: „Excavations at Ancient Corinth“, 1959-1963“ in „Klio“ 46/ 1965, S. 289-305.

Samarin, William J.: „Tongues of Men and Angels. The Religious Language of Pentecostalism“, Macmillan, New York, 1972.

———, „Variation and Variables in Religious Glossolalia“ in „Language in Society“, Dell Haymes (Hg.), Cambridge University Press, Cambridge, 1972, S. 121-130.

Schille, Gottfried: „Die Apostelgeschichte des Lukas“, „Theologischer Handkommentar zum Neuen Testament“, Evangelische Verlagsanstalt, Berlin, 1983.

Schlier, H.: „idiótes“ in „Theological Dictionary of the New Testament“, G. Kittel (Hg.), Eerdmans, Grand Rapids, MI, 1965, Bd. 3, S. 215-217.

Schroyer, M. J.: „Aquila and Priscilla“ in „Interpreter's Dictionary of the Bible“, Abingdon Press, Nashville, 1962, Bd. 1, S. 176.

Schürer, Emil: „The History of the Jewish People in the Age of Jesus Christ (175 B.C.-A.D. 135)“, rev. by Geza Vermes and Fergus Millar, T. & T. Clark, Edinburgh, 1987.

Sellers, O. R.: „Upper Room“ in „Interpreter's Dictionary of the Bible“, Abingdon Press, Nashville, 1962, Bd. 4, S. 735.

„Seventh-day Adventist Bible Commentary“, F. D. Nichol (Hg.), 10 Bde., Review and Herald, Washington, DC, 1956.

Sirks, G. J.: „The Cinderella of Theology: The Doctrine of the Holy Spirit" in „Harvard Theological Review" 50/1957, S. 77-89.

Spitta, Friedrich: „Die Apostelgeschichte, ihre Quellen und deren geschichtlicher Wert", Verlag der Buchhandlung des Waisenhauses, Halle, 1891.

Spittler, R. S.: „Glossolalia" in „Dictionary of Pentecostal and Charismatic Movements", Stanley M. Burgess and Gary B. McGee (Hg.), Zondervan, Grand Rapids, MI, 1988, S. 335-341.

Spittler, Russel (Hg.): „Perspectives on the New Pentecostalism", Baker, Grand Rapids, MI, 1976.

Stählin, G.: „Die Apostelgeschichte", Vandenhoeck & Ruprecht, Göttingen, 1967.

Steinmann, A.: „Die Apostelgeschichte", Hanstein, Bonn, 1934.

Stoll, R. F.: „The First Christian Pentecost" in „Ecclesiastical Review" 108/1943, S. 337-347.

Stonehouse, N. B.: „Repentance, Baptism and the Gift of the Holy Spirit" in „Westminster Theological Journal" 13/1950-1951, S. 1-18 .

Strack, H. L. und S. Billerbeck: „Kommentar zum Neuen Testament aus Talmud und Midrasch", Beck, München, 1972ff.

Streeter, B. H.: „The Four Gospels", Macmillan, New York, 1964.

Suenens, Léon Joseph, Cardinal: „A New Pentecost", Seabury Press, New York, 1973.

Sweet, J. M. P.: „A Sign for Unbelievers" in „New Testament Studies" 13/1966-1967, S. 240-257 .

Synan, V.: „Pentecostalism" in „Evangelical Dictionary of Theology", Walter A. Elwell (Hg.), Baker, Grand Rapids, MI, 1984, S. 835-839.

Synge, F. C.: „The Spirit in the Pauline Epistles" in „Church Quarterly Review" 119/1934, S. 79-93.

Taylor, R. O. P.: „The Tongues at Pentecost" in „Expository Times" 40/1928-1929, S. 300-303.

Taylor, V.: „The Gospel According St. Mark", Macmillan, London, 1963.

Thayer, Joseph Henry: „The New Thayer's Greek-English Lexicon of the New Testament", Hendrickson Publishers, Peabody, MA, 1981.

Thayer, T. H.: „Greek-English Lexicon of the NT", American Book Co., New York, 1889.

Thomson, W. S.: „Tongues at Pentecost, Acts ii" in „Expository Times" 38/1926-1927, S. 284-286.

Trocmé, E.: „Le ‚Livre des Actes' et l'histoire", Presses Universitaires de France, Paris, 1957.

Unger, M. F.: „New Testament Teaching on Tongues", Kregel, Grand Rapids, MI, 1972[2].

Van Elderen, Bastiaan: „Glossolalia in the New Testament“ in „Bulletin of the Evangelical Theological Society“ 7/1964, S. 53-58.

Walsh, Vicent M.: „A Key to Charismatic Renewal in the Catholic Church“, Abbey Press, St. Meinrad, IN, 1971.

Warfield, B. B.: „An Introduction to the Textual Criticism of the New Testament“, Hodder & Stoughton, London, 1886.

Weinel, H.: „Die Wirkungen des Geistes und der Geister“, Vandenhoeck & Ruprecht, Göttingen, 1899.

Wellhausen, J.: „Kritische Analyse der Apostelgeschichte“, Weidmannsche Buchhandlung, Berlin, 1914.

Wendt, H. H.: „Kritisch-Exegetisches Handbuch über die Apostelgeschichte“, Vandenhoeck & Ruprecht, Göttingen, 1888[7].

———, „Die Apostelgeschichte“, Vandenhoeck & Rupprecht, Göttingen, 1913.

White, Ellen G.: „Der große Kampf“, Saatkorn-Verlag, Hamburg, 1982.

———, „Das Wirken der Apostel“, Saatkorn-Verlag, Hamburg, 1981.

———, „Das Leben Jesu“, Saatkorn-Verlag, Hamburg, 1980.

———, „Frühe Schriften v. Ellen G. White“, Wegweiser-Verl., Wien, 1993.

———, „The Story of Redemption“, Review & Herald, Washington, DC, 1947.

Wikenhauser, A.: „Die Apostelgeschichte“, Friedrich Pustet, Regensburg, 1961[4].

Williams, Cyril G.: „Tongues of the Spirit. A Study of Pentecostal Glossolalia and Related Phenomena“, University of Wales Press, Cardiff, 1981.

Williams, C. S. C.: „Alterations to the Text of the Synoptic Gospels and Acts“, Basil Blackwell, Oxford, 1951.

———, „A Commentary on the Acts of the Apostles“, Harper, New York, 1957.

Williams, J. R.: „Charismatic Movement“ in „Evangelical Dictionary of Theology“, Walter A. Elwell (Hg.), Baker, Grand Rapids, MI, 1984, S. 205-208.

Windisch, H.: „bárbaros“ in „Theological Dictionary of the New Testament“, G. Kittel (Hg.), Eerdmans, Grand Rapids, MI, 1964, Bd. 1, S. 546-553.

Wolfram, W. A.: „The Sociolinguistics of Glossolalia“, Master's thesis, Hartford Seminary Foundation, 1966.

Wolff, Christian: „Der erste Brief des Paulus an die Korinther“, „Theologischer Handkommentar zum Neuen Testament“, 7/II, Evangelische Verlagsanstalt, Berlin, 1982.

Zahn, Theodor: „Die Apostelgeschichte des Lukas“, Deichert, Leipzig, 1919[2].

Anhang

Zungenrede in der Adventgeschichte

von Dr. Frank M. Hasel

Unsere Glaubensväter und Glaubensmütter haben von Anfang an den Fortbestand und die Gültigkeit aller neutestamentlichen Geistesgaben betont. So verwundert es nicht, daß eine Auseinandersetzung mit dem Phänomen der Zungenrede in der Adventgemeinde nicht neu ist. Noch bevor die Bewegung 1863 offiziell organisiert wurde, finden wir erste, wenn auch sehr vereinzelte Erfahrungen mit dem Zungenreden.[1]

In dieser frühen adventgeschichtlichen Phase von 1847 bis 1851 sind uns insgesammt fünf Fälle berichtet,[2] die wir im folgenden kurz

---

1 Wir beschränken uns in dieser Untersuchung auf Phänomene, die in unmittelbarer Beziehung zu Personen der Adventbewegung stehen, aus der später (1863) offiziell die Gemeinschaft der Siebenten-Tags-Adventisten hervorgegangen ist. Bereits zuvor, in der sogenannten Miller-Bewegung, hatte es Fälle von Zungenrede gegeben, wobei nicht bekannt ist, um welche Art von Zungenrede (Glossolalie oder Sprachengabe) es sich gehandelt hat. So z. B. der Bericht vom Campmeeting in Litchfield, Connecticut, in „The Midnight Cry" vom 3.10.1844, Bd. VII, Nr. 13, S. 103, Spalte 3, zitiert in: W. E. Read, „The Gift of Tongues" in „Ministry" 8/1964, S. 18-23.

2 Es mag weitere Vorkommnisse gegeben haben, aber soweit bekannt, sind nur diese fünf Fälle dokumentiert. Wir stützen uns dabei auf eine zwölfteilige Artikel-Serie von Arthur L. White, die 1972-1973 in „Review and Herald" erschienen ist (Nachdruck in Arthur L. White, „Charismatic Experiences in Early Seventh-day Adventist History", Review and Herald, Washington, D.C., o. J.) und vier der fünf Fälle beschreibt. Vgl. ferner Arthur L. White, „Ellen G. White: The Early

untersuchen. Danach wenden wir uns anderen Berichten in der Adventgeschichte zu, denen zufolge Menschen vorgaben, in Zungen gesprochen zu haben.

Wir wissen nur wenig über die erste und die letzte der fünf frühen Erfahrungen. Alles, was wir über die letzte wissen, kennen wir aus einem kurzen Brief von Schwester F. M. Shimper an James White. Darin berichtet sie von der Arbeit und den tiefen Erfahrungen, die sie kurz zuvor in der East-Bethel-Gemeinde in Vermont gemacht hat:

> Nachdem sechs von uns getauft wurden, wurde unser Bruder Holt durch das Auflegen der Hände ausgesondert, um die Handlungen des Hauses Gottes durchführen zu können. Der Heilige Geist bezeugte sich durch die Gabe der Zungen und feierliche Manifestationen der Gegenwart und Kraft Gottes.[1]

Wie diese „Manifestationen" ausgesehen, und wie sie sich ausgewirkt haben, ist uns nicht bekannt.

Das erste Ereignis wird in einer beeidigten, von mehreren Gemeindegliedern unterzeichneten Erklärung berichtet:

> Wir können auch die Bekundung der Gabe der Zungenrede bezeugen. Wir denken, es war im Jahr 1847 oder 1848 während eines Treffens in North Paris, Maine. Es war ein gewöhnliches Treffen. Bruder und Schwester White, auch Bruder Ralph und Chamberlain aus Connecticut und andere waren anwesend. Während das Treffen im Gange war, bekundete sich der Heilige Geist in besonderer Weise. Bruder Ralph sprach in einer unbekannten Zunge. Seine Botschaft war an Bruder J. N. Andrews gerichtet ... ‚der Herr habe ihn

---

Years", Bd. 1 (1827-1862), Review and Herald, Washington, D.C., 1985, Bd. 1, S. 196-203. Neben den vier von Arthur White berichteten Ereignissen finden wir noch einen kurzen Hinweis bei J. N. Loughborough, „The Great Second Advent Movement: Its Rise and Progress", Review and Herald, Washington, D.C., 1909, S. 223.

1 „Review and Herald" vom 19.8.1851, zitiert in: Arthur L. White, „Tongues in Early SDA History" in „Charismatic Experiences", a.a.O., S. 6.

> in die Evangeliumsarbeit gerufen, und er müsse sich darauf vorbereiten.‘ Bruder E. L. H. Chamberlain stand sofort auf und legte aus, was gesagt wurde.[1]

Diese beeidigte Erklärung ist ohne Datum, stammt aber eindeutig aus einer erheblich späteren Zeit und basiert auf der Erinnerung. Mir ist keine Stelle bekannt, an der sich J. N. Andrews auf dieses Erlebnis bezieht. Das ist erstaunlich, wenn es sich wirklich so ereignet haben sollte, wie es berichtet wurde.

Die Zungenrede als Bestätigung

Über die zweite und dritte Erfahrung liegen uns ausführlichere Berichte vor. Ich behandle zuerst das dritte Erlebnis, weil es auch hier um Bruder Ralph geht, den wir eben bereits erwähnt haben.

S. W. Rhodes, ein Prediger der Milleriten, hatte sich nach der großen Enttäuschung zurückgezogen, um in den einsamen Wäldern des Staates New York ein Einsiedlerleben zu führen. Hiram Edson hatte vor, Rhodes zu ermutigen. Er wollte ihm die frohe Botschaft von Gottes fortschreitender Wahrheit nahebringen und die Enttäuschung erklären. Edson hatte bereits dreimal vergeblich versucht, ihn zu finden.

Während einer Konferenz in Centerport, NY, am 17. und 18. November 1849 traf Edson Bruder Ralph. James und Ellen White und andere waren ebenfalls anwesend. Einige von ihnen beteten für Bruder Rhodes. Edson berichtet, was dann geschah:

> Bruder Ralph bat den Herrn im Stillen, seinen Geist auf uns auszugießen, wenn es sein Wille sei, daß wir Bruder Rhodes nachgehen sollten. Der Geist wurde ausgegossen und kam über uns, so daß der Ort schrecklich und herrlich war. Während ich den Herrn fragte, ob er seine Diener so weit gesandt habe, um mit mir Bruder Rhodes zu suchen,

1 Ellen G. White Estate, Washington D.C., document file, Nr. 311; zitiert in: Arthur L. White, „Tongues in Early SDA History“ in Arthur L. White, „Charismatic Experiences“, a.a.O., S. 5.

> sprach Bruder Ralph in diesem Augenblick in einer neuen Zunge, die uns allen unbekannt war. Dann kam die Auslegung: „Ja, mit dir gehen."[1]

Am nächsten Tag erhielt Ellen White eine Vision. Darin wurde ihr – entgegen ihrer eigenen Meinung – mitgeteilt, es sei Gottes Wille, daß die Brüder Edson und Ralph Bruder Rhodes aufsuchen. Und so geschah es auch. Als sie ihn fanden und mit ihm sprachen, „bezeugte Gott seine überzeugende Kraft und Bruder Ralph sprach in einer neuen Zunge und gab die Auslegung in der Macht und in der Demonstration des Heiligen Geistes".[2] Bruder Rhodes wurde wieder für die Arbeit gewonnen und schloß sich den Gläubigen an, die dem Licht des Sabbats und der Lehre des Heiligtums folgten.

Obwohl dieses Erlebnis einen positiven Ausgang hatte, sollten wir festhalten, daß Ellen White dem Gedanken, Bruder Rhodes zu suchen, zunächst sehr kühl und reserviert gegenüberstand, selbst nachdem Bruder Ralph das Erlebnis der Zungensprache hatte. Erst *nachdem* Gott ihr eine Vision gegeben hatte, durch die er sie in diesem speziellen Fall unterwies, unterstützte sie den Plan.[3]

Wie D. E. Robinson richtig herausgestellt hat, wurde ernsthaft um die Ausgießung des Heiligen Geistes gebetet, um Gottes Willen zu erkennen. Doch keiner der beteiligten Personen hatte das Bestreben, in einer unbekannten Zunge zu sprechen oder eine andere, besondere Gabe zu empfangen. Die Gabe, in Zungen zu sprechen, war also absolut zweitrangig in bezug auf ihre Bitte um Geistesleitung.[4] Ob die „neue Zunge," in der Bruder Ralph sprach, eine bekannte Fremdsprache war, wird uns nicht mitgeteilt.[5]

Von den beiden letzten, noch nicht genannten Erlebnissen sei zunächst das von Loughborough geschilderte kurz erwähnt. Er be-

---

1 „Present Truth" 12/1849, S. 35; zitiert in: Arthur L. White, „Tongues in Early SDA History" in Arthur L. White, „Charismatic Experiences", a.a.O., S. 5.

2 ebd., S. 36.

3 Arthur L. White, „Ellen G. White: The Early Years", Bd. 1, S. 199.

4 D. E. Robinson, „The Gift of Tongues in Early Advent History", Ellen G. White Estate, Washington, D.C., 1938, document file Nr. 311, S. 3.

5 Arthur L. White, „Tongues in Early SDA History" in „Review and Herald" vom 15.3.1973, zitiert in: Arthur L. White, „Charismatic Experiences", a.a.O., S. 5.

richtet, daß im Jahr 1849 ein Prediger versuchte, unter der kleinen Schar sabbathaltender Adventisten Einfluß zu gewinnen. Dieser Prediger behauptete, die Gabe der Zungenrede zu haben.[1] Zwar wird nicht näher berichtet, wie sich diese Gabe im einzelnen äußerte, aber Gott zeigte Ellen White in einer Vision, daß die Arbeit dieses Mannes betrügerisch und irreführend war, und daß er in Konflikt mit dem siebten Gebot lebte. Nachdem die Wahrheit von Ellen White's Vision bestätigt und die betrügerischen Absichten dieses falschen Mitarbeiters aufgedeckt worden waren, hörte auch sein Einfluß sehr bald auf.[2] Über das Phänomen der Zungenrede erfahren wir nicht viel, aber sie steht hier in Zusammenhang mit unmoralischem und unbiblischem Verhalten.

Zungenrede und Sabbatanfang

Das letzte Erlebnis in der frühen Adventgeschichte in bezug auf die Zungenrede ist von besonderem Interesse, denn es betraf einen unserer Lehrpunkte, nämlich den Sabbat.

Nachdem sich durch den Einfluß von Joseph Bates, und dann später durch James und Ellen White, der Sabbat zunehmend unter der kleinen Schar der Übriggebliebenen[3] der Miller-Bewegung verbreitete, gab es um 1848 vier verschiedene Ansichten über den Sabbatbeginn: Am Freitag um Mitternacht (römische Zeitrechnung); am Freitagabend bei Sonnenuntergang (Position der Siebenten-Tags-Baptisten); am Freitagabend um 18.00 Uhr (Joseph Bates' Anwendung der Äquatorialzeit); am Sabbatmorgen bei Sonnenaufgang (aufgrund von Matthäus 28,1).

James White berichtet, was 1848 in Connecticut während eines Treffens geschah, als die Versammelten sich mit dem Beginn des Sabbats beschäftigten und um neues Licht in dieser Frage beteten:

---

1 Loughborough, „The Great Second Advent Movement", S. 223.
2 ebd., 230.
3 Nach der Spaltung der Miller-Bewegung 1845 blieb nur diese Gruppe den Positionen der Millerbewegung in bezug auf die Auslegung der 2300 Abendmorgen treu.

> Der Heilige Geist kam hernieder, Bruder Chamberlain [der gleiche, der Bruder Ralphs Zungenbotschaft bezüglich J. N. Andrews ausgelegt hatte] wurde mit Kraft erfüllt. In diesem Zustand sprach er in einer unbekannten Zunge. Die Auslegung folgte und lautete: „Gebt mir Kreide, gebt mir Kreide." Jemand fand Kreide, und Bruder Chamberlain malte „in Kraft" eine vereinfachtes Uhrdiagramm auf den Boden und unterstützte bezüglich des Sabbatbeginns die 18.00-Uhr-Position. Er fuhr fort: „Satan möchte uns von dieser Zeit abbringen. Aber laßt uns fest im Sabbat stehen, wie Gott ihn uns und Bruder Bates gegeben hat."[1]

Ob die „Zungenbotschaft" hier ausschlaggebend war oder nicht, auf jeden Fall wurden die Gläubigen zunächst in dieser Position bestätigt, daß der Sabbat um 18.00 Uhr beginne. Die Auseinandersetzung beschäftigte die Adventgläubigen jedoch weiter. Deshalb bat James White 1855 Bruder J. N. Andrews, diese Frage erneut im Licht der Schrift zu studieren. Er solle in „Review and Herald" seine Ausarbeitung veröffentlichen, um die biblische Position deutlich zu machen.

In der Ausgabe vom 4. Dezember 1855, in der Andrews' Untersuchungen erschienen, schrieb James White eine kurze Notiz über Andrews' Artikel und über sein eigenes Unbehagen bezüglich der 18.00-Uhr-Position:

> Wir waren niemals ganz durch das Zeugnis befriedigt, das als Unterstützung für die 18.00-Uhr-Position präsentiert wurde ... Die Frage hat uns beunruhigt, aber wir hatten nie die Zeit gefunden, sie gründlich zu untersuchen.[2]

Die Untersuchung der Bibel war nun durch J. N. Andrews geschehen, und er fand überzeugende Schriftbeweise dafür, den Sab-

---

[1] James White, Brief an „My Dear Brother" vom 2.7.1848, geschrieben von Berlin, Connecticut; zitiert in: Arthur L. White, „Bible Study Versus Ecstatic Experiences" in Arthur L. White, „Charismatic Experiences", a.a.O., S. 6f.

[2] James White in „Review and Herald" vom 4.12.1855, zitiert in: Arthur L. White, „Bible Study Versus Ecstatic Experiences" in Arthur L. White, „Charismatic Experiences", a.a.O., S. 7.

bat bei Sonnenuntergang beginnen zu lassen. Die Gläubigen nahmen das Schriftzeugnis an, und von diesem Zeitpunkt an wurde unter den Siebenten-Tags-Adventisten der Sabbat immer von Sonnenuntergang an gehalten.

In gleicher Weise war es auch stets die Praxis der Gemeinschaft, sich in Glaubensfragen nur aufgrund des Zeugnisses der Bibel zu entscheiden und Glaubenspunkte nicht allein aufgrund von Erfahrungen festzulegen. Der gleichen Notiz fügte James White folgende Aussage hinzu:

> Einige haben den Eindruck, daß uns die 18.00-Uhr-Position durch die direkte Offenbarung des Heiligen Geistes gelehrt worden sei. Dies ist ein Fehler. „Von Abend zu Abend" war die Lehre, aus der die 18.00-Uhr-Position abgeleitet wurde.[1]

Es ist nicht ganz klar, ob James White damit ausdrücklich die Zungenrede Chamberlains zurückweist. Eins aber steht fest: James White war spätestens 1855 der Ansicht, daß die 18.00-Uhr-Erkenntnis nicht durch eine direkte Offenbarung des Heiligen Geistes gelehrt worden war.

Ganz nebenbei darf auf folgenden interessanten Sachverhalt hingewiesen werden: Chamberlain hatte eine Zungenbotschaft dahingehend interpretiert, daß J. N. Andrews in den Predigtdienst gerufen wurde. Derselbe J. N. Andrews gab dann sechs Jahre später als Prediger und Forscher der Heiligen Schrift einer Botschaft den biblischen Todesstoß, die Chamberlain durch eine „Zungenrede" übermittelt hatte.

Erstes Zwischenergebnis

Wir können diese Phänomene in der frühen Adventgeschichte folgendermaßen zusammenfassen:

- Die Zungenrede kam nur vereinzelt vor.

---

1 ebd.

- Das Reden in Zungen stellte *keine* regelmäßige Erscheinung im Gottesdienst und im Glaubensleben der Pioniere dar.
- Es waren immer einzelne, die in Zungen redeten, wobei zwei Personen mehr als einmal daran beteiligt waren.
- Es wird nie von einem „Lobpreis in Zungen" oder von einem „Singen und Lachen im Geist" oder dergleichen berichtet.
- Alle Zungenrede-Erfahrungen im frühadventistischen Kontext waren sehr kurz, sachlich und zum Punkt.
- Zungenrede führte niemals zu Durcheinander oder Unordnung.
- Es werden im Zusammenhang mit der Zungenrede keinerlei ekstatische Erscheinungen berichtet.
- Zungenrede wurde von den Gläubigen weder gesucht oder angestrebt, noch als höchste Geistesgabe und Kennzeichen des Geistesempfangs betrachtet.
- Es wird auch nicht berichtet, daß spezifisch um die Bekundung der Zungengabe gebetet wurde. So verwundert es nicht, daß die ersten Adventisten nie das Sprechen in Zungen unterstützten oder dazu ermutigten.[1]
- Schließlich läßt die Kürze der Berichte nicht eindeutig erkennen, um welche Art der Zungenrede es sich dabei im einzelnen handelte. Es mag durchaus sein, daß wenigstens ein Teil dieser frühadventistischen Phänomene, bei denen in „einer neuen oder unbekannten Zunge" geredet wurde, im Sinne einer verständlichen Fremdsprache zu sehen ist, die den anderen Anwesenden jedoch nicht bekannt war. Eine solche Interpretation wird erhärtet, wenn man bedenkt, daß mindestens in einem Fall die Person, die in Zungen geredet hat, selbst die betreffende Auslegung gab. Es war also in diesem Fall eine „Zungenrede," die der betreffenden Person (Bruder Chamberlain) selbst nicht unbekannt war.

---

[1] „*Early Adventists never encouraged speaking in tongues*, but they did accept some instances as genuine." Ronald D. Graybill, „Enthusiasm in Early Adventist Worship" in „Ministry" 11/1991 (Hervorhebung von mir hinzugefügt). Siehe auch den hilfreichen Artikel von Adriel Chilson, „Pentecostalism in Early Adventism" in „Review and Herald" vom 10.12.1992, S. 18f.

• Hinzu kommt, daß bei allen anderen Berichten sofort eine Auslegung der Zungenrede erfolgte und für alle verständlich gegeben wurde.

• Schließlich sollte festgehalten werden, daß Zungenrede zwar manchmal zur Ermutigung benutzt wurde, aber selbst unter den wenigen Vorkommnissen, die uns berichtet sind, hat Zungenrede dazu beigetragen, die Gläubigen in einem Lehrpunkt von der Aussage der Heiligen Schrift wegzuführen.[1]

Die frühadventgeschichtlichen Phänomene der Zungenrede lassen sich also in keiner Weise dazu verwenden, die heutige charismatische Glossolalie als Zungenrede in Form von unverständlichem Geplapper oder Gelalle zu legitimieren.[2]

Bemerkenswert ist auch, daß Ellen White, die wie kaum ein anderer der frühen Advent-Pioniere vom Geist Gottes begnadet war, selbst nie in Zungen gesprochen hat.[3] Auch gibt es keinen Hinweis, daß Ellen White Glossolalie jemals ausdrücklich unterstützt oder ihre Zustimmung dazu gegeben hätte – und dies, obwohl sie in vier Fällen selbst Augenzeugin gewesen war![4]

---

1 Arthur White bemerkt, daß die „Zungenrede" in diesem Fall eine Position bestätigte, die sich später als unbiblisch und falsch herausstellte und durch sorgfältiges Bibelstudium korrigiert wurde. Arthur L. White, „Tongues in Early SDA History" in Arthur L. White, „Charismatic Experiences", a.a.O., S. 5; vgl. auch Arthur L. White, „Ellen G. White: The Early Years", Bd. 1, S. 196.199.

2 Siehe Graybill, a.a.O., S. 11, und Chilson, a.a.O., S. 18-19.

3 Ellen White hat selber nie in Zungen gesprochen. Es ist eine Begebenheit bekannt, die sich 1904 während eines Campmeetings in Hanford, Califonia zutrug. Während dieser Versammlung war ein nichtadventistischer Gast aus Deutschland anwesend, der von adventistischen Nachbarn eingeladen worden war. Nach Ellen White's Predigt wandte sich der Nicht-Adventist zu seinen Nachbarn und meinte, daß dies eine wunderbare Predigt gewesen sei. Der Gast war sehr überrascht als er erfuhr, daß Ellen White nicht in Deutsch gepredigt hatte, denn er hatte die Predigt in Deutsch vernommen. Ellen White kannte aber diese Sprache nicht und hatte die ganze Zeit Englisch gesprochen. (Zitiert aus einem Brief, der aufgrund einer Anfrage von Arthur L. White geschrieben wurde. Entnommen aus W. E. Read, „The Gift of Tongues", S. 20.) Hier hat es sich offensichtlich um ein Hörwunder beim deutschen Gast gehandelt, aber nicht um das biblische Zungenreden. (Vgl. hierzu S. 79f. im vorliegenden Buch.)

4 Arthur L. White, „Bible Study Versus Ecstatic Experiences" in „Review and Herald" vom 22.3.1973, zitiert in: Arthur L. White, „Charismatic Experiences", a.a.O., S. 8.

Die Zungenrede kritisch hinterfragt

Interessant ist, daß ab 1853 alle weiteren Hinweise auf Zungenrede im Sinne von Glossolalie in jedem einzelnen Fall kritisch hinterfragt und deutlich abgelehnt wurden.

Zum Beispiel: Kurz nachdem James und Ellen White 1853 in Michigan ankamen, wurden Ellen White in einer Vision mehrere Personen gezeigt, die sie während ihrer Vortragsreise treffen würde. Darunter befand sich auch eine Frau, die unter den örtlichen Adventisten sehr einflußreich war, jedoch Ehebruch betrieb. Darauf angesprochen, würde sie antworten: „Gott kennt mein Herz."

Als Ellen White diese Frau später tatsächlich sah und auf ihren Ehebruch ansprach, stand sie auf und antwortete „Gott kennt mein Herz" – genau die gleichen Worte, die zwei Wochen zuvor in der Vision vorhergesagt worden waren. In einer anderen Vision über die gleiche Frau wurde Ellen White am selben Tag gezeigt,

> ... [daß diese Frau] vorgibt, in Zungen zu reden, aber sie wird getäuscht. Sie spricht nicht die Sprache, die sie behauptet zu sprechen. Eigentlich spricht sie überhaupt keine Sprache. Wenn Menschen aus allen Nationen der Erde zusammenkämen, um sie reden zu hören, könnte keiner verstehen, was sie sagt, denn sie äußert lediglich viel sinnloses Kauderwelsch.[1]

Am gleichen Nachmittag kehrte Bruder Loughborough an den Versammlungsort zurück und fand diese Frau, die vorgab, in der Sprache des in der Nähe lebenden Stammes der Garlic-Indianer zu reden. Sie sagte, der Herr würde sie als Missionarin zu den Indianern schicken. Loughborough berichtet, daß ihre Worte wie „Kene keni, kene keno, kene kene usw." klangen.

Als am nächsten Tag ein Indianer kam, um sie zu hören, sprang er auf und sagte: „Dies sehr schlechtes Indianisch!" „Dies sehr

---

[1] J. N. Loughborogh, „Review and Herald" vom 10.6.1884, zitiert in: Arthur L. White, „Face to Face With the Spurious" in: Arthur L. White, „Charismatic Experiences", a.a.O., S. 9.

schlechtes Indianisch!“ Als ihn jemand fragte, was die Frau gesagt hätte, erwiderte der Indianer: „Nichts; sie spricht kein Indianisch.“ Später sprach und betete sie in ihrer Zunge vor einem Indianerdolmetscher, der 17 Sprachen beherrschte. Er erklärte, daß sie kein einziges indianisches Wort gesprochen hätte. Der Einfluß dieser Frau hörte bald darauf auf.

„Wilder Fanatismus“

Im Jahr 1859 entschloß sich der frühere Methodistenprediger Solomon Wellcome, die Sabbatwahrheit anzunehmen, nachdem er in der Stadt Almond, Wisconsin, Vorträge von J. H. Waggoner gehört hatte. Er behielt jedoch seine früheren ekstatischen Verhaltensweisen bei, und zog darauf zusammen mit T. M. Steward und P. S. Thurston von Gemeinde zu Gemeinde.

Sie versetzten die Anwesenden in einen Zustand, in dem sie laut und durcheinander beteten und andere seltsame Dinge praktizierten. Ellen White bezeichnete diesen Ausbruch als den unvernünftigsten, dümmsten, und wildesten Fanatismus, der Wisconsin jemals getroffen hatte.[1] Energisch wandte sie sich gegen das Durcheinander und den Lärm solcher Gruppen, die, durch einen falschen Geist getrieben, laute Gebete hervorbrachten, bei denen die einen dies sagten und andere wieder etwas anderes. Für Ellen White ist Gott nicht der Urheber von Verwirrung und Durcheinander sondern ein Gott der Ordnung und des Friedens.[2]

Einige Jahre später, um 1864/1865, gab es eine Entwicklung, die bereits Mitte 1850 begonnen hatte. 1854 hatte es nämlich eine extreme Gruppe gegeben, die erneut die Wiederkunft Christi für das Jahr 1854 berechnete und dadurch etliche Adventisten in besondere Spannung und Aufregung versetzte. Kurz bevor dies in einer großen Enttäuschung zu enden drohte, formierte sich eine Gruppe, die behauptete, das wahre Licht über den Spätregen und die Gaben zu besitzen, welche der Gemeinde wieder anvertraut würden.

---

1 Ellen G. White, „Testimonies for the Church“, Bd. 1, S. 312.
2 Vgl. „Testimonies for the Church“, Bd. 1, S. 230f.

Eine Teilnehmerin, Frau D. A. Parker aus Portland, Maine, schrieb später, daß sie etwas erhalten hatte, was sie damals für die Zungengabe gehalten habe. Frau Parker blieb etwa zehn Jahre bei dieser Bewegung, bis ihr Glaube durch „seltsame Dinge“, wie sie es nannte, erschüttert wurde. Sie schrieb:

> Ich hörte Dinge in einer „Zungenrede“, zu denen ich kein Vertrauen hatte, und nachdem ich die Folgen sah, war ich um so mehr in meiner Position erschüttert ... Ich möchte einige Übungen nennen: in Zungen sprechen, im Geist tanzen, im Geist schwimmen. Mit der Zungenrede hatte ich volle Sympathie, aber nicht mit dem Tanzen und dem Schwimmen, Übungen, die besonderes dem Ältesten [S. C.] Hancock eigen waren. Ich könnte mehr sagen, aber dies soll genügen. Ich kann jetzt sagen, ich bin dankbar, daß meine Augen geöffnet wurden, daß ich die Täuschungen sehe, mit denen ich zum Teil seit 1854 sympathisiert habe; denn ich hatte Anteil an den gleichen Ansichten und dem gleichen Geist wie jene, mit denen ich verbunden war.[1]

Ellen White schrieb 1864 über diese Bewegung in Portland und verurteilte zunächst die neuen Terminsetzungen für das Jahr 1854, die nicht von Gottes Geist getragen waren.[2] Sie fährt dann fort:

> Geistliche Übungen, angeblich auf Gaben gegründet, die der Herr der Gemeinde verordnet hätte, werden von einigen dieser Gläubigen abgehalten. *Sie sprechen ein sinnloses Kauderwelsch, das sie die unbekannte Zunge heißen, die allerdings nicht nur bei den Menschen, sondern auch bei Gott und dem ganzen Himmel unbekannt ist. Solche „Gaben“ werden von Männern und Frauen hervorgebracht, deren Helfer der große Verführer ist.* Fanatismus, religiöse Ekstase, *falsches Zungenreden* und geräuschvolle Gottesdienste sieht man als von Gott gesetzte Gnadengaben an. Hierin lassen sich manche täuschen. Die

1 „Review and Herald“ vom 14.3.1865, S. 116f., zitiert in: Arthur L. White, „The Gift of Tongues at Protland, Maine“ in: Arthur L. White, „Charismatic Experiences“, S. 11.

2 Ellen G. White, „Testimonies for the Church“, Bd. 1, S. 409ff.

> Früchte all dieser Erscheinungen sind nicht gut ... Manche fühlen sich in einer Versammlung nicht wohl, es sei denn, sie erleben etwas Erhebendes und Beglückendes. Sie versuchen, sich in eine Gefühlserregung hineinzusteigern. Der Einfluß solcher Versammlungen ist jedoch nicht segensreich ... Die dem geistlichen Wachstum förderlichsten Versammlungen sind durch feierlichen Ernst und gründliche Herzenserforschung gekennzeichnet. Jeder sucht sich selbst zu erkenen und in tiefer Demut von Christus zu lernen.[1]

Sie schreibt in diesem Zusammenhang ferner von solchen Predigern, die die Wahrheit mit Irrtum vermischen und das Volk mit einer Unmenge widersprüchlicher Anschauungen überschütten.

> Manche von ihnen haben vieles über geistliche Gaben auszusagen und zeigen sich darin oftmals besonders geschickt. Sie geraten in Ekstase *und stoßen unverständliche Laute aus, die sie Zungenrede nennen.* Verschiedenen Gläubigen scheinen diese seltsamen Kundgebungen zu imponieren. Ein sonderbarer Geist beherrscht diese Menschen, die jeden angriffen und zum Schweigen brächten, der es wagte, sie deswegen zu tadeln. Bei dieser Art von Verkündigung offenbart sich jedoch nicht der Geist Gottes. Diese Prediger werden von einem anderen Geist geführt.[2]

Als Ergebnis dieser Worte und der energischen Ratschläge von Ellen White, die auf Visionen von Gott gegründet waren, konnte das fanatische Element in Portland bald ausgeschaltet werden. Be-

---

1 Ellen G. White, „Testimonies for the Church", Bd. 1, S. 412; deutsch: Ellen G. White, „Aus der Schatzkammer der Zeugnisse", Bd. 1, S. 145f. (Hervorhebung von mir). Ellen White schreibt im gleichen Abschnitt weiter: „Das Werk Gottes wird nicht vorankommen, es sei denn, man wäre bereit, sich einzuordnen und den rücksichtslosen, widerspenstigen Geist des Fanatismus aus den Versammlungen auszuschließen. Eindrücke und Gefühle sind kein sicherer Beweis dafür, daß ein Mensch unter der Leitung des Herrn steht; denn Satan vermittelt diese Gefühle und Eindrücke gerade dann, wenn er sich unerkannt glaubt. Sie sind kein zuverlässiger Wegweiser." ebd., S. 146.

2 E. G. White, „Testimonies for the Church", Bd. 1, S. 414; „Schatzkammer der Zeugnisse", Bd. 1, S. 147 (Hervorhebung von mir).

deutsamerweise unterscheidet Ellen White in diesen Aussagen ganz klar echtes von falschem Zungenreden, indem sie feststellt, daß diejenigen, die in falschen Zungen sprachen, *keine* menschliche Sprache sprachen. Aufgrund solcher Aussagen von Ellen White ist zweifelsfrei ersichtlich, daß sie Glossolalie, also unverständliches Geplapper, eindeutig als falsches Zungenreden abgelehnt hat, denn darin offenbart sich nicht der Geist Gottes.

Geschickte Verführung

Das letzte adventgeschichtliche Ereignis, auf das wir im Detail eingehen wollen, ist vielleicht am besten dokumentiert.[1] Es handelt sich um die Begegnung von Ellen White mit dem Ehepaar Mackin im November 1908.

Beim Lesen dieses Berichtes gewinnt man den Eindruck, daß die Verführung so subtil und geschickt vorgebracht wurde, daß, wenn möglich, selbst die Auserwählten verführt würden – obwohl Ellen White wiederholt vor religiöser Verführung gewarnt hatte.

Ellen White hörte dem Ehepaar Mackin geduldig und aufmerksam zu, fragte klärend nach, hielt sich aber sehr zurück und wollte die Phänomene weder unterstützen noch verdammen. Ein Zeitungsartikel aus Ohio, der Ellen White während ihres Gesprächs noch unbekannt war, berichtete, Mackin habe behauptet, von Gott bevollmächtigt worden zu sein, in einem chinesischen Dialekt zu sprechen, und seine Mutter in jiddisch. Die „Zungenrede" von beiden wurde aber auch von anderen Erscheinungen begleitet, wie zum Beispiel „seltsames Singen unter der Macht des Geistes" und der angeblichen Austreibung von Dämonen.

---

[1] Clarence Crisler, Ellen Whites Sekretärin während dieser Zeit, hielt das gesamte Gespräch stenographisch fest. Es ist wiedergegeben in „Selected Messages", Bd. 2, S. 40-44; deutsch: „Für die Gemeinde geschrieben", Bd. 2, S. 41-45; und ausführlicher in Arthur L. White, „The Ralph Mackin Story" in „Review and Herald" vom 10.8.1972; Arthur L. White, „The Word – Not Feeling" in „Review and Herald" vom 17.8.1972; „Calculated to Lead Astray" in „Review and Herald" vom 24.8.1972, wieder abgedruckt in Arthur L. White, „Charismatic Experiences", a.a.O., S. 19-27.

Obwohl die Mackins davon ausgingen, daß Ellen White ihnen göttliche Unterstützung für ihre Erfahrungen zusichern würde, hatte sie diesbezüglich keine spezifische Botschaft von Gott erhalten. Nachdem Ellen White sorgfältig zugehört hatte, warnte sie sehr dringend vor fanatischen Erfahrungen, wie sie in den frühen Tagen der Adventgeschichte aufgetreten waren.

Ralph Mackin schlug dann vor, zusammen zu beten, damit sich während des Gebets diese geistgewirkten Phänomene zeigen konnten. Er wollte Ellen White dadurch Gelegenheit geben zu prüfen, ob hier tatsächlich der Geist Gottes wirkte oder nicht.[1] Aber Ellen White ging nicht darauf ein,[2] sondern berichtete vielmehr von den Ereignissen der Vergangenheit:

> Einige der Enthusiasten jener Jahre (1844) sprangen umher und sangen dabei unentwegt: „Glory, glory, glory, glory ..."[3] Manchmal saß ich nur still da und wartete, bis die Leute sich beruhigt hatten. Wenn es möglich war, sagte ich dann zu ihnen: „Ihr täuscht euch, wenn ihr denkt, daß Gott so wirkt und daß ihr auf diese Weise Menschen für ihn gewinnen könnt. Es ist nicht unsere Aufgabe, Gefühle zu erregen, sondern *wir sollen die Menschen zu einem klaren Verständnis des Wortes Gottes führen. Sie brauchen eine sichere Grundlage für ihren Glauben ...*
>
> Seit jener Zeit habe ich sorgfältig darauf geachtet, daß derartige Strömungen sich in unserer Gemeinde nicht wieder ausbreiten konnten. Fanatischer Eifer überzeugt niemanden, sondern versperrt nur den Weg zur Wahrheit.

1 E. G. White, „Für die Gemeinde geschrieben", Bd. 2, S. 42.

2 „Derartigen Ansprüchen werden wir immer wieder zu begegnen haben, aber das sollte uns nicht entmutigen. Wichtig ist nur, daß wir ihnen keinen Raum geben, denn sie machen unempfänglich für das echte Wirken des Heiligen Geistes. Gott erwartet keine frommen Sensationen, sondern besonnenes und schlichtes Verhalten. Wir können es uns angesichts des Ernstes der Zeit einfach nicht leisten, die Türen der Gemeinde für Dinge zu öffnen, die uns daran hindern, unsere Aufgabe zu erfüllen. Die Menschen sollen von uns erfahren, daß Christus bald wiederkommt!" Brief 338, 1908, in „Für die Gemeinde geschrieben", Bd. 2, S. 43.

3 D. h. Herrlichkeit, Ehre, Ruhm ...

Möglicherweise denkt ihr, auf dem richtigen Weg zu sein und merkt nicht, daß eure Praktiken und die eurer Sympathisanten die Menschen mehr abstoßen als anziehen ... *Wir haben den Menschen das lautere Wort Gottes zu verkündigen. Für alles andere sorgt der Heilige Geist schon selber.* Aber ich sage euch, der Heilige Geist kommt niemals in einer Weise, die Gottes Botschaft lächerlich macht oder gar abstoßend wirkt. *Bei unserem Reden, Singen, und Beten und bei allen sonstigen geistlichen Übungen muß die Besonnenheit und Gottesfurcht zu erkennen sein, die jedes wahre Gotteskind auszeichnet.*

Seit jeher bestand die Gefahr, unsere Gottesdienste Einflüssen zu öffnen, die zwar geistgewirkt erscheinen, in Wirklichkeit aber nur Ausdruck einer fanatischen religiösen Haltung sind. Mir bereitet alles Sorge, was uns von der biblischen Wahrheit ablenkt. Laßt uns nicht den gesunden Menschenverstand zugunsten ekstatischer Erlebnisse vernachlässigen, damit nicht der Satan am Ende alles durcheinanderbringt. Es wird immer Menschen geben, die für fanatische Anschauungen anfällig sind. Wir dürfen sie nicht gewähren lassen. Wenn wir dazu schweigen, wird die Gemeinde bald als Sammelbecken von Sonderlingen, Fanatikern und Schwärmern verschrien sein."[1]

Zweites Zwischenergebnis

Um das bisher Gesagte zusammenzufassen, können wir festhalten:

- In keinem einzigen Fall hat Ellen White die Glossolalie unterstützt oder ihre Billigung dazu gegeben. Im Gegenteil, sie hat unverständliches Kauderwelsch immer wieder sehr deutlich und entschieden abgelehnt und verurteilt, da ihrer Meinung nach Glossolalie, also das Sprechen in unverständlichen Sprachen, nicht von Gott stammt, sondern von seinem Widersacher.
- In keinem einzigen Fall wurde Zungenrede als besonderes Geisteszeichen gewertet oder als Zeichen, den Geist zu besitzen.
- In keinem einzigen Fall ist bekannt, daß Ellen White selbst in Zungen geredet oder Zungenrede als ein besonderes Geisteszeichen hervorgehoben hätte.

[1] „Für die Gemeinde geschrieben", Bd. 2, S. 43f. (Hervorhebung von mir).

• Obwohl sie die Möglichkeit der biblischen Zungenrede als Sprachengabe im Dienst der Evangeliumsverkündigung anerkennt, wendet sich Ellen White energisch gegen jegliche Form der „ekstatischen Rede" und gegen alle „fanatischen" Begleiterscheinungen, wie unkontrolliertes Singen, Lachen, Rufen, Reden usw. Stattdessen betont sie die Notwendigkeit und Wichtigkeit eines besonnenen und vernünftigen Gottesdienstes – im öffentlichen wie auch im privaten Bereich. Nirgends sollte das Miteinander der Gläubigen Züge der Unordnung und des Durcheinanders tragen, wodurch die Aufgabe der Gemeinde aufs Spiel gesetzt und der Blick von der unfehlbaren Offenbarung des göttlichen Willens in der Heiligen Schrift weggelenkt wird, die allein der Prüfstein und die autoritative Norm unserer Erfahrung und Lehre ist.

> Der Geist wurde nicht gegeben – und kann auch nie dazu verliehen werden – , um die Heilige Schrift zu verdrängen; denn die Schrift erklärt ausdrücklich, daß das Wort Gottes der Maßstab ist, an dem alle Lehren und *jede Erfahrung geprüft werden müssen.*[1]

Die biblische Zungenrede

Trotz dieser und ähnlicher Aussagen, mit denen Ellen White Glossolalie als vermeintliche Geistesgabe eindeutig als unbiblisch abgelehnt hat, machte sie verschiedene Aussagen über die echte biblische Gabe des Zungenredens. Letztere befähigt Männer und Frauen dazu, die biblische Botschaft unter Menschen zu verkünden, die andere Sprachen sprechen.[2]

---

1 Ellen G. White, „Der große Kampf", Saatkorn, Hamburg, 1975, S. 9 (Hervorhebung von mir).

2 Ellen G. White, „Special Testimonies, Series B", Nr. 11, S. 26; zitiert in Arthur L. White, „Ellen G. White and the Baptism of the Holy Spirit" in „Review and Herald" vom 19.4.1973, in Arthur L. White, „Charismatic Experiences", a.a.O., S. 16; auch Ellen G. White, in „Review and Herald" vom 20.7.1886, zitiert in: „The Seventh-day Adventist Bible Commentary", Bd. 6, S. 1055 (Ellen G. White's Kommentar zu Apostelgeschichte 2,1-4).

Mit dieser Auffassung stand Ellen White keineswegs allein. Ihre Position hat vielmehr die breite Zustimmung der frühen Adventisten hinter sich. Aus Platzgründen beschränken wir uns an dieser Stelle auf einige exemplarische Aussagen, die in typischer Weise die Haltung der ersten Adventisten wiedergeben.

Bezeichnend für die ersten Adventgläubigen war die biblische Überzeugung, daß es auch heute noch legitim ist, mit allen Geistesgaben des Neuen Testaments zu rechnen.[1] Dabei spielte vor allem die Frage nach dem Fortbestand des Geistes der Weissagung eine prominente Rolle, aber vereinzelt wurde auch die Gabe der Zungenrede aufgegriffen und behandelt.[2]

Es fällt auf, daß der Grundtenor immer wieder der ist, daß es sich bei der Zungenrede zu Pfingsten um das Sprechen in anderen bekannten Fremdsprachen handelt und missionarisch motiviert ist.[3] Aber auch die Zungenrede im 1. Korintherbrief wird in diesem Sinne gedeutet! Die ersten Adventisten waren von der Kontinuität und Einheit innerhalb der Bibel überzeugt.

Nachdem Bourdeau auf Markus 16,17 und 1. Korinther 12,28-30 (!) Bezug genommen hat, betont er in seinem Artikel, daß nach 1. Korinther 14,22 die Gabe des Zungenredens ein Zeichen für Ungläubige war und dies auch heute noch ist.[4]

---

1 Merritt E. Cornell, „Miraculous Powers: The Scripture Testimony on the Perpetuity of Spiritual Gifts", Steam Press, Battle Creek, MI, 1875; siehe aber auch Artikelserien von James White, „Perpetuity of Spiritual Gifts" in „Review and Herald" vom 4.,11.,18. und 25.2.1862; und Uriah Smith, „I would not have you to be ignorant" in „Review and Herald" 8.12.1863; Uriah Smith, „Our View of Spiritual Gifts" in „Review and Herald" vom 14.4.1874; und andere, die sich in gleicher Weise äußern.

2 So z. B. Uriah Smith, „Gift of Tongues" in „Review and Herald" vom 6.5.1858, S. 196; Abdruck eines Artikels von Rev. Wm. Reddy, „Spiritual Gifts" aus „Northern Christian Advocate" (1855), in „Review and Herald" vom 22.10.1861, S. 167; James White, „Perpetuity of Spiritual Gifts" in „Review and Herald" vom 25.2.1862, S. 100; D. T. Bordeau, „Miracles and the Gift of Tongues" in „Review and Herald" vom 11.8.1904, S. 8f.

3 Dies kommt besonders deutlich in D.[aniel] T. Bourdeau's Artikel zum Ausdruck, der zu den ersten Adventisten in Kanada gehörte und auch eine Zeitlang als Evangelist in der Schweiz, in Frankreich und Italien tätig war.

4 So auch später u. a. D. A. Delafield, „Danger in the New Revivalism" in „Review and Herald" vom 15.1.1948, S. 6.

Diese Gabe erübrigt nicht die Bemühungen der Missionare, andere Sprachen zu lernen, um die biblische Botschaft anderen Nationen zu verkünden.[1] Vielmehr ermutigt Bourdeau:

> Lerne so viele [Sprachen], wie Du kannst und benutze sie, um die letzte Evangeliumsbotschaft verschiedenen Nationen zu verkünden; und Gott wird Deine Bemühungen unterstützen, indem er durch ein Wunder in der gleichen Art wie durch die Zungengabe wirkt ... Diese Gabe wird als ein mächtiges Mittel dienen, die letzte Evangeliumsbotschaft denen zu vermitteln, die eine andere Sprache sprechen (to those of different languages).[2]

Die Zungenrede aus 1. Korinther 12-14 wurde also eindeutig als die übernatürliche Sprachengabe identifiziert, die der Verbreitung des Evangeliums unter anderen Nationen und Völkern dient.[3] Hinzu kommt, daß wiederholt auch von anderen adventistischen Autoren darauf hingewiesen wurde, daß der Gebrauch aller Geistesgaben, einschließlich der Zungenrede, immer gekennzeichnet ist von Harmonie und nicht von Unordnung, Durcheinander oder irgendwelchen ekstatischen Gebärden.[4]

---

1 So auch später u. a. W. A. Spicer, „A Practical Gift of Tongues" in „Review and Herald" vom 2.9.1943, S. 9.

2 Bourdeau, a.a.O., S. 9. Es ist bemerkenswert, daß Bourdeau in einigen seiner Formulierungen an Uriah Smith's früheren Artikel erinnert, in dem dieser auch zu der Schlußfolgerung kommt, daß die Zungenrede in 1. Kor. 14,22 ein Zeichen nicht für die Gläubigen, sondern für die Ungläubigen ist und von daher heute genau so nötig ist wie zu neutestamentlichen Zeiten. Vgl. Smith, „The Gift of Tongues" in „Review and Herald" vom 6.5.1858, S. 196.

3 Als dieser Artikel 1904 veröffentlicht wurde, lebte Ellen White noch. Wie Daniel T. Bourdeau hatte auch sie versucht, die letzte Evangeliumsbotschaft in den verschiedenen Ländern und Sprachen Europas zu verkündigen. Soweit bekannt, hat sich weder Ellen White noch sonst ein Adventist der damaligen Zeit gegen diese klare Auslegung und Identifizierung der Zungenrede in 1. Korinther 12-14 als die übernatürliche Sprachengabe gewandt. Die Kontinuität zwischen der Zungenrede in der Apostelgeschichte und der Zungenrede im 1. Korintherbrief scheint vielmehr die allgemein anerkannte und gängige Interpretation gewesen zu sein.

4 Vgl. G. W. Morse, „Scripture Questions" in „Review and Herald" vom 2.3. 1886, S. 139; oder den Artikel „Spiritual Gifts" in „Review and Herald" vom

Diese Auffassung reflektiert den grundlegenden Tenor der Pioniere, der auch noch nach Ellen White's Tod lange nachklang und das maßgebende Fundament für die spätere Haltung der weltweiten Adventgemeinde zur Glossolalie und der biblischen Zungenrede bildete.

Tatsächlich gibt es in der Adventgeschichte bis in die jüngste Vergangenheit hinein eine ganze Reihe gut dokumentierter Berichte von biblischer Zungenrede, bei der Gott auf übernatürliche Art und Weise half, anderen Völkern das Evangelium zu verkünden.[1]

So wundert es nicht, daß auch noch etliche Jahrzehnte nach Ellen White's Tod und nach dem Ableben der frühen Pioniere in offizieller Literatur der Gemeinschaft ganz selbstverständlich die Meinung geäußert wurde, die biblische Gabe der Zungenrede sei – auch im 1. Korintherbrief – die übernatürliche Befähigung, in vorher nicht erlernten Fremdsprachen zu reden.[2]

22.10.1861, S. 166f.; und viele spätere Artikel und Stellungnahmen, wie z. B. der von der Generalkonferenz am 14.2.1973 angenommene Bericht über die vom ad-hoc-Kommittee über die Charismatische Bewegung erstellten Richtlinien. Abgedruckt in: Roland G. Hegstad, „Rattling the Gates", Review and Herald, Washington D.C., 1974, S. 73-77. Vgl. auch John W. Wood, „How Genuine is Today's Speaking in Tongues?" in „These Times" 5/1973, S. 4; George E. Rice, „Charismatic Experiences in the Seventh-day Adventist Church: Present and Future" Manuscript, Ellen G. White Estate, Washington, D.C., 1990, passim; und viele andere.

1 Siehe z. B. die zahlreichen Beispiele in Read, a.a.O., S. 19-22; vgl. auch Hegstad, „Rattling the Gates", Appendix C: Adventists and Tongues, S. 251; Richard W. Schwarz, „Light Bearers to the Remnant", Pacific Press, Mountain View, CA, 1979, S. 355f.; Morris L. Venden, „Your Friend the Holy Spirit", Pacific Press, Boise, Idaho, 1986, S. 79; und die Missionslesung für die Sabbatschule vom 4.2.1995 mit dem Titel: „Gibt es heute noch Wunder?", Seite 7.

2 Vgl. Robinson, a.a.O.; Frederick Griggs, „Why Spiritual Gifts" in „Review and Herald" vom 12.12.1940, S. 11; W. A. Spicer, „Practical Gift of Tongues" in „Review and Herald" vom 2.9.1943; E. E. Andross, „Gifts of the Spirit" in „Review and Herald" vom 5.7.1945, S. 10; und D. A. Delafield, „Danger in the New Revivalism" in „Review and Herald" vom 15.1.1948, S. 6 und 23.

Ein Novum in der Adventgeschichte

Erst 1956 fand im Anhang zu 1. Korinther 14 im 6. Band des Adventistischen Bibelkommentars[1] ein Gedanke Eingang, der sich von der früheren Position grundlegend unterscheidet.

Neben der traditionellen Deutung, die auch in der Zungenrede im 1. Korintherbrief die übernatürliche Fähigkeit erkennt, in Fremdsprachen das Evangelium zu verkünden, wird nun eine andere Interpretation vorgestellt, die in dieser Form bis dahin unter Adventisten nicht gebräuchlich war: Paulus beschreibe hier – im Gegensatz zum Vorkommen der Zungenrede in der Apostelgeschichte – ein grundlegend anderes Phänomen, nämlich ein ekstatisches.

Vor dem Hintergrund der eindeutigen Aussagen Ellen White's und anderer adventistischer Autoren, die die unverständliche Glossolalie entschieden als unbiblisch zurückgewiesen haben, stellt der adventistische Bibelkommentar mit seiner doppelten Auslegungsmöglichkeit ein Novum in der bisherigen Adventgeschichte dar, gibt allerdings keine praktische Hilfestellung zur Einordnung dieses Phänomens![2]

Vielleicht finden sich aufgrund des gewissermaßen „offiziellen" Charakters des Bibelkommentars in adventistischen Kreisen seit seinem Erscheinen Ende der fünfziger Jahre vereinzelte Stimmen, die im 1. Korintherbrief die Glossolalie erkennen wollen.[3] Aber

---

1 Francis D. Nichol (Hg.), „The Seventh-day Adventist Bible Commentary", Review and Herald, Washington, D.C., 1956, Bd. 6, S. 795f. Deutsche Übersetzung: „Adventecho", 2/1988, S. 12f. – auch im „Studienheft zur Bibel" III/95 („Vom Geist erleuchtet") S.120-122 und im Anhang zu William E. Richardson, „Der Heilige Geist und die Zungenrede", Advent-Verlag, Lüneburg, 1995.

2 Roland R. Hegstad, „The New Tongues: What is the Biblical Gift?" Teil 3, in „Insight" vom 22.5.1973, S. 22.

3 Edward Heppenstall („Tongues in the Corinthian Church" in „Ministry" 3/1974, S. 9-11) neigt zum Beispiel dazu, obwohl sehr vorsichtig und zurückhaltend, im 1. Korintherbrief eine unverständliche Sprache zu sehen. Auch Johannes Mager („Flamme und Wind. Gabe und Wirken des Heiligen Geistes", Saatkorn, Hamburg, 1977, S. 58) kommt zu „der möglichen Schlußfolgerung, daß sich Paulus mit einer Form des Zungenredens in Korinth auseinandersetzen mußte, die nicht der Sprachengabe der Apostelgeschichte gleichgesetzt werden kann. Es ging um

aufgrund der klaren Aussagen und der einheitlichen Haltung der Pioniere, einschließlich Ellen White's, die die Glossolalie als unbiblisch zurückweisen, hat die große Mehrheit der adventistischen Ausleger bis in die jüngste Vergangenheit an der traditionellen Interpretation der ersten Adventisten festgehalten und in der Zungenrede im 1. Korintherbrief den Mißbrauch der biblischen Sprachengabe gesehen, die zu Pfingsten gegeben wurde.[1]

---

eine Zungenrede [sic.!], die mit einer lebendigen Sprache nichts gemein hat, sondern aus einer Abfolge von unverständlichen Silben und Lauten bestanden haben muß". Wenige Seiten später anerkennt Mager jedoch, daß Zungenrede technisch erlernbar ist, und daß die silbenartigen Äußerungen unter Ausschaltung des Denkbewußtseins von erfahrenen Zungenrednern jederzeit produziert werden können (S. 60). Da die Verständlichkeit im Ausdruck, die Auferbauung der Gemeinde, und die missionarische Verantwortung aber bei der korinthischen Zungenrede fehlen, steht Mager vor der berechtigten Frage, die er nicht eindeutig beantworten kann, „ob diese Form der Glossolalie noch als Charisma anzusehen ist" (S. 64). Schließlich noch die technische Ausarbeitung von William E. Richardson, „Liturgical Order and Glossolalia: 1 Corinthians 14: 26c-33a and its Implications", unveröffentliche Ph. D. Dissertation, Andrews University, Berrien Springs, MI, 1983; und die popularisierte Version der Ergebnisse seiner Dissertation in William E. Richardson, „Speaking in Tongues: Is It Still the Gift of the Spirit?", Review and Herald, Hagerstown, MD, 1994; deutsche Ausgabe: „Der Heilige Geist und die Zungenrede", Advent-Verlag, Lüneburg, 1995. Obwohl die eben genannten Autoren mehr oder weniger deutlich dahin tendieren, in der Beschreibung der Zungenrede in 1. Korinther 12-14 Phänomene zu erkennen, die der modernen Glossolalie ähneln, sind die meisten darauf bedacht, selbst diese Form der Glossolalie in geordneten Bahnen verlaufen zu lassen und extremen und ungeordneten Auswüchsen Einhalt zu gebieten. Inwieweit dies durchführbar ist und anderen biblischen Kriterien entspricht, bleibt jedoch fraglich.

1 Neben zahlreichen adventistischen Darstellungen und Artikeln der frühen Adventisten und weiter bis in die späten vierziger Jahre dieses Jahrhunderts, die wir hier nicht zu wiederholen brauchen, seien lediglich folgende wesentlichen Bücher und Aufsätze genannt: René Noorbergen, „Charisma of the Spirit. In Search of a Supernatural Experience: A Journalist Looks at the Tongues Movement", Pacific Press, Mountain View, CA, 1973; Hegstad, „Rattling the Gates", 1974. Obwohl Hegstad in seinem Buch beide Positionen darstellt, kommt er zu dem eindeutigen Ergebnis, daß die Zungenrede in Korinth kein „Geplappere" war und daß Zungenrede als „Gestammele" in keinem Kontext, weder privat noch öffentlich, biblisch haltbar ist (S. 97); vgl. auch J. L. Shuler, „By Water and by Fire", Review and Herald, Washington D.C., 1976; John J. Robertson, „What You Should Know About Glossolalia", Pacific Press, Mountain View, CA, 1977;

Bis heute ist die Generalkonferenz der Gemeinschaft der Sieben-ten-Tags-Adventisten dem Phänomen Glossolalie nur mit äußerster Zurückhaltung und berechtigten Vorbehalten begegnet. In den Teilen der Welt, in denen die Adventgemeinde am stärksten wächst, wie z. B. in Latein-Amerika, wo auf protestantischer Seite die Pfingst- und die Charismatische Bewegung die am schnellsten wachsende Bewegung darstellen, lehnt die Adventgemeinde bis heute energisch jegliche Form der Glossolalie als unbiblisch ab! Dies ist in anderen Teilen der weltweiten Adventgemeinde ebenso der Fall.

Nachdem Anfang der siebziger Jahre unseres Jahrhunderts eine erste charismatische Welle die Türen der Adventgemeinde erreicht hatte, erschienen auch in unseren Reihen vermehrt Berichte und kritische Auseinandersetzungen über die Charismatische Bewegung und ihre Begleiterscheinungen.[1]

G. Tobler, „Das Zungenreden: Gabe des Geistes oder Gabe der Geister?", Advent-Verlag, Zürich, o. J.; Morris Venden, „Your Friend the Holy Spirit", 1986, S. 79-85; John J. Robertson, „Gift of Tongues: Ecstatic Utterances of Intelligible Languages?" Pacific Press, Boise, ID, 1987; Gerhard F. Hasel, „Speaking in Tongues", ATS Publications, Berrien Springs, MI, 1991; Sylvia Renz, „Reden in den Wind", Advent-Verlag, Zürich, 1993, 2. erw. Aufl. Ohne auf jeden adventistischen Artikel einzugehen, der sich kritisch-ablehnend mit der Glossolalie befaßt, sei hier auf folgende Auswahl hingewiesen: W. E. Read, „The Gift of Tongues" S. 18-23; Gordon M. Hyde, „If Tongues were Breaking out all Over" in „Insight" vom 17.8.1971, S. 3-6 und vom 24.8.1971, S. 14-17; John W. Wood, „How Genuine is Today's Speaking in Tongues?" in „These Times" 5/1973, S. 2-4; Bruce Edminster, „Ecstatic Utterance or Foreign Languages?" in „Ministry" 3/1974, S. 12f.; Frank Holbrook, „Rekindling Pentecost?" in „These Times" 11/1975, S. 12-15; Norman R. Gulley, „A Movement Sweeping the Christian World: An Evaluation of the ‚Tongues-Gift'" in „Adventist Perspectives" (1989), S. 15-28; George G. Rice, „Charismatic Experiences in the Seventh-day Adventist Church: Present and Future", Manuscript, Ellen G. White Estate, Washington D.C., 1990.

1 Anfang der siebziger Jahre dieses Jahrhunderts erschienen mit einem Mal eine ganze Reihe von Artikeln und kritischen Auseinandersetzungen über die Charismatische Bewegung mit all ihren Begleiterscheinungen, einschließlich der Glossolalie. 1972 wurde von der Generalkonferenz ein ad-hoc-Kommittee zur Beschäftigung mit der Charismatischen Bewegung ins Leben gerufen. Eine hilfreiche Darstellung und Zusammenfassung der Ergebnisse des ad-hoc- Kommittees gibt Hegstad, „Rattling the Gates", S. 72-77. Folgende Referenzen erheben keinen Anspruch auf Vollständigkeit, wollen aber einen Einblick in die damalige Problematik vermitteln. Siehe z. B. die dreiteilige Serie von Roland R. Hegstad,

In diesem Zusammenhang erließ die Generalkonferenz folgende Richtlinien, die auch für die Zungenrede von Bedeutung sind (auszugsweise):[1]

> 1. In der Apostelgeschichte war die Zungenrede (d. h. das Sprechen in vorher nicht erlernten, aber bekannten Sprachen) ein Mittel der Evangeliumsverkündigung und ein Zeichen für jene Ungläubigen, die die Botschaft annahmen, daß

„Mystic Tongues are Spreking“ in „Ministry“ 10/1970, S. 24-60; 11/1970, S. 59-63; und 12/1970), S. 73-76; Gordon M. Hyde, „If Tongues Were Breaking out all Over“ in „Insight“ vom 17.8.1971, S. 3-6 und vom 24.8.1971, S. 14-17; die drei Leitartikel der Schriftleitung des „Review and Herald“: K[enneth] H. W[ood], „The Charismatic Movement“ in „Review and Herald“ vom 22.6.1972, S. 2; ders., „Testing the Spirits“ in „Review and Herald“ vom 29.6.1972, S. 2; und ders., „None Need be Deceived“ in „Review and Herald“ vom 6.7.1972, S. 2.12; „Charismatics in the News“ in „Ministry“ 11/1973, S. 42f.; John W. Wood, „How Genuine is Today's Speaking in Tongues?“ in „These Times“ 5/1973, S. 2-4; E. C. Card, „I Gave up Speaking in Tongues“ in „Review and Herald“ vom 31.1.1974, S. 4f.; Roland R. Hegstad, „Does Religious Experience Outweigh Doctrine?“ in „These Times“ 3/1974, S. 14-19; Ausgabe 3/1974 von „Ministry“, mit Beiträgen und Diskussionen von Raoul Dederen, „Catholic Pentecostalism: What Is It and Where Is It Going?“, S. 4-6; Frederick Diaz, „A Linguist Looks at Glossolalia“, S. 7f.; Edward Heppenstall, „Tongues in the Corinthian Church“, S. 9-11; Bruce Edminster, „Ecstatic Utterance or Foreign Languages?“ S. 12f.; Howard Blum, „My Experience With Speaking in Tongues“ in „Review and Herald“ vom 1.8.1974, S. 9-11; D. F. Neufeld, „The Gift of Tongues“ in „Review and Herald“ vom 28.11.1974, S. 13; „Charismatics in the News“ in „Ministry“ 3/1975, S. 12f.; Raoul Dederen, „Charismatics and Catholics“ in „Ministry“ 5/1976, S. 17-19. Während des gleichen Zeitraums erschienen auch einige Bücher, die sich kritisch mit der Frage des Zungenredens auseinandersetzen: Noorbergen, „Charisma of the Spirit“, 1973; Hegstad, „Rattling the Gates“, 1974; Robertson, „Tongues“, 1977. Im deutschsprachigen Raum erschienen während dieser Zeit folgende Beiträge im „Adventecho“: Jan Paulsen, „Werden die Adventisten in unbekannten Zungen reden?“ in „Adventecho“ vom 1.7.1973, S. 15f.; N. R. Dower, „Zungenrede und Charismatische Bewegung“ in „Adventecho“ vom 1.3.1975, S. 6-8; Jean Züricher, „Die Charismatische Bewegung I-IV“ in „Adventecho“ 15.10. bis 1.12.1975, vor allem Nr. 2 und 3: „Zungenreden – der Beginn einer neuen Erfahrung“ und „1. Korinther 14: Was ist hier mit ‚Zungenrede‘ gemeint?“ Daneben erschienen während dieser Zeit in adventistischen Verlagen zwei Bücher: Mager, „Flamme und Wind“, 1977; und Tobler, „Das Zungenreden“.

1 Die vollständige Liste der Richtlinien ist in Hegstad, „Rattling the Gates“, S. 76-77, abgedruckt.

> Gott in den Jüngern Christi wirksam war. Es war daher ein Mittel zum Aufbau der Gemeinde, indem ihr neue Gläubige hinzugefügt wurden.
>
> ...
>
> 3. Reife, Selbstbeherrschung und Selbstdisziplin sollten beim Gebrauch der Geistesgaben angewandt werden.
>
> 4. Ordnung und Anstand müssen in der Ausübung der geistlichen Gaben gewahrt bleiben.
>
> 5. Geistliche Gaben müssen die Einheit der Gemeinde fördern.
>
> 6. Geistliche Gaben sollen die Gemeinde auferbauen, nicht nur den einzelnen.
>
> ...
>
> 11. In der Gemeinde sollte das Zungenreden nicht nur verständlich, sondern auch vom Inhalt her vernünftig sein; die Betonung liegt also nicht nur auf der Klarheit der Worte, sondern auch auf der Bedeutung der Gedanken.
>
> 12. Die Zungenrede ist der Kontrolle des einzelnen unterworfen.
>
> ...
>
> 14. Persönliche Erfahrung, geistliche Gaben und die Auswirkung dieser Gaben müssen anhand des Wortes Gottes geprüft werden ...[1]

Um den charismatischen Einflüssen, einschließlich der Glossolalie, und den daraus entstehenden Fragen zu begegnen, wurde anhand dieser Richtlinien von der Generalkonferenz ein Pilotprogramm für Prediger und Laienglieder entworfen, das den bezeichnenden Titel „Charismatic Countdown" trug.[2] Es bestand aus einem Textbuch (Ronald Hegstad, „Rattling the Gates"), einem 80 Seiten umfassenden Leiterheft und audiovisuellem Material, wie einer umfangreichen Diaserie, Kassetten mit Interviews u. a. m.[3]

---

1 Hegstad, „Rattling the Gates", S. 76-77.

2 Roland R. Hegstad, „Charismatic Countdown: A Program to Arm Your Church for the Final Conflict" in „Ministry" 9/1974, S. 41f.; Charles R. Beeler, „Charismatic Countdown: Pilot Program Held in Takoma Park Church" in „Ministry" 6/1975, S. 8f.

3 Vgl. die Anzeige in „Ministry" 12/1974, S. 37.

Wenn die Adventgemeinde nun erneut vor der Frage steht, ob sie sich charismatischen Phänomenen wie der Glossolalie öffen soll, bleibt zu hoffen, daß Adventisten heute, genau wie in der Vergangenheit, die Erfahrung und die Gabe der Zungenrede sorgfältig anhand der Heiligen Schrift prüfen. Denn die Bibel allein ist der Maßstab und Prüfstein aller Erfahrung und Lehre. Möge uns dabei unsere eigene adventgeschichtliche Erfahrung immer vor Augen stehen, ganz im Sinn der treffenden Aussagen von Ellen White:

> Wenn ich auf unsere bisherige Geschichte zurückblicke – und ich habe sie in Gedanken Schritt für Schritt an mir vorüberziehen lassen – , kann ich nur sagen: Gelobt sei Gott! Wenn ich sehe, was der Herr getan hat, erfüllen mich Staunen und Verwunderung, aber auch Vertrauen zu Christus als unserem Führer. *Wir haben für die Zukunft nichts zu befürchten, es sei denn, wir vergessen, wie der Herr uns geführt hat, und was er uns in unserer bisherigen Geschichte gelehrt hat.*[1]

---

[1] Ellen G. White, „Life Sketches“, Pacific Press, Mountain View, CA, 1915, S. 196. (Hervorhebung von mir.)